D1865337

Anatole France, geboren am 16. 4. 1844 in Paris, ist am 12. 12. 1924 dort gestorben.
Den meisten seiner Zeitgenossen galt Anatole France als ein Meister französischer Prosa, als ein Magier der Sprache, der sein mit bibliographischem Fleiß zusammengetragenes Wissen in einen Stil zu kleiden verstand, dessen raffinierte Eleganz natürlich wirkte und deshalb entzückte. Dieser Band enthält die hervorragendsten Erzählungen von Anatole France. Mit voltairescher Skepsis leuchtet er hinter die Dummheit, den Dünkel, die Selbsttäuschung und die Vorurteile seiner Zeit. Er ist der geistreiche Ironiker, der den Fanatismus und Aberglauben in hellen und farbenfreudigen Geschichten witzig bloßstellt und tödlich ad absurdum führt, indem er zu immer fortschrittlicheren Standpunkten weitergeht: ein der Vernunft verschworener, von der Würde des Menschen durchdrungener, diesseitsfreudiger, befreiender großer Erzähler.

insel taschenbuch 510
France
Blaubarts sieben Frauen

ANATOLE FRANCE
BLAUBARTS SIEBEN FRAUEN

und andere Erzählungen

Mit Illustrationen von Lutz Siebert

Insel Verlag

Aus dem Französischen von Irmgard Nickel
»Die Affäre Crainquebille« wurde von Günther Steinig übersetzt
Die Fußnote auf S. 56 stammt von Anatole France,
die übrigen von der Übersetzerin

insel taschenbuch 510
Erste Auflage 1981
Lizenzausgabe der Dieterich'schen
Verlagsbuchhandlung, Leipzig
Deutsche Demokratische Republik © 1975
© für die Illustrationen Insel Verlag
Frankfurt am Main 1981
Vertrieb durch den Suhrkamp Taschenbuch Verlag
Umschlag nach Entwürfen von Willy Fleckhaus
Satz: Otto Gutfreund, Darmstadt
Druck: Ebner Ulm
Printed in Germany

Inhaltsverzeichnis

MORGENRÖTE

Der Cours-la-Reine lag verlassen da. An den grünen Ufern der Seine mit den beschnittenen alten Buchen, deren Schatten gen Osten länger zu werden begannen, herrschte die tiefe Stille der Hochsommertage, kein Lüftchen regte sich, und der wolkenlose, sanftblaue Himmel schien weder zu drohen noch zu lächeln. Von den Tuilerien her wanderte ein Spaziergänger langsam zu den Hügeln von Chaillot. Er war noch sehr jung, von anmutiger, schlanker Gestalt, und trug den Rock, die Kniehose und die schwarzen Strümpfe der Bürgerlichen, deren Herrschaft endlich gekommen war. Auf seinem Antlitz lag jedoch eher ein Ausdruck von Verträumtheit als von Begeisterung. In der Hand hielt er ein Buch, las aber nicht mehr; ein zwischen die Seiten gelegter Finger bezeichnete die Stelle, an der er die Lektüre abgebrochen hatte. Hin und wieder blieb er einen Augenblick stehen, um auf das leise, doch so schreckliche Gemurmel zu lauschen, das von Paris herüberdrang, und aus diesem Geräusch, das schwächer als ein Seufzer war, vermeinte er Todes-, Haß-, Freuden- und Liebesschreie, Trommelschläge, Flintenschüsse, kurz, alles herauszuhören, was bei Revolutionen an stumpfer Grausamkeit und erhabener Begeisterung vom Straßenpflaster zum glühenden Sonnenball aufsteigt. Alles, was er in wenigen Stunden gelernt, gesehen und gehört hatte, erfüllte ihn mit Schreckensbildern: die Bastille vom Volk erstürmt und bereits zerstört; der Vorsteher der Kaufmannschaft inmitten einer aufgebrachten Menge durch einen Pistolenschuß getötet; der Gouverneur, der alte De Launay, auf der Freitreppe des Rathauses niedergemetzelt; eine schreckliche Volksmasse, die sich, bleich wie der Hunger, siegestrunken, in einem blutigen Ruhmestraum befangen, von der Bastille zum Grève-Platz wälzte; über den vielen Tausenden von erhitzten

Köpfen die Leichen der an den Laternen aufgehängten Invaliden und die von Eichenlaub umkränzte Stirn eines Triumphators in weißblauer Uniform; die Sieger, denen die Register, die Schlüssel und das silberne Tafelgeschirr der alten Festung vorangetragen werden, inmitten jubelnder Zurufe die blutbespritzte Freitreppe hinaufsteigend, ihnen voran die vom Volk eingesetzte Obrigkeit, La Fayette und Bailly, bewegt, ruhmbedeckt, erstaunt, die Füße im Blut watend, das stolze Haupt in den Wolken schwebend! Dann die Angst, die sich der entfesselten Menge bemächtigt, als sich das Gerücht verbreitet, die königlichen Truppen würden nachts in die Stadt einmarschieren; die herausgerissenen Parkgitter der Paläste, aus denen Spieße gemacht werden, die geplünderten Waffendepots, in den Straßen die Barrikaden bauenden Bürger, die Frauen, die Steine auf die Dächer schleppen, um damit die fremden Regimenter zu zermalmen!

Diese gewalttätigen Szenen haben in seiner Phantasie einen Hauch von Schwermut angenommen. Er hat sein Lieblingsbuch ergriffen, ein englisches Buch voller Betrachtungen über den Tod, und ist unter den Bäumen des Cours-la-Reine die Seine entlang in Richtung auf das weiße Haus gegangen, zu dem seine Gedanken Tag und Nacht wandern. Alles ist still um ihn. Auf der Böschung sieht er eine Reihe von Anglern sitzen, die ihre Füße ins Wasser hängen lassen. Gedankenverloren folgt er dem Flußufer. Am ersten Aufstieg zu den Hügeln von Chaillot begegnet er einer Patrouille, die die Verbindungswege zwischen Paris und Versailles überwacht. Der mit Flinten, Musketen und Hellebarden bewaffnete Trupp besteht aus Handwerkern, die Serge- oder Lederschürzen tragen, schwarzgekleideten Rechtsgelehrten, einem Priester und einem barfüßigen bärtigen Riesen im Hemd. Sie halten jeden an, der vorbeikommt, denn man hat entdeckt, daß der Gouverneur der Bastille mit dem Hof in Verbindung getreten war, und fürchtet, überrumpelt zu werden.

Der Spaziergänger ist jung und sieht harmlos aus. Nach ein paar Worten läßt die Gruppe ihn lächelnd passieren.

Durch ein Gäßchen voller Duft blühenden Holunders steigt er den Hang hinauf und bleibt auf halber Höhe vor dem Gittertor eines Gartens stehen.

Der Garten ist klein, aber gewundene Alleen und das wellige Gelände verlängern die Spazierwege. Weiden tauchen die Spitzen ihrer Zweige in ein Wasserbecken, auf dem Enten schwimmen. An der Wegbiegung erhebt sich auf einer Anhöhe ein zierliches Gartenhäuschen; davor breitet sich frischer grüner Rasen. Dort sitzt auf einer Gartenbank eine junge Frau; sie hält den Kopf gesenkt, so daß ihr Gesicht von einem großen Strohhut verdeckt wird, der mit natürlichen Blumen geschmückt ist. Sie trägt ein weiß und rosa gestreiftes Kleid und hat um die hochgegürtete Taille ein Tuch geschlungen, wodurch der Rock besonders schmal und anmutig wirkt. Die von engen Ärmeln umschlossenen Arme sind müßig. Zu ihren Füßen steht ein altertümlich geformter Korb voller Wollknäuel. Ein Kind, dessen blaue Augen unter goldblonden Löckchen hervorstrahlen, häuft neben ihr mit seiner Schaufel kleine Sandberge auf.

In sich gekehrt, verharrt die junge Frau regungslos und wie verzaubert, während er am Gittertor steht und zögert, den lieblichen Bann zu brechen. Endlich hebt sie den Kopf und zeigt ein junges, fast noch kindliches Gesicht, dessen reine, offene Züge den Ausdruck natürlicher Sanftmut und Freundlichkeit tragen. Er verneigt sich vor ihr. Sie streckt ihm die Hand entgegen.

»Guten Tag, Herr Germain! Was gibt es Neues? Welche Kunde bringet Ihr? wie's im Lied heißt. Ich kenne nur Lieder.«

»Verzeihen Sie, Madame, daß ich Sie in Ihrer Träumerei störte. Ich habe Sie beobachtet. So allein und regungslos, mit aufgestützten Ellbogen, erschienen Sie mir wie der Engel des Traumes.«

»Allein, allein!« antwortete sie, als hätte sie nur dieses Wort vernommen. »Allein! Ist man es denn jemals?«
Und als sie sah, daß er sie verständnislos anblickte, fügte sie hinzu: »Lassen wir das! Es sind so Gedanken, die mir manchmal kommen ... Was gibt es Neues?«
Nun schilderte er ihr die großen Tagesereignisse, die Erstürmung der Bastille, die Erringung der Freiheit.
Ernst hörte ihm Sophie zu; dann sagte sie: »Wir müssen uns freuen; aber unsere Freude muß die ernste Freude des Opfers sein. Von nun an gehören die Franzosen nicht mehr sich selbst; es ist ihre Pflicht, sich für die Revolution zu bewahren, die die Welt verändern wird.«
Während sie sprach, kletterte das Kind plötzlich auf ihren Schoß und rief fröhlich: »Sieh, Mama, sieh doch, wie schön der Garten ist!«
Sie küßte es und antwortete: »Du hast recht, Émile, man kann nichts Gescheiteres auf der Welt tun, als einen schönen Garten anzulegen.«
»Das ist wahr«, bekräftigte Germain. »Welche Galerie aus Porphyr und Gold wöge eine grüne Allee auf?«
Während er daran dachte, wie zauberhaft es wäre, mit der jungen Frau am Arm im Schatten der Bäume spazierenzugehen, warf er ihr einen vielsagenden Blick zu und rief: »Ach, was kümmern mich Menschen und Revolutionen!«
»Nein!« widersprach sie. »Nein! All meine Gedanken gehören unserm großen Volk, das der Gerechtigkeit zur Herrschaft verhelfen will. Meine Begeisterung für die neuen Ideen überrascht Sie, Germain? Wir kennen uns erst seit kurzer Zeit. Sie wissen nicht, daß mein Vater mich im Gesellschaftsvertrag und im Evangelium lesen lehrte. Eines Tages zeigte er mir auf einem Spaziergang Jean-Jacques. Ich war nur ein Kind, aber ich weinte bitterlich, als ich das finstere Antlitz des weisesten aller Menschen sah. Ich bin im Haß gegen Vorurteile aufgewachsen. Später wollte mein Gatte, der sich wie ich zur Naturphilosophie bekannte, daß unser Sohn Émile heiße und man ihn lehre, mit

den Händen zu arbeiten. In seinem letzten Brief, den er vor drei Jahren an Bord des Schiffes geschrieben hat, mit dem er einige Tage danach unterging, legte er mir nochmals Rousseaus Erziehungsgrundsätze ans Herz. Ich bin vom neuen Geist durchdrungen. Ich glaube, daß man für Gerechtigkeit und Frieden kämpfen muß.«
»Wie Sie, Madame, verabscheue ich Fanatismus und Tyrannei. Ich liebe wie Sie die Freiheit, doch mir fehlt es an Seelenstärke«, erwiderte Germain seufzend. »Ich bin nicht Herr meiner Gedanken, nicht meiner selbst, und ich leide.«
Die junge Frau entgegnete nichts. Da stieß ein Greis das Gittertor auf und eilte, den Hut schwenkend, mit erhobenen Armen herbei. Er trug weder eine Perücke noch war er gepudert. Langes graues Haar umkränzte seinen kahlen Schädel. Er war ganz in grauen Ratiné gekleidet, trug blaue Strümpfe und Schuhe ohne Schnallen.
»Sieg! Sieg!« rief er. »Das Ungeheuer ist in unsern Händen, und ich bin es, der Ihnen die Nachricht bringt, Sophie!«
»Lieber Herr Nachbar, ich habe sie soeben schon von Herrn Germain erfahren, den ich Ihnen hiermit vorstelle. Unsere Mütter waren in Angers Freundinnen. Seit einem halben Jahr weilt er in Paris und ist so liebenswürdig, mich von Zeit zu Zeit in meiner Einsiedelei zu besuchen. Herr Germain, Sie sehen vor sich meinen Freund und Nachbarn, Herrn Franchot de La Cavanne, Schriftsteller.«
»Sagen Sie lieber Nicolas Franchot, Bauer.«
»Ja, ich weiß, lieber Nachbar, so haben Sie Ihre Abhandlung über den Getreidehandel unterzeichnet. Ihnen zu Gefallen und obwohl ich der Ansicht bin, daß Sie die Feder geschickter als den Pflug zu führen wissen, sage ich also: Herr Nicolas Franchot, Bauer.«
Der Greis umarmte Germain und rief: »Sie ist endlich gefallen, diese Festung, die so häufig Vernunft und Tugend verschlang! Zerbrochen die Schlösser und Riegel, hinter denen ich acht Monate ohne Licht und Luft geschmachtet habe! Vor einund-

dreißig Jahren, am 17. Februar 1768, haben sie mich in die Bastille geworfen, weil ich einen Brief über die Toleranz geschrieben hatte. Heute nun hat das Volk mich gerächt! Die Vernunft und ich, wir triumphieren gemeinsam. Die Erinnerung an diesen Tag wird so lange währen, wie die Welt besteht: die Sonne sei meine Zeugin, die den Tod des Hipparch und die Flucht der Tarquinier mit ansah!«

Herrn Franchots laute Stimme erschreckte den kleinen Émile, der sich an das Kleid seiner Mutter klammerte. Da erst bemerkte Franchot das Kind, hob es empor und sagte voller Begeisterung: »Du wirst glücklicher sein als wir! Du, mein Kind, wirst in Freiheit aufwachsen!«

Doch der erschrockene Émile bog den Kopf zurück und stieß laute Schreie aus.

»Meine Herren«, bat Sophie, während sie die Tränen ihres Sohnes trocknete, »seien Sie so gut und speisen Sie mit mir. Ich erwarte Herrn Duvernay, falls er nicht bei einem Kranken aufgehalten wird.«

Und zu Germain gewandt, fügte sie hinzu: »Sie wissen wohl, daß Herr Duvernay, der Leibarzt des Königs, Wahlmann der Pariser Außenbezirke ist. Er wäre Deputierter in der Nationalversammlung, wenn er nicht, wie Herr von Condorcet, aus Bescheidenheit auf diese Ehre verzichtet hätte. Er ist ein Mann von großen Verdiensten; es wird für Sie unterhaltend und zugleich nützlich sein, ihm zuzuhören.«

»Junger Mann«, erklärte Franchot, »ich kenne Herrn Jean Duvernay und weiß von einem Charakterzug, der ihm Ehre macht. Vor zwei Jahren ließ ihn die Königin zum Dauphin rufen, der von einer abzehrenden Krankheit befallen war.

Duvernay wohnte damals in Sèvres, von wo ihn jeden Morgen ein Wagen des Hofes abholte, um ihn nach Saint-Cloud zu dem kranken Kind zu bringen. Eines Tages kehrte der Wagen leer zum Schloß zurück. Duvernay war nicht mitgekommen. Am nächsten Tage machte die Königin ihm Vorwürfe. ›Herr Duvernay‹, sagte sie, ›Sie haben wohl den Dauphin vergessen?‹

›Madame‹, erwiderte der Ehrenmann, ›ich tue mein Bestes, um Ihrem Sohn zu helfen. Doch gestern wurde ich durch die Niederkunft einer Bäuerin aufgehalten.‹«
»Ist das nicht schön?« fragte Sophie. »Müssen wir nicht stolz auf unsern Freund sein?«
»Ja, das ist schön!« bestätigte Germain.
Da sagte plötzlich neben ihnen eine angenehme, tiefe Stimme: »Ich weiß nicht, was Sie so in Begeisterung versetzt; aber ich sehe Sie gern in dieser Verfassung. Man erlebt heutzutage so viele erstaunliche Dinge!«
Der Mann, der dies sprach, trug eine gepuderte Perücke und ein feines Spitzenjabot. Es war Jean Duvernay; Germain erkannte ihn nach einem Kupferstich, den er in den Läden des Palais Royal gesehen hatte.
»Ich komme aus Versailles«, erklärte Duvernay. »Dem Herzog von Orléans verdanke ich das Vergnügen, Sie an diesem großen Tage zu sehen, Sophie. Er hat mich in seiner Karosse bis Saint-Cloud mitgenommen. Den Rest des Weges habe ich auf die bequemste Weise zurückgelegt: nämlich zu Fuß.«
Seine Schuhe mit den Silberschnallen und die schwarzen Strümpfe waren staubbedeckt.
Émile griff mit den Händchen nach den Stahlknöpfen, die am Rock des Arztes glänzten; Duvernay nahm ihn auf den Schoß, und ein Lächeln über die erwachende kleine Seele flog über sein Gesicht. Sophie rief nach Nanon. Darauf erschien ein kräftiges Mädchen, nahm das Kind auf den Arm und trug es fort, wobei es sein verzweifeltes Geschrei mit schallenden Küssen zu ersticken suchte.
Der Tisch war im Gartenhäuschen gedeckt. Sophie hängte ihren Strohhut an einen Weidenzweig; ihre blonden Locken fielen nun ungehindert über ihre Wangen.
»Sie werden auf die einfachste Art der Welt speisen«, erklärte sie, »nämlich auf englische Art.«
Von dem Platz aus, an dem sie sich niederließen, sahen sie die Seine und die Dächer, Kuppeln und Kirchtürme der Stadt.

Schweigend genossen sie den Anblick, als sähen sie Paris zum erstenmal. Dann sprachen sie über die Tagesereignisse, die Nationalversammlung, die Abstimmung nach Köpfen, die Vereinigung der Stände und Neckers Verbannung. Alle vier waren sich darüber einig, daß man die Freiheit für immer errungen hatte. Herr Duvernay sah eine neue Gesellschaftsordnung entstehen und rühmte die Weisheit der vom Volk gewählten Gesetzgeber. Doch er wahrte eine gewisse Besonnenheit, und in seine Hoffnungen schien sich einige Besorgnis zu mischen. Nicolas Franchot dagegen zeigte sich weniger maßvoll. Er verhieß den Sieg des Volkes, Frieden und das Zeitalter der Brüderlichkeit. Vergeblich mahnte der Gelehrte, vergeblich auch die junge Frau: »Der Kampf hat gerade begonnen, und wir errangen bisher nur diesen ersten Sieg.«
»Die Philosophie regiert uns jetzt«, erwiderte er. »Welch ein Segen wird die allmächtige Herrschaft der Vernunft für die unterdrückte Menschheit sein! Das von den Dichtern erträumte Goldene Zeitalter wird nun Wirklichkeit. Da alle Übel dem Fanatismus und der Tyrannei entspringen, werden sie mit ihnen zusammen verschwinden. Der tugendhafte, aufgeklärte Mensch wird ein unsagbar glückliches Leben führen. Was sage ich? Mit Hilfe der Physik und Chemie wird er die Unsterblichkeit auf Erden erringen.«
Kopfschüttelnd hörte Sophie ihm zu.
»Wenn Sie uns des Todes berauben wollen«, sagte sie, »so erfinden Sie wenigstens einen Jungbrunnen! Ohne einen solchen graust mir vor Ihrer Unsterblichkeit.«
Lachend fragte der alte Philosoph, ob der Gedanke an die christliche Auferstehung beruhigender für sie sei.
»Ich jedenfalls fürchte, die Engel und die Heiligen könnten sich nicht veranlaßt fühlen, den Chor der Jungfrauen dem der Witwen vorzuziehen«, erklärte er, nachdem er sein Glas geleert hatte.
»Ich weiß nicht«, antwortete die junge Frau in gedehntem Ton, während sie den Blick hob, »ich weiß nicht, welchen Wert in

den Augen der Engel die armseligen Reize besitzen, die aus irdischem Lehm geformt wurden; doch ich meine, falls dies für einen himmlischen Aufenthalt nötig sein sollte, verstünde es die göttliche Macht besser, die Verheerungen der Zeit wiedergutzumachen, als ihre Physik und Chemie es jemals auf dieser Erde vermöchten. Sie als Atheist, Herr Franchot, der Sie nicht daran glauben, daß Gott im Himmel herrscht, können die Revolution nicht verstehen, denn sie bedeutet die Ankunft Gottes auf Erden.«

Sie erhob sich. Die Nacht war hereingebrochen, und drüben in der großen Stadt sah man überall Feuerschein aufleuchten.

Während im Gartenhäuschen die alten Herren ihr Gespräch fortsetzten, bot Germain Sophie seinen Arm. Sie gingen in den dunklen Alleen auf und ab, und Sophie nannte ihm deren Namen und erzählte ihre Geschichte: »Wir sind hier in der Allee Jean-Jacques, die zum Salon Émile führt. Sie war ursprünglich gerade, doch ich habe sie mit einer Biegung um die alte Eiche herumführen lassen. Diese spendet der Gartenbank, die ich den ›Ruhesitz der Freunde‹ genannt habe, den ganzen Tag Schatten. Wir wollen uns einen Augenblick auf diese Bank setzen.«

Germain hörte in der Stille sein Herz schlagen.

»Sophie, ich liebe Sie«, flüsterte er und ergriff ihre Hand.

Doch sie entzog sie ihm sanft und wies auf die Blätter, die ein leichter Windhauch bewegte.

»Hören Sie?«

»Ich höre den Wind in den Blättern.«

Sie schüttelte den Kopf und sagte mit leiser, singender Stimme: »Germain, Germain! Wer sagt Ihnen, daß es der Wind in den Blättern ist? Wer sagt Ihnen, daß wir allein sind? Gehören Sie denn auch zu jenen alltäglichen Seelen, die von den Geheimnissen dieser Welt nichts ahnen?«

Und als er sie mit einem ängstlich fragenden Blick ansah, fügte sie hinzu: »Herr Germain, gehen Sie bitte in mein Zimmer hinauf und bringen Sie mir das kleine Buch, das dort auf dem Tisch liegt . . .«

Er gehorchte. Während seiner Abwesenheit betrachtete die junge Witwe das dunkle Laub, das im Abendwind erschauerte. Germain kam bald zurück, ein kleines Buch mit Goldschnitt in der Hand.

»Die ›Idyllen‹ von Geßner, das ist es!« sagte Sophie. »Schlagen Sie das Buch auf, wo das Zeichen liegt, und wenn Ihre Augen gut genug sind, um beim Mondlicht zu lesen, so lesen Sie!«

Er las: »Ach, oft wird meine Seele dich umschweben, oft, wenn du voll edler hoher Empfindung einsam nachdenkest, wird ein sanftes Wehen deine Wangen berühren; dann gehe ein sanftes Schauern durch deine Seele!«

»Begreifen Sie jetzt, mein Freund, daß wir nie allein sind«, unterbrach sie ihn, »und daß es Worte gibt, die ich nicht anhören darf, sobald ein Windhauch vom Ozean her in den Blättern der Eichen rauscht?«

Man vernahm die Stimmen der beiden Greise, die sich näherten.

»Gott ist das Gute«, sagte Duvernay.

»Gott ist das Böse«, erwiderte Franchot, »und wir werden ihn abschaffen.«

Dann verabschiedeten sich alle drei von Sophie.

»Leben Sie wohl, meine Herren«, sagte sie. »Wir wollen rufen: Es lebe die Freiheit, und: es lebe der König! Und Sie, mein lieber Nachbar, hindern Sie uns nicht daran, zu sterben, wenn es an der Zeit ist.«

DAS ERBETENE TODESURTEIL

Lange war André durch die verlassenen Straßen geirrt, bis er sich schließlich am Ufer der Seine niederließ und zum großen Hügel von Saint-Cloud hinüberblickte, wo Lucie, seine Geliebte, einst in den Tag der Freude und Hoffnung gewohnt hatte.

Seit langem war er nicht so ruhig gewesen.

Um acht Uhr nahm er ein Bad. Dann ging er zu einem Speisewirt des Palais Royal; während er auf das Essen wartete, sah er die Zeitungen durch und las im »Courrier de l'Égalité« die Liste der zum Tode Verurteilten, die man am 24. Floreal auf dem Revolutionsplatz hingerichtet hatte.

Er speiste mit gutem Appetit. Dann erhob er sich, vergewisserte sich vor dem Spiegel, ob sein Anzug in Ordnung sei und sein Gesicht eine frische Farbe habe, und ging mit leichtem Schritt bis zu dem niedrigen Haus an der Ecke der Rue de Seine und der Rue de Mazarin, in dem der Bürger Lardillon wohnte, der Vertreter des Staatsanwalts beim Revolutionstribunal, ein gefälliger Mann, den André in Angers als Kapuziner und dann in Paris als Sansculotten gekannt hatte.

Er läutete. Einige Minuten blieb es still, bis schließlich hinter dem vergitterten Guckloch ein Gesicht erschien; und nachdem der Bürger Lardillon sich vorsichtshalber vergewissert hatte, wer der Besucher war, öffnete er endlich die Tür. Lardillon hatte ein volles, rosiges Gesicht, glänzende Augen, einen feuchten Mund und rote Ohren. Seiner ganzen Erscheinung nach war er ein jovialer, doch furchtsamer Mann. Er führte André in das erste Zimmer seiner Wohnung.

Darin war ein kleiner runder Tisch für zwei Personen gedeckt, auf dem sich ein Hühnchen, eine Pastete, ein Schinken, eine Schüssel mit Gänseleberpastete und kaltes Fleisch in Gelee

befanden. Am Boden waren in einem Eimer drei Flaschen kalt gestellt. Der Kaminsims war mit einer Ananas, verschiedenen Käsesorten und eingemachten Früchten bedeckt. Zwischen den Akten auf dem Schreibtisch standen Likörflaschen.
Durch eine halboffene Tür gewahrte man im Nebenzimmer ein zerwühltes breites Bett.
»Bürger Lardillon, ich komme, dich um eine Gefälligkeit zu bitten«, erklärte André.
»Ich bin bereit, sie dir zu erweisen, Bürger, wenn dadurch die Sicherheit der Republik nicht gefährdet wird.«
Lächelnd erwiderte André: »Die Gefälligkeit, um die ich dich bitten möchte, steht in völligem Einklang mit der Sicherheit der Republik sowie der deinen.«
Auf eine einladende Handbewegung Lardillons hin nahm André Platz.
»Bürger Staatsanwaltsvertreter«, sagte er, »wie du weißt, konspiriere ich seit zwei Jahren gegen deine Freunde und bin der Verfasser der Schrift mit dem Titel ›Die entlarvten Sansculotten‹. Wenn du mich verhaften läßt, gewährst du mir nicht eine Gunst, sondern erfüllst nur deine Pflicht. Doch das ist nicht die Gefälligkeit, um die ich dich bitte. Ich liebe, und meine Geliebte ist im Gefängnis.«
Lardillon nickte wohlwollend.
»Ich weiß, du bist nicht gefühllos, Bürger Lardillon; ich bitte dich, mich mit der Frau zu vereinen, die ich liebe, und mich unverzüglich nach Port-Libre zu schicken.«
»Ei, ei!« meinte Lardillon mit einem Lächeln um die feingeschwungenen, doch vollen Lippen. »Das ist mehr als das Leben, es ist das Glück, um das du mich bittest, Bürger.«
Er streckte den Arm in Richtung des Schlafzimmers aus und rief: »Epicharis! Epicharis!«
Darauf erschien eine hochgewachsene, dunkelhaarige Frau in Hemd und Unterrock mit nackten Armen und bloßer Brust, eine Kokarde im Haar.
»Meine Nymphe«, sagte Lardillon, sie auf seinen Schoß zie-

hend, »sieh dir das Gesicht dieses Bürgers an und vergiß es nie mehr! Er ist gefühlvoll wie wir, Epicharis; wie wir, weiß er, daß die Trennung das größte Unglück auf der Welt ist. Er will zu seiner Geliebten ins Gefängnis und mit ihr zusammen auf die Guillotine. Epicharis, kann man ihm diese Gunst verweigern?«
»Nein«, antwortete das Mädchen und tätschelte dem Mönch in der Jakobinerjacke die Wangen.
»Du sagst es, meine Göttin! Wir werden zwei zärtlich Liebenden diese Gefälligkeit erweisen. Bürger André, gib mir deine Adresse, und du wirst schon heute nacht in Port-Libre schlafen.«
»Abgemacht?« fragte André.
»Abgemacht!« erwiderte Lardillon und reichte ihm die Hand. »Wenn du deine liebe Freundin wiedersiehst, sag ihr, du habest Epicharis im Arm Lardillons gesehen. Möge dieses Bild heitere Gedanken in euch erwecken!«
André erwiderte, es würden ihnen vielleicht herzergreifendere Bilder vor Augen schweben; er sei ihm jedoch dankbar und bedauere nur, daß er ihm wahrscheinlich nicht ebenfalls gefällig sein könne.
»Menschlichkeit begehrt keinen Lohn«, versicherte Lardillon. Dann erhob er sich, drückte Epicharis ans Herz und sagte: »Wer weiß, wann wir an die Reihe kommen.

Omnes eodem cogimur: omnium
versatur urna; serius ocius
sors exitura, et nos in aeternum
exilium impositura cymbae.[1]

Warten wir ab und trinken wir darauf! Willst du mit uns speisen, Bürger?«

1 Dort winkt das Ziel uns allen, uns allen springt, / der Urn entschüttelt, jedem zu seiner Zeit, / das Los hervor und heischt zum Kahn uns, / der die für ewig Verbannten aufnimmt (Horaz, Oden 2, 3, 24–28).

Es gebühre sich so, fügte Epicharis hinzu, und wollte André am Arm festhalten. Aber er riß sich los und machte sich mit dem Versprechen des stellvertretenden Staatsanwalts auf den Heimweg.

LILITHS TOCHTER

Am Abend zuvor hatte ich Paris verlassen und auf einem Eckplatz im Eisenbahnwagen eine lange schweigende Schneenacht verbracht. In X. wartete ich sechs tödlich langweilige Stunden, denn erst am Nachmittag fand ich einen Bauernkarren, der mich nach Artigues bringen würde. Die Ebene, die sich zu beiden Seiten des Weges sanft wellte, hatte ich einst im hellen Sonnenschein lachen sehen, doch jetzt lag sie unter einer Schneedecke, über der sich die schwarzen Weinstöcke wanden. Mein Karrenführer trieb seinen alten Gaul leicht an, und wir fuhren dahin, eingehüllt in tiefes Schweigen, das nur ab und zu von einem klagenden Vogelschrei unterbrochen wurde. Todtraurig betete ich im Herzen: »Gott, du barmherziger Gott, bewahre mich vor Verzweiflung und laß mich nach so vielen Verfehlungen nicht noch die einzige Sünde begehen, die du nicht verzeihst!« Dann sah ich die Sonne rot und glanzlos wie eine blutige Hostie am Horizont sinken, und da ich an das göttliche Opfer auf dem Kalvarienberg dachte, fühlte ich Hoffnung in meine Seele ziehen. Die Räder rollten noch einige Zeit durch den knirschenden Schnee dahin. Endlich wies der Kutscher mir mit dem Peitschenstiel den Kirchturm von Artigues, der schattenhaft in dem rötlichen Nebel emporragte.

»Sie wollen also im Pfarrhaus absteigen?« fragte der Mann. »Kennen Sie den Herrn Pfarrer?«

»Ich kenne ihn seit meiner Kindheit. Er war mein Lehrer, als ich zur Schule ging.«

»Er ist wohl sehr beschlagen in den Büchern?«

»Mein Freund, der Herr Pfarrer Safrac, ist ebenso gelehrt wie tugendhaft.«

»Man sagt es. Man sagt aber auch anderes.«

»Und was sagt man, mein Freund?«

»Man sagt so allerlei, ich lasse die Leute reden.«
»Was reden sie denn?«
»Nun, manche glauben, der Herr Pfarrer könne wahrsagen und hexen.«
»Welch ein Unsinn!«
»Ich, Herr, behaupte das ja nicht. Aber wenn Herr Safrac nicht wahrsagen und hexen kann, weshalb liest er dann in den Büchern?«
Der Karren hielt vor dem Pfarrhaus.
Ich ließ den einfältigen Tropf stehen und folgte der Magd des Pfarrers, die mich zu ihrem Herrn in das Eßzimmer führte, in dem der Tisch bereits gedeckt war. Ich fand Herrn Safrac sehr verändert in den drei Jahren, die ich ihn nicht gesehen hatte. Seine hohe Gestalt war gebeugt und auffallend mager. Die durchdringenden Augen leuchteten in dem abgezehrten Gesicht. Die Nase schien länger geworden und hing über den schmalen Mund herab. Ich fiel ihm in die Arme und rief unter Tränen: »Mein Vater, ach, mein Vater! Ich komme zu Ihnen, weil ich gesündigt habe. Mein Vater, mein alter Lehrer, o Sie, dessen tiefe, geheimnisvolle Gelehrsamkeit meinen Geist erschreckte, dessen gütiges Herz jedoch Balsam in meine Seele goß, reißen Sie Ihr Kind vom Rande des Abgrunds zurück! O mein einziger Freund, retten Sie mich! Erleuchten Sie mich, mein einziges Licht!«
Er umarmte mich, wobei er mich mit der unaussprechlichen Güte anlächelte, von der er mir in meiner frühesten Jugend so zahlreiche Beweise gegeben hatte, trat einen Schritt zurück, als wolle er mich genauer betrachten, und hieß mich, wie in seiner Heimat üblich, mit einem »Grüß Gott!« willkommen, denn Herr Safrac wurde an den Ufern der Garonne geboren, inmitten der berühmten Weinberge, die mir als Sinnbild seiner edlen, lauteren Seele erscheinen.
Nachdem er in Bordeaux, Poitiers und Paris aufsehenerregende philosophische Vorlesungen gehalten hatte, erbat er sich als einzige Gunst eine arme Pfarrei in der Gegend, in der er

geboren war und auch sterben wollte. Seit sechs Jahren war er nun Pfarrer in Artigues, übte in diesem gottverlassenen Dorf die demütigste Frömmigkeit und widmete sich der erhabensten Wissenschaft.

»Grüß Gott, mein Kind!« wiederholte er. »Um Ihren Besuch anzukündigen, haben Sie mir einen Brief geschrieben, der mich tief bewegte. Sie haben also Ihren alten Lehrer wirklich nicht vergessen?«

»Retten Sie mich! Retten Sie mich!« stammelte ich wieder und wollte mich ihm zu Füßen werfen. Doch mit einer gebieterischen und zugleich liebevollen Handbewegung hinderte er mich daran.

»Ary«, erklärte er, »sagen Sie mir morgen, was Sie mir zu sagen haben. Jetzt wärmen Sie sich erst einmal auf, und dann wollen wir zu Abend essen. Sie müssen ja ganz durchgefroren und sehr hungrig sein!«

Die Suppenterrine, der eine köstlich duftende Dampfsäule entstieg, wurde von der Magd auf den Tisch gesetzt. Diese war eine alte Frau, in deren runzligem Antlitz die Schönheit des Typs mit der Häßlichkeit des Alters eine seltsame Verbindung einging. Das Haar trug sie unter einem schwarzen Seidentuch verborgen. Ich befand mich in höchster Erregung; doch der Friede der frommen Behausung, die freundliche Behaglichkeit, die das Rebholzfeuer, das weiße Tischtuch, der eingeschenkte Wein und die dampfenden Schüsseln verbreiteten, zog allmählich in meine Seele. Während der Mahlzeit dachte ich kaum noch daran, daß ich in das Haus dieses Priesters gekommen war, um die unfruchtbare Dürre meiner Gewissensbisse in den fruchtbaren Tau der Reue zu verwandeln. Herr Safrac erinnerte mich an längst vergangene Stunden, die uns einst unter dem Dach des Gymnasiums vereint hatten, an dem er Philosophie lehrte.

»Sie waren mein bester Schüler, Ary«, erklärte er. »Ihre rasche Auffassungsgabe eilte stets dem Gedankengang des Lehrers voraus. Deshalb fühlte ich mich sogleich zu Ihnen hingezogen.

Ich liebe Kühnheit bei einem Christen. Der Glaube darf nicht zaghaft sein, wenn die Gottlosigkeit wilde Verwegenheit zeigt. Die Kirche hat heute nur noch Lämmer, doch sie braucht Löwen. Wer gibt uns die Patres und Gelehrten wieder, die mit einem Blick alle Wissenschaften umfaßten? Die Wahrheit gleicht der Sonne; es bedarf des Adlerauges, um ihr ins Antlitz zu sehen.«

»Ach, Herr Safrac, Sie richteten auf alle Fragen dieses kühne Auge, das nichts zu blenden vermochte. Ich entsinne mich, daß Ihre Ansichten manchmal sogar diejenigen unter Ihren Ordensbrüdern erschreckten, die voller Bewunderung für Ihren frommen Lebenswandel waren. Sie, mein Vater, fürchteten den neuen Geist nicht. So waren Sie zum Beispiel geneigt, eine Vielzahl bewohnter Welten anzuerkennen.«

Sein Blick leuchtete auf.

»Was werden die Zaghaften sagen, wenn sie mein Buch lesen? Ary, unter diesem schönen Himmel, in diesem Lande, das Gott mit besonderer Liebe schuf, habe ich nachgesonnen, habe ich gearbeitet. Wie Sie wissen, beherrsche ich recht gut das Hebräische, Arabische, Persische und mehrere indische Dialekte. Sie wissen auch, daß ich eine an alten Handschriften reiche Bibliothek hierher mitgebracht habe. Ich bin tief in die Kenntnis der Sprachen und Traditionen des frühen Orients eingedrungen. Diese große Arbeit wird mit Gottes Hilfe nicht ohne Früchte bleiben. Kürzlich habe ich mein Buch über die ›Ursprünge‹ abgeschlossen; es ergänzt und stützt die heilige Exegese, deren bevorstehenden Zusammenbruch die Wissenschaft der Gottlosen ankündigt. Ary, Gott hat in seiner Barmherzigkeit gewollt, daß Wissenschaft und Glaube endlich miteinander versöhnt werden. Um eine solche Wiederannäherung zu bewirken, ging ich von folgendem Gedanken aus: Die vom Heiligen Geist inspirierte Bibel sagt nur die Wahrheit, doch sagt sie nicht die ganze Wahrheit. Weshalb sollte sie auch, da sie uns allein über das zu belehren beabsichtigt, was für unser ewiges Heil erforderlich ist? Außer diesem erhabenen Ziel existiert nichts für sie. Ihr Plan ist ebenso einfach wie großartig angelegt. Er umfaßt den Sündenfall und die Erlösung. Es ist die göttliche Geschichte des Menschen. Sie ist vollständig und doch begrenzt. Nichts wurde einbezogen, was weltliche Neugier stillen könnte. Nun, die gottlose Wissenschaft braucht nicht länger über das Schweigen Gottes zu triumphieren. Es ist an der Zeit, zu sagen: ›Nein, die Bibel hat nicht gelogen, sie hat nur nicht alles offenbart!‹ Das ist die Wahrheit, die ich verkünde. Mittels der Geologie, der prähistorischen Archäologie, der orientalischen Schöpfungsgeschichte, der hethitischen und sumerischen Baudenkmäler, der chaldäischen und babylonischen Überlieferungen und der im Talmud enthaltenen alten Legenden habe ich die Existenz der Präadamiten nachgewiesen, die der vom Geiste Gottes inspirierte Verfasser der Genesis nur aus dem Grunde nicht erwähnt, weil ihre Existenz für das ewige Heil der Kinder Adams keine Rolle spielt. Zudem hat eine höchst sorgfältige Untersuchung der ersten Kapitel der Genesis erwiesen, daß es zwei einander in großem Zeitabstand folgende Schöpfungen gegeben hat, deren zweite sozusagen nur die Anpassung eines Teils der Erde an die Bedürfnisse Adams und seiner Nachkommen bezweckte.«

Er hielt einen Augenblick inne und fuhr dann mit wahrhaft frommem Ernst leise fort: ›Ich, Martial Safrac, ein unwürdiger Priester, Doktor der Theologie, der ich mich wie ein gehorsames Kind der Autorität unserer heiligen Mutter, der Kirche, unterordne, erkläre mit völliger Gewißheit – unter ausdrücklichem Vorbehalt der Autorität unseres Heiligen Vaters, des Papstes, und der Konzilien –, daß Adam, der nach dem Bilde Gottes geschaffen wurde, zwei Frauen hatte, deren zweite Eva war.«

Diese seltsamen Worte versetzten mich allmählich in immer stärkere Erregung und erweckten ein eigentümliches Interesse in mir. Deshalb war ich etwas enttäuscht, als Herr Safrac die Ellbogen auf den Tisch sinken ließ und erklärte: »Genug davon! Vielleicht lesen Sie eines Tages mein Buch, das Sie über diesen

Punkt unterrichten wird. Der strengen Pflicht gehorchend, mußte ich das Werk Monsignore unterbreiten, um bei Seiner bischöflichen Gnaden die Genehmigung für die Veröffentlichung einzuholen. Das Manuskript befindet sich gegenwärtig im erzbischöflichen Palast, und ich erwarte jeden Augenblick die Antwort, die, wie ich wohl annehmen darf, günstig ausfallen wird. Kosten Sie, mein liebes Kind, von diesen Steinpilzen aus unsern Wäldern und dem Wein von unsern Reben und sagen Sie selbst, ob dieses Land nicht das zweite Gelobte Land ist, von dem das erste nur das Sinnbild und die Verheißung war.«

Von nun an wurde die Unterhaltung zwangloser und wandte sich unseren gemeinsamen Erinnerungen zu.

»Ja, mein Kind, Sie waren mein Lieblingsschüler«, versicherte Herr Safrac. »Gott erlaubt solche Bevorzugung, wenn sie auf einem gerechten Urteil beruht. Nun, ich erkannte sogleich, daß in Ihnen das Zeug zu einem ganzen Menschen und wahren Christen steckt. Das soll nicht heißen, daß sich bei Ihnen nicht große Fehler bemerkbar machten. Sie waren unbeständig, unentschlossen, leicht erregbar. Verborgene Leidenschaften glommen in Ihrer Seele. Ich liebte Sie um Ihrer großen Unrast willen, wie ich einen andern Schüler wegen ganz entgegengesetzter Eigenschaften liebte. Paul d'Ervy war ich um der unerschütterlichen Festigkeit seines Geistes und Herzens willen zugetan.«

Bei diesem Namen wurde ich abwechselnd rot und blaß und konnte nur mit Mühe einen Aufschrei unterdrücken; als ich dann antworten wollte, brachte ich kein Wort heraus. Herr Safrac schien meine Verwirrung nicht zu bemerken.

»Wenn ich micht recht erinnere, war er Ihr bester Kamerad«, fuhr er fort. »Sie sind immer noch freundschaftlich mit ihm verbunden, nicht wahr? Wie ich weiß, hat er die diplomatische Laufbahn eingeschlagen, in der man ihm eine große Zukunft prophezeit. Ich hoffe, man wird ihn an den Heiligen Stuhl berufen, wenn sich die Zeiten bessern sollten. An ihm besitzen Sie einen treuen, ergebenen Freund.«

»Mein Vater, morgen will ich Ihnen von Paul d'Ervy und einer anderen Person erzählen«, erwiderte ich mit einiger Anstrengung.
Herr Safrac drückte mir die Hand. Wir trennten uns, und ich zog mich in das Zimmer zurück, das er für mich hatte herrichten lassen. In dem nach Lavendel duftenden Bett träumte mir, ich wäre noch ein Kind und kniete in der Kapelle des Gymnasiums, wobei ich die lichten, weißen Frauengestalten auf der Empore bewunderte, als plötzlich aus einer Wolke über meinem Kopf eine Stimme zu mir sprach: »Ary, du glaubst, sie in Gott zu lieben, aber du liebst Gott in ihnen.«
Als ich am Morgen erwachte, stand Herr Safrac an meinem Bett.
»Ary«, sagte er, »kommen Sie und nehmen Sie an der Messe teil, die ich für Sie lesen will! Nach der heiligen Handlung werde ich bereit sein, zu hören, was Sie mir zu sagen haben.«
Die Kirche von Artigues ist ein kleines Heiligtum in jenem romanischen Stil, der in Aquitanien noch im 12. Jahrhundert in voller Blüte stand. Als man sie vor zwanzig Jahren restaurierte, erhielt sie einen Glockenturm, der im ursprünglichen Plan nicht vorgesehen war. Da sie arm war, hatte sie wenigstens ihren schmucklosen reinen Stil bewahrt. Soweit mein Seelenzustand es zuließ, vereinten sich meine Gebete mit denen des Priesters, und ich kehrte danach mit ihm ins Pfarrhaus zurück. Dort nahmen wir etwas Brot und Milch zu uns und begaben uns dann in Herrn Safracs Studierzimmer.
Er rückte einen Stuhl an den Kamin, über dem ein Kruzifix hing, und lud mich ein, Platz zu nehmen. Nachdem er sich neben mich gesetzt hatte, bedeutete er mir, ich möge beginnen. Draußen schneite es. »Mein Vater«, fing ich an, »es ist nun zehn Jahre her, daß Sie mich aus Ihrer Obhut entließen und ich in die Welt eintrat. Meinen Glauben habe ich bewahrt, ach, aber nicht meine Unschuld! Doch ich brauche Ihnen von meinem Leben nichts zu erzählen, Sie kennen es, Sie, mein geistiger Führer, mein einziger Beichtvater. Außerdem drängt

es mich, zu dem Ereignis zu kommen, durch das mein Leben aus der gewohnten Bahn geriet. Im vorigen Jahr hatte meine Familie beschlossen, mich zu verheiraten, und ich hatte gern eingewilligt. Das mir zugedachte junge Mädchen besaß alle Vorzüge, auf die Eltern gewöhnlich Wert legen. Außerdem war sie hübsch; sie gefiel mir, so daß ich statt einer Vernunftehe eine Neigungsehe eingehen würde. Mein Antrag wurde angenommen. Wir verlobten uns. Das Glück und der Friede meines Lebens schienen gesichert, als ich einen Brief von Paul d'Ervy empfing, der, aus Konstantinopel zurückgekehrt, mir seine Ankunft in Paris mitteilte und den dringenden Wunsch äußerte, mich zu sehen. Ich eilte zu ihm und unterrichtete ihn von meiner baldigen Hochzeit. Er gratulierte mir auf das herzlichste.

›Alter Freund‹, sagte er, ›ich freue mich über dein Glück.‹

Ich erklärte ihm, ich würde auf ihn als Trauzeugen zählen, und er sagte bereitwillig zu. Meine Hochzeit war auf den 15. Mai festgesetzt, und er mußte erst Anfang Juni auf seinen Posten zurückkehren.

›Wie du siehst, geht es mir gut‹, sagte ich. ›Und dir?‹

›Oh, mir!‹ antwortete er mit einem Lächeln, in dem zugleich Freude und Trauer lag. ›Ich bin ganz verwandelt ... ich bin wie von Sinnen ... eine Frau ... Ary, ich bin sehr glücklich und zugleich furchtbar unglücklich! Welchen Namen soll man dem Glück geben, das man mit einer schlechten Tat erkauft hat? Ich habe einen vortrefflichen Freund verraten, ihn aufs tiefste betrübt ... ich entführte in Konstantinopel die ...‹«

»Mein Sohn«, unterbrach mich Herr Safrac, »klammern Sie aus Ihrem Bericht die Verfehlungen anderer Menschen aus und nennen Sie keine Namen!«

Ich versprach es und fuhr fort: »Kaum hatte Paul geendet, als eine Frau ins Zimmer trat. Offensichtlich war sie es; sie trug einen langen blauen Morgenrock und schien sich ganz zu Hause zu fühlen. Mit einem einzigen Wort will ich Ihnen den furchtbaren Eindruck schildern, den sie auf mich machte: sie

erschien mir nicht ›natürlich‹. Ich fühlte, wie verschwommen dieser Begriff ist und wie schlecht er wiedergibt, was ich damit meine. Aber vielleicht wird er im weiteren Verlauf meines Berichtes klarer. Wahrhaftig, im Ausdruck ihrer goldfarbenen Augen, die dann und wann Funkengarben sprühten, in dem Bogen ihres rätselhaften Mundes, der Beschaffenheit ihrer schimmernden braunen Haut, dem Spiel der strengen und doch harmonischen Linien ihres Körpers, der schwebenden Leichtigkeit ihres Schrittes bis in die nackten Arme hin, die unsichtbare Flügel zu haben schienen, kurz, in ihrem ganzen leidenschaftlichen, fließenden Wesen spürte ich etwas nicht zur menschlichen Natur Gehöriges, ein geringeres und wiederum höheres Geschöpf als die Frau, die Gott in seiner unerforschlichen Güte geschaffen hat, auf daß sie unsere Gefährtin in diesem irdischen Jammertal sei. Von diesem Augenblick an, da ich sie sah, erfüllte nur noch ein Gefühl meine Seele: ich empfand unendlichen Abscheu vor allem, was nicht diese Frau war.
Als Paul sie hereinkommen sah, runzelte er leicht die Stirn, doch faßte er sich sogleich wieder und versuchte zu lächeln.
›Leila, hier stelle ich dir meinen besten Freund vor.‹
›Ich kenne Herrn Ary‹, erwiderte sie.
Diese Worte mußten seltsam wirken, da wir uns bestimmt noch nie begegnet waren; noch seltsamer jedoch war der Ton, in dem sie gesagt wurden. Könnte Kristall denken, dann würde es seine Gedanken so äußern.
›Mein Freund Ary heiratet in sechs Wochen‹, fuhr Paul fort.
Bei diesen Worten sah Leila mich an, und ich begriff, daß ihre Goldaugen ›nein‹ sagten.
Ich verabschiedete mich in höchster Erregung, ohne daß mein Freund die geringste Neigung zeigte, mich zurückzuhalten. Den ganzen Tag irrte ich mit verzweifeltem, leerem Herzen ziellos durch die Straßen; als ich dann abends auf dem Boulevard zufällig vor einem Blumengeschäft stehenblieb, kam mir plötzlich meine Verlobte in den Sinn, und ich trat in den Laden,

um für sie einen Zweig weißen Flieders zu kaufen. Kaum hatte ich den Zweig ergriffen, als eine kleine Hand ihn mir entriß, und ich erkannte Leila, die lachend davoneilte. Sie trug ein kurzes graues Kleid, eine gleichfalls graue Jacke und ein rundes Hütchen. Ich muß sagen, dieses Pariser Straßenkostüm paßte so schlecht wie nur möglich zu der zauberhaften Schönheit des Geschöpfes und wirkte an ihr wie eine Verkleidung. Dennoch fühlte ich, als ich sie so sah, daß ich sie mit verzehrender Leidenschaft liebte. Ich wollte sie einholen, aber sie entschlüpfte mir in der Menge der Fußgänger und Wagen.
Von nun an lebte ich nicht mehr. Ich ging einige Male zu Paul, ohne jedoch Leila wiederzusehen. Er empfing mich freundschaftlich, sprach aber nicht von ihr. Wir hatten uns nichts zu sagen, und niedergeschlagen verließ ich ihn. Eines Tages schließlich erklärte der Kammerdiener: ›Der Herr ist ausgegangen.‹ Und er fügte hinzu: ›Möchte der Herr die gnädige Frau sprechen?‹ – ›Ja‹, antwortete ich. Ach, mein Vater, können blutige Tränen dieses Wort, dieses kleine Wort jemals sühnen? Ich trat ein. Ich fand sie im Salon, auf einem Diwan halb hingestreckt, in einem goldgelben Kleid, unter dem sie die Knie angezogen hatte. Ich sah sie ... Doch nein, ich sah nichts mehr. Meine Kehle war plötzlich wie zugeschnürt, ich brachte kein Wort hervor. Ein Hauch von Myrrhen und anderen Düften ging von ihr aus; er berauschte mich und erfüllte mich mit Sehnsucht und Verlangen, als würde ich mit meinen bebenden Nasenflügeln alle Wohlgerüche des geheimnisvollen Orients zugleich einsaugen. Nein, das war gewiß keine natürliche Frau, denn in ihrem Wesen lag nichts Menschliches; ihr Gesicht drückte weder gute noch bösartige Gefühle aus, nur eine gleichermaßen sinnliche wie himmlische Wollust. Zweifellos bemerkte sie meine Verwirrung, denn sie fragte mich mit ihrer Stimme, die klarer als das melodische Plätschern der Bächlein im Walde war: ›Was haben Sie?‹
Ich warf mich ihr zu Füßen und rief unter Tränen: ›Ich liebe Sie maßlos! ...‹

Da breitete sie die Arme aus, blickte mich mit ihren zugleich naiven und wollüstigen Augen an und fragte: ›Warum haben Sie mir das nicht schon früher gesagt, mein Freund?‹

Stunde namenlosen Glücks! Ich hielt Leila, die sich zurückgelehnt hatte, in den Armen. Mir war, als würden wir beide zusammen in den Himmel erhoben, in dem es nur uns allein gab. Ich fühlte mich Gott gleich und glaubte in meiner Brust alle Schönheit der Welt und alle Harmonien der Natur, die Sterne und Blumen, die rauschenden Wälder, die Flüsse und tiefen Meere zu umschließen. Ich hatte in einen Kuß die Unendlichkeit gelegt ...«

Bei diesen Worten erhob sich Herr Safrac, der mir schon eine Weile mit sichtlicher Ungeduld zugehört hatte; er stellte sich vor den Kamin, raffte seine Soutane bis zu den Knien, um sich die Beine zu wärmen, und sagte mit einer Strenge, die fast an Verachtung grenzte: »Sie sind ein elender Lästerer. Weit entfernt, Ihre Vergehen zu verabscheuen, bekennen Sie sie nur aus Hoffart und mit Behagen. Ich bin nicht gewillt, Ihnen länger zuzuhören.«

Bei diesen Worten brach ich in Tränen aus und bat ihn um Verzeihung. Da er einsah, daß meine Demut echt war, gestattete er mir, mit meinen Bekenntnissen fortzufahren, vorausgesetzt, daß ich Reue empfände.

Willens, meinen Bericht möglichst abzukürzen, nahm ich ihn wie folgt wieder auf: »Mein Vater, von Gewissensbissen gepeinigt, verließ ich Leila. Doch schon am andern Morgen kam sie zu mir, und nun begann ein Leben, das mich mit seinen Wonnen und Qualen fast um den Verstand brachte. Ich war eifersüchtig auf Paul, den ich verraten hatte, und litt furchtbar. Meiner Meinung nach kann es nichts Entwürdigenderes als die Eifersucht geben, nichts, was die Seele mit abscheulicheren Bildern erfüllt. Leila ließ sich nicht einmal dazu herbei, zu lügen, um es mir leichter zu machen. Ihr ganzes Verhalten war unverständlich. Ich vergesse nicht, zu wem ich spreche, und hüte mich wohl, die Ohren des verehrungswürdigsten Priesters zu beleidigen. Ich will nur sagen, Leila schien für das Liebesglück unempfänglich, das sie mich genießen ließ. Doch sie hatte mein Wesen mit allem Gift der Wollust durchtränkt. Ich konnte nicht mehr von ihr lassen und zitterte, sie zu verlieren. Leila war völlig frei von dem, was wir Gewissen nennen. Man darf jedoch nicht glauben, daß sie bösartig oder grausam war. Sie war im Gegenteil sanft und voller Mitgefühl. Auch war sie nicht unintelligent, doch ihre Intelligenz war ganz anders geartet als unsere. Sie sprach wenig und weigerte sich, Fragen, die ihre Vergangenheit betrafen, zu beantworten. Sie wußte nichts von dem, was wir wissen; dagegen wußte sie vieles, was wir nicht wissen. Da sie im Orient aufgewachsen war, kannte sie alle möglichen hindustanischen und persischen Legenden, die sie mit monotoner Stimme unendlich reizvoll zu erzählen wußte. Wenn man sie von der bezaubernden Morgenröte der Welt sprechen hörte, hätte man sie für eine Zeitgenossin der Jugend des Weltalls halten können. Eines Tages machte ich eine diesbezügliche Bemerkung. ›Ich bin alt, das ist wahr‹, antwortete sie lächelnd.«

Herr Safrac, der noch immer vor dem Kamin stand, hatte sich seit einiger Zeit mit dem Ausdruck lebhaftester Aufmerksamkeit zu mir vorgebeugt.

»Fahren Sie fort!« sagte er.

»Ich habe Leila mehrmals nach ihrer Religion gefragt, mein Vater. Sie habe keine und brauche auch keine, erwiderte sie. Ihre Mutter und ihre Schwestern seien Gottes Töchter und dennoch durch keinen Kult an ihn gebunden. Am Hals trug sie ein Medaillon mit etwas roter Erde darin, die sie, wie sie erklärte, in kindlicher Liebe und Ehrfurcht zum Andenken an ihre Mutter aufbewahre.«

Kaum hatte ich dies gesagt, da war Herr Safrac bleich und zitternd mit einem Satz bei mir, packte mich beim Arm und rief mir ins Ohr: »Sie hat die Wahrheit gesagt! Ich weiß, ich weiß es jetzt, wer dieses Geschöpf war! Ary, Ihr Gefühl hat Sie nicht getäuscht: es war kein irdisches Weib. Fahren Sie fort, ich bitte Sie, fahren Sie fort!«

»Ich bin fast am Ende, mein Vater. Ach, aus Liebe zu Leila hatte ich eine feierliche Verlobung gebrochen und meinen besten Freund verraten! Ich hatte Gott beleidigt. Als Paul von Leilas Untreue erfuhr, war er wie wahnsinnig vor Schmerz. Er drohte, sie zu töten, doch sie antwortete ihm sanft: ›Versuche es, mein Freund, ich sehne mich danach, zu sterben, und vermag es nicht.‹

Ein halbes Jahr lang gehörte sie mir; dann teilte sie mir eines Morgens mit, sie würde nach Persien zurückkehren und mich nie wiedersehen. Ich weinte, jammerte und rief: ›Du hast mich nie geliebt!‹

Sanft erwiderte sie: ›Nein, mein Freund. Doch wie viele Frauen, die dich keinesfalls mehr geliebt haben, gaben dir nicht das, was du von mir empfingst! Du schuldest mir Dank. Lebwohl!‹

Zwei Tage schwebte ich zwischen Wut und Gleichgültigkeit. Dann dachte ich an mein Seelenheil und eilte zu Ihnen, mein Vater. Hier bin ich! Reinigen Sie mein Herz, erheben Sie es, stärken Sie es! Ich liebe sie noch immer!«

Ich schwieg. Herr Safrac stand in Gedanken versunken, die Stirn in die Hand gestützt. »Mein Sohn«, brach er schließlich das Schweigen, »das bestätigt meine großen Entdeckungen. Das wird dem Hochmut unserer modernen Skeptiker den Todesstoß versetzen. Wie die ersten Menschen leben wir heute in einer Zeit der Wunder. Sie müssen nämlich wissen: Adam hatte, wie ich Ihnen bereits sagte, eine erste Frau, die in der Bibel nicht erwähnt wird, von der uns aber der Talmud berichtet. Sie hieß Lilith. Da sie nicht aus einer seiner Rippen, sondern aus der gleichen roten Erde wie er selbst geschaffen wurde, war sie nicht Fleisch von seinem Fleische. Sie trennte sich freiwillig von ihm. Er lebte noch in Unschuld, als sie ihn verließ, um sich in jene Gegenden zu begeben, in denen die Perser sich viele Jahre später niederließen und die damals von den Präadamiten bewohnt wurden, die viel klüger und schöner

als die Menschen waren. Sie hatte also nicht teil an dem Sündenfall unseres Stammvaters und wurde nicht von der Erbsünde befleckt. So entging sie dem über Eva und ihre Nachkommen verhängten Fluch. Für sie gibt es weder Schmerz noch Tod; da sie keine Seele besitzt, die erlöst werden muß, ist sie erhaben über Verdienst oder Schuld. Was sie auch tut, sie tut weder Gutes noch Böses. Ihre Töchter, die aus einer geheimnisvollen Verbindung stammen, sind unsterblich wie sie und gleich ihr frei in Handlungen und Gedanken, da sie vor Gott weder gewinnen noch verlieren können. Nun erkenne ich an gewissen Anzeichen, daß das Geschöpf, das Sie, mein Sohn, zu Fall brachte, diese Leila, eine Tochter Liliths war. Beten Sie, ich werde Ihnen morgen die Beichte abnehmen!«
Einen Augenblick verharrte er noch in Gedanken versunken; dann zog er ein Papier aus der Tasche und fuhr fort: »Nachdem Sie sich gestern zur Ruhe begeben hatten, brachte mir der Postbote, der sich bei dem Schneefall verspätet hatte, einen unangenehmen Brief. Der erste Vikar schreibt mir, mein Buch habe den Bischof betrübt und seine Seele im voraus für die Freuden des Karmels verdunkelt. Dieses Werk, fügt er hinzu, sei voller verwegener Behauptungen und Meinungen, die von den Doktoren längst verdammt wären. Seine bischöfliche Gnaden könne ein so ungesundes Geisteserzeugnis nicht billigen. Das hat er mir geschrieben. Doch ich werde Monsignore Ihr Erlebnis schildern. Es wird ihm beweisen, daß Lilith existiert und ich kein Träumer bin.‹
Ich bat Herrn Safrac, mir noch einen Augenblick zuzuhören. »Leila, mein Vater, hat mir beim Abschied als eine Art Amulett ein Zypressenblatt dagelassen, auf dem Schriftzeichen, die ich nicht entziffern kann, mit einem spitzen Griffel eingeritzt sind. Hier ist es . . .«
Herr Safrac nahm das leichte Blatt, das ich ihm reichte, prüfte es aufmerksam und sagte dann: »Es ist in persischer Sprache der Blütezeit geschrieben, und man kann es ohne Schwierigkeiten wie folgt übersetzen:

Gebet Leilas, der Tochter Liliths

Mein Gott, versprich mir den Tod, damit ich das Leben genieße!
Mein Gott, schenke mir Reue, damit ich Freude empfinde!
Mein Gott, mache mich Evas Töchtern gleich!«

DER STATTHALTER VON JUDÄA

L. Aelius Lamia, der aus einem berühmten römischen Geschlecht stammte, hatte noch nicht die Toga praetexta abgelegt, als er bereits nach Athen ging, um Philosophie zu studieren. Nach seiner Rückkehr blieb er in Rom und führte in seinem Haus auf dem Esquilin im Kreis junger Lebemänner ein ausschweifendes Dasein. Doch er wurde angeklagt, zu Lepida, der Frau des Konsulars Sulpicius Quirinus, in sträflichen Beziehungen zu stehen, für schuldig befunden und von Kaiser Tiberius verbannt. Damals war er gerade in sein vierundzwanzigstes Lebensjahr eingetreten. Während seiner achtzehnjährigen Verbannung bereiste er Syrien, Palästina, Kappadokien, Armenien und hielt sich lange in Antiochien, Caesarea und Jerusalem auf. Als Gajus nach dem Tode des Tiberius Kaiser wurde, durfte Lamia nach Rom zurückkehren; man gab ihm sogar einen Teil seines Besitzes wieder. Seine Leiden hatten ihn weise gemacht.

Er mied jeden Umgang mit Frauen freien Standes, bewarb sich nicht um öffentliche Ämter, wich allen Ehrungen aus und lebte zurückgezogen in seinem Haus auf dem Esquilin. Indem er niederschrieb, was er an Bemerkenswertem auf seinen weiten Reisen gesehen hatte, fand er, wie er zu sagen pflegte, in seinen vergangenen Leiden die Zerstreuung der Gegenwart. Bei dieser friedlichen Beschäftigung und dem emsigen Studium der Werke Epikurs wurde ihm plötzlich zu seiner schmerzlichen Überraschung bewußt, daß das Alter herannahte. Er stand im zweiundsechzigsten Lebensjahr, als er sich, von ziemlich unangenehmem Rheuma geplagt, zu einer Badekur nach Baiae begab. Dieses einst von den Eisvögeln bevorzugte Gestade wurde damals oft von reichen, vergnügungssüchtigen Römern aufgesucht. Eine Woche lebte Lamia nun schon allein ohne

Freunde in ihrer glänzenden Menge, als er eines Tages nach dem Mittagessen Lust verspürte, auf die Hügel zu steigen, die, wie Bacchantinnen mit Weinreben bekränzt, auf das Meer blicken.

Als er den Gipfel erreicht hatte, setzte er sich am Wegesrand unter eine Terebinthe und ließ den Blick über die schöne Landschaft schweifen. Zur Linken erstreckten sich kahl und grau die Phlegräischen Felder bis zu den Ruinen von Cumae. Zur Rechten tauchte das Kap Misenum wie ein spitzer Stachel in das Tyrrhenische Meer. Zu seinen Füßen, gen Westen, breitete das reiche Baiae, dem anmutigen Bogen der Küste folgend, seine Gärten, seine von Statuen bevölkerten Landsitze, seine Säulenhallen und Marmorterrassen bis ans Ufer des blauen Meeres, in dem Delphine sich tummelten. Vor ihm, auf der anderen Seite des Golfes, an der Küste Kampaniens, die von der bereits tiefstehenden Sonne vergoldet wurde, schimmerten in der Ferne die von den Lorbeerbäumen des Posilipps gekrönten Tempel, und ganz hinten am Horizont lachte der Vesuv.

Lamia zog aus einer Falte seiner Toga eine Pergamentrolle mit der »Abhandlung über die Natur«, streckte sich auf den Boden und begann zu lesen. Da vernahm er plötzlich den Ruf eines Sklaven, der ihn aufforderte, sich zu erheben, um eine Sänfte vorbeizulassen, die den engen Pfad zwischen den Weinstöcken erklomm. Als die offene Sänfte nahte, erblickte Lamia auf den Kissen ausgestreckt einen wohlbeleibten Greis, der, die Stirn in die Hand gestützt, düster und stolz vor sich hin sah. Seine Adlernase bog sich bis über die Lippen hinab, die von dem vorspringenden Kinn und den mächtigen Kinnbacken gleichsam zusammengepreßt wurden.

Auf den ersten Blick war sich Lamia sicher, dieses Gesicht zu kennen; doch der Name fiel ihm nicht sofort ein. Dann stürzte er plötzlich freudig überrascht auf die Sänfte zu. »Pontius Pilatus!« rief er. »Den Göttern sei Dank, daß es mir vergönnt ist, dich wiederzusehen!«

Der Greis machte den Sklaven ein Zeichen, daß sie anhalten sollten, und blickte den Mann, der ihn so begrüßte, aufmerksam an.

»Pontius, mein teurer Gastgeber«, fuhr dieser fort, »haben die zwanzig Jahre mein Haar so gebleicht und meine Wangen derart welken lassen, daß du deinen Aelius Lamia nicht mehr erkennst?«

Bei diesen Worten stieg Pontius Pilatus so geschwind aus der Sänfte, wie es ihm die Last des Alters und sein schwerfälliger Körper erlaubten. Dann umarmte er Aelius Lamia zweimal.

»Wahrlich, ich freue mich, dich wiederzusehen!« beteuerte er. »Ach, du erinnerst mich an alte Zeiten, als ich Statthalter von Judäa in der Provinz Syrien war. Dreißig Jahre ist es her, seit ich dich zum erstenmal sah! Es war in Caesarea. Ich war so glücklich, dir die Leiden der Verbannung ein wenig mildern zu können, und aus Freundschaft, Lamia, folgtest du mir in das traurige Jerusalem, wo die Juden mir das Leben verbitterten und mir nichts als Verdruß bereiteten. Du warst über zehn Jahre mein Gast und Gefährte, und wir sprachen von Rom und trösteten uns gegenseitig, ich dich über dein trauriges Schicksal, du mich über mein hohes Amt.«

Lamia umarmte ihn aufs neue.

»Du sagtest noch nicht alles, Pontius. Du ließest unerwähnt, daß du zu meinen Gunsten deinen Einfluß bei Herodes Antipas aufbotest und mir großzügig deine Börse öffnetest.«

»Lassen wir das!« erwiderte Pontius. »Sobald du wieder in Rom warst, hast du mir ja durch einen deiner Freigelassenen eine Summe geschickt, die alles mit Zinsen zurückerstattete.«

»Pontius, mit Geld läßt sich nicht aufwiegen, was du für mich getan hast. Doch sage mir, haben die Götter deine Wünsche erfüllt? Genießest du alles Glück, das du verdienst? Erzähle mir von deiner Familie, deiner Vermögenslage, deiner Gesundheit!«

»Ich habe mich nach Sizilien zurückgezogen, wo ich auf meinen Gütern Getreide anbaue und es verkaufe. Da meine älteste

Tochter, meine geliebte Pontia, Witwe geworden ist, lebt sie bei mir und steht meinem Hauswesen vor. Meine geistigen Kräfte sind, den Göttern sei Dank!, noch ungebrochen; mein Gedächtnis hat nicht nachgelassen. Aber mit dem Alter stellt sich eine lange Reihe von Schmerzen und Leiden ein. Ich werde von der Gicht grausam geplagt. Du siehst mich gerade auf dem Wege zu den Phlegräischen Feldern, wo ich Linderung für meine Beschwerden suche. Von dem glühenden Boden, aus dem nachts Flammen schlagen, steigen beißende Schwefeldämpfe auf, die die Schmerzen stillen und die Gelenke wieder geschmeidig machen sollen. Wenigstens behaupten es die Ärzte.«

»Könntest du, Pontius, es doch an dir selbst erfahren! Aber trotz der Gicht und ihrer heftigen Schmerzen siehst du jünger aus als ich, obwohl du in Wahrheit zehn Jahre älter bist. Du hast mehr Lebenskraft bewahrt, als ich jemals besaß, und ich freue mich, dich so rüstig zu sehen. Warum, teurer Freund, hast du vorzeitig auf öffentliche Ämter verzichtet? Warum hast du nach Ablauf deiner Statthalterschaft in Judäa auf deinen Gütern in Sizilien in freiwilliger Verbannung gelebt? Erzähle mir von deinen Unternehmungen von dem Augenblick an, da ich nicht mehr ihr Zeuge war. Du trafst gerade Vorbereitungen zur Niederwerfung eines Aufstandes der Samaritaner, als ich nach Kappadokien aufbrach, wo ich mit Pferde- und Maultierzucht einigen Gewinn zu erzielen hoffte. Seitdem habe ich dich nicht wiedergesehen. Wie verlief dieser Feldzug? Erzähle, sprich! Alles, was dich betrifft, interessiert mich.«

Pontius Pilatus schüttelte traurig den Kopf.

»Meine angeborene Gewissenhaftigkeit und mein Pflichtgefühl haben mich veranlaßt, die öffentlichen Ämter nicht nur mit Sorgfalt, sondern auch mit Liebe auszuüben«, erklärte er. »Aber ich wurde unablässig von Haß verfolgt. Intrigen und Verleumdung haben meine Lebenskraft in der Blüte meiner Jahre gebrochen und die Früchte verdorren lassen, ehe sie reifen konnten. Du fragst mich nach dem Aufstand der Samaritaner. Wir wollen uns auf diesem Hügel niederlassen, und ich

werde dir in wenigen Worten darüber berichten. Die Ereignisse sind mir so gegenwärtig, als wären sie gestern geschehen.
Ein Mann aus dem niederen Volk, der Rede mächtig, wie es in Syrien häufig vorkommt, veranlaßte die Samaritaner, sich bewaffnet auf dem Berg Garizim zu versammeln, der in jenem Lande als ein heiliger Ort gilt, und versprach, vor ihren Augen die heiligen Gefäße zu enthüllen, die ein namengebender Held oder vielmehr ein Halbgott namens Moses zur Zeit des Euandros und unseres Stammvaters Äneas dort vergraben hat. Auf diese Verheißung hin erhoben sich die Samaritaner. Ich wurde aber so rechtzeitig gewarnt, daß ich ihnen zuvorkommen konnte; ich ließ den Berg durch Fußsoldaten besetzen und die Zugangswege von Reiterei überwachen.
Diese Vorsichtsmaßnahmen waren dringend erforderlich. Die Aufständischen belagerten den Marktflecken Tyrathaba am Fuß des Garizim. Ich trieb sie mühelos auseinander und erstickte den Aufruhr im Keim. Um mit möglichst wenigen Opfern ein warnendes Beispiel aufzustellen, ließ ich die Anführer der Revolte hinrichten. Doch du weißt, Lamia, wie sehr der Prokonsul Vitellius meine Handlungsfreiheit einschränkte, der Syrien nicht für Rom, sondern gegen Rom regierte und der Ansicht war, die Provinzen des Kaiserreiches seien dazu da, von den Vierfürsten ausgebeutet zu werden. Die Vornehmsten der Samaritaner warfen sich ihm zu Füßen und beklagten sich voller Haß über mich. Ihren Reden nach lag ihnen nichts ferner als Ungehorsam gegen den Cäsar. Ich hätte sie gereizt, und um meinen Gewalttätigkeiten Widerstand zu leisten, hätten sie sich rings um Tyrathaba versammelt. Vitellius hörte ihre Klagen an und übertrug die Verwaltung Judäas seinem Freund Marcellus. Mir befahl er, mich vor dem Kaiser zu rechtfertigen. Ich schiffte mich ein, das Herz von Schmerz und Groll erfüllt. Als ich in Italien an Land ging, erfuhr ich, daß Tiberius, vom Alter und von der Bürde der Herrschaft geschwächt, auf Kap Misenum, dessen Vorsprung dort drüben im Abenddunst immer länger wird, plötzlich gestorben war. Ich forderte

Gerechtigkeit von Gajus, dem Nachfolger des Tiberius, der von der Natur mit einem scharfen Verstand begabt war und die Lage in Syrien kannte. Doch staune mit mir, Lamia, über die Ungunst des Schicksals, das mein Verderben beschlossen hatte! Gajus hatte damals bei sich in Rom den Juden Agrippa, den Gefährten und Freund seiner Kindheit, den er mehr als sein Augenlicht liebte. Nun begünstigte Agrippa aber Vitellius, weil Vitellius der Feind des Antipas war, den Agrippa mit Haß verfolgte. Der Kaiser ließ sich von den Gefühlen seines asiatischen Lieblings beeinflussen und weigerte sich, mich auch nur anzuhören. Ich mußte mich in die unverdiente Ungnade fügen. Ich unterdrückte meinen Schmerz und meine Bitterkeit und zog mich auf meine Güter in Sizilien zurück, wo ich vor Gram gestorben wäre, wenn meine geliebte Pontia nicht gekommen wäre und ihren Vater getröstet hätte. Ich baute Getreide an und erntete die fettesten Maiskolben der ganzen Provinz. Heute stehe ich am Ende meines Lebens. Die Nachwelt wird über Vitellius und mich richten.«

»Pontius«, erwiderte Lamia, »ich bin überzeugt, daß du gegen die Samaritaner in redlicher Gesinnung und allein im Interesse Roms vorgegangen bist. Aber hast du bei dieser Gelegenheit nicht doch zu sehr dem ungestümen Eifer nachgegeben, von dem du stets besessen warst? Wie du weißt, habe ich, obwohl ich jünger war als du und eigentlich hätte hitziger sein müssen, dir damals in Judäa oft zu Milde und Güte geraten.«

»Güte gegen die Juden!« rief Pontius Pilatus aus. »Obwohl du unter ihnen gelebt hast, kennst du diese Feinde der Menschheit schlecht. Sie sind hoffärtig, von niedriger Gesinnung, vereinen schändliche Feigheit mit unbesiegbarem Starrsinn, und man kann auf die Dauer weder Liebe noch Haß für sie empfinden. Mein Geist hat sich an den Maximen des göttlichen Augustus gebildet, Lamia. Als ich zum Statthalter von Judäa ernannt wurde, herrschte bereits der erhabene römische Friede auf Erden. Die Prokonsuln bereicherten sich nicht mehr an den Provinzen wie zur Zeit der Bürgerkriege. Ich war mir meiner

Pflicht bewußt. Ich war darauf bedacht, nur Weisheit und Milde walten zu lassen. Die Götter sind meine Zeugen: in meiner Nachsicht bin ich wirklich unbeirrbar. Was hat mir diese wohlwollende Gesinnung genützt? Du hast mich gesehen, Lamia, als zu Beginn meiner Regierung die ersten Unruhen ausbrachen. Muß ich dich an die Umstände erinnern? Die Garnison von Caesarea hatte in Jerusalem Winterquartier genommen. Die Legionäre trugen auf ihren Feldzeichen Bilder des Kaisers. Dieser Anblick beleidigte die Jerusalemer, die die Göttlichkeit des Kaisers nicht anerkannten, als ob es, wenn man gehorchen muß, nicht rühmlicher wäre, einem Gott als einem Menschen zu gehorchen. Ihre Priester kamen vor meinen Richterstuhl, um mich mit hochmütiger Demut zu bitten, die Feldzeichen aus der Stadt bringen zu lassen. Aus Achtung vor der Göttlichkeit des Kaisers und der Würde des Reiches weigerte ich mich. Da unterstützte das niedere Volk, das sich um das Prätorium herum zusammengerottet hatte, drohend die Bitten der Priester. Ich befahl den Soldaten, vor dem Tor Antonia die Piken zusammenzusetzen und mit Ruten, wie Liktoren bewaffnet, die unverschämte Menge zu zerstreuen. Doch die Juden waren unempfindlich gegen die Schläge und hörten nicht auf, in mich zu dringen. Die Hartnäckigsten legten sich auf die Erde und starben freiwillig unter den Ruten. Du warst damals Zeuge meiner Demütigung, Lamia. Auf Befehl des Vitellius mußte ich die Feldzeichen nach Caesarea zurückschicken. Diese Schmach hatte ich gewiß nicht verdient. Bei den unsterblichen Göttern schwöre ich, daß ich während meiner Regierungszeit nicht ein einziges Mal die Gerechtigkeit und die Gesetze verletzt habe. Doch ich bin alt. Meine Feinde und Denunzianten sind tot. Ich werde ungerächt sterben. Wer wird mich vor der Nachwelt verteidigen?«

Er seufzte und schwieg. »Es ist weise, weder mit Furcht noch mit Hoffnung in die ungewisse Zukunft zu blicken«, antwortete Lamia. »Was bedeutet es schon, was die Menschen von uns denken werden? Unsere Zeugen und Richter sind allein wir selbst. Verlaß dich auf das Zeugnis, das du dir mit deiner Tugend ausstellst, Pontius Pilatus. Gib dich mit deiner Selbstachtung und der Achtung deiner Freunde zufrieden. Im übrigen kann man die Völker nicht allein mit Milde regieren. Die Liebe zum Menschengeschlecht, die von der Philosophie gepredigt wird, hat wenig teil an den Taten der Staatsmänner.«

»Lassen wir das jetzt!« sagte Pontius. »Die Schwefeldämpfe der Phlegräischen Felder haben mehr Heilkraft, wenn die Erde noch von den Sonnenstrahlen erwärmt ist. Ich muß mich eilen. Leb wohl! Doch da ich einen Freund wiedergefunden habe, will ich diesen Glücksfall nützen. Aelius Lamia, erweise mir die Ehre, morgen abend bei mir zu speisen. Mein Haus liegt am Meeresufer, am äußersten Ende der Stadt, zum Kap Misenum hin. Du kannst es leicht am Portikus erkennen, der mit einem Gemälde geschmückt ist, das Orpheus unter Tigern und Löwen darstellt, die er mit den Klängen seiner Leier bezaubert.

Auf morgen, Lamia!« wiederholte er, als er in seine Sänfte stieg. »Morgen werden wir uns über Judäa unterhalten.«

Am nächsten Tag begab sich Lamia zur Stunde des Abendessens in das Haus des Pontius Pilatus. Nur zwei Speisesofas erwarteten die Tischgenossen. Die Tafel war ohne besonderen Aufwand, aber mit erlesenen Speisen gedeckt; sie trug Silberschüsseln mit Feigenfressern in Honig, Drosseln, Austern vom Lucriner See und Neunaugen aus Sizilien. Pontius und Lamia sprachen während der Mahlzeit über ihre Krankheiten, deren Symptome sie einander ausführlich beschrieben, und über die verschiedenen Mittel, die man ihnen empfohlen hatte. Dann gaben sie ihrer Freude Ausdruck, sich in Baiae wiederbegegnet zu sein, und rühmten um die Wette die Schönheit des Gestades und die milde Luft, die man hier atme. Lamia pries die Anmut der Buhlerinnen, die, mit Goldschmuck behängt, in wallenden, bei den Barbaren bestickten Schleiern am Strand lustwandelten. Doch der alte Statthalter beklagte solchen Aufwand, der für unnütze Steine und von Menschenhand gewirkte Spinnengewebe das römische Geld zu fremden Völkern und sogar zu Feinden des Reiches fließen ließ. Sie kamen dann auf die großen Arbeiten zu sprechen, die in der Umgebung ausgeführt wurden: die von Gajus zwischen Puteoli und Baiae errichtete gewaltige Brücke und die auf Befehl des Augustus gezogenen Kanäle, durch die Meerwasser in den Averner und Lucriner See geleitet werden sollte.

»Auch ich wollte nützliche Werke für das Gemeinwohl vollbringen«, erklärte Pontius seufzend. »Als ich zu meinem Unglück mit der Regierung von Judäa betraut wurde, entwarf ich den Plan zu einer Wasserleitung von zweihundert Stadien Länge, die reines Wasser in reichlicher Menge nach Jerusalem bringen sollte. Ich hatte alles berechnet: die Höhe des Wasserstandes, das Fassungsvermögen der Röhren, die Neigung der erzenen Sammelbecken, von denen die Verteilungsrohre abzweigen sollten, und nachdem ich das Gutachten der Baumeister eingeholt hatte, war es beschlossene Sache. Ich verfaßte Vorschriften für die Wasseraufsicht, damit kein Privatmann unerlaubt abzapfen konnte. Architekten und Arbeiter waren bestellt. Ich erteilte den Befehl zum Beginn der Arbeiten. Doch die Jerusalemer sahen keineswegs mit Freude den Bau der Wasserleitung, die auf mächtigen Bogen Gesundheit in die Stadt bringen sollte, sondern brachen in Klagegeheul aus. Sie rotteten sich zusammen, riefen, das sei Gotteslästerung und Frevel, stürzten sich auf die Arbeiter und rissen die Steine der Fundamente auseinander. Kannst du dir abscheulichere Barbaren denken, Lamia? Dennoch gab Vitellius ihnen recht, und ich erhielt den Befehl, die Arbeit einzustellen.«

»Es ist eine schwierige Frage, ob man den Menschen das Glück aufzwingen soll«, warf Lamia ein.

Ohne auf ihn zu hören, fuhr Pontius Pilatus fort: »Eine Wasserleitung ablehnen, welche Torheit! Aber alles, was von den Römern kommt, ist den Juden verhaßt. Wir sind für sie unrein, und schon unsere Anwesenheit empfinden sie als Schändung. Du weißt, daß sie nicht in das Prätorium einzutreten wagten

aus Angst, sich zu beschmutzen, und daß ich die öffentliche Gerichtsbarkeit im Freien ausüben mußte, auf jenem Marmorpflaster, auf das du so oft den Fuß setztest.
Sie fürchten und verachten uns. Aber ist denn Rom nicht die Mutter und Beschützerin aller Völker, die wie Kinder lächelnd an ihrem verehrungswürdigen Busen ruhen? Unsere Adler haben Frieden und Freiheit bis an die Enden der Welt getragen. Wir sehen in den Besiegten nur Freunde und lassen ihnen ihre Sitten und Gesetze. Ist Syrien, das einst in mehrere Königreiche zerrissen war, nicht erst zu Ruhe und Wohlstand gelangt, seit Pompeius es unterworfen hat? Und als Rom seine Wohltaten für Gold verkaufen konnte, hat es da die Schätze geraubt, von denen die Tempel der Barbaren überquollen? Hat es den Tempel der Großen Mutter in Pessinus, den des Jupiter in Morimene und Kilikien, den des Judengottes in Jerusalem geplündert? Antiochien, Palmyra und Apamea, die jetzt trotz ihrer Reichtümer in Ruhe leben und die Araber der Wüste nicht mehr zu fürchten brauchen, errichten den Genien Roms und dem göttlichen Cäsar Tempel. Nur die Juden hassen uns und bieten uns Trotz. Man muß ihnen den Tribut gewaltsam entreißen, und sie verweigern hartnäckig den Heeresdienst.«
»Die Juden hängen fest an ihren alten Bräuchen«, antwortete Lamia. »Sie verdächtigen dich, und zwar grundlos, räume ich ein, ihre Gesetze abschaffen und ihre Sitten ändern zu wollen. Erlaube, Pontius, daß ich dir sage, deine Handlungen waren nicht immer geeignet, ihren verhängnisvollen Irrtum zu beseitigen. Unwillkürlich machte es dir Vergnügen, ihre Besorgnisse zu verstärken, und mehr als einmal habe ich gesehen, wie wenig du vor ihnen die Geringschätzung verhehltest, die ihr Glaube und ihre religiösen Zeremonien dir einflößten. Besonders verärgertest du sie, indem du die Gewänder und den Schmuck des Hohenpriesters im Turm Antonia von Legionären bewachen ließest. Man muß anerkennen, daß die Juden, ohne sich wie wir zur vergeistigten Anschauung göttlicher Dinge aufgeschwungen zu haben, doch uralte, ehrwürdige Mysterien feiern.«

Pontius Pilatus zuckte die Achseln. »Sie haben gar keine tiefere Kenntnis vom Wesen der Götter«, sagte er. »Sie beten zu Jupiter, ohne ihm jedoch Namen und Gestalt zu verleihen. Sie verehren ihn nicht einmal in Form eines Steines, wie es gewisse Völker Asiens tun. Sie wissen nichts von Apollon, Neptun, Mars, Pluto oder irgendeiner Göttin. Doch glaube ich, daß sie in alter Zeit Venus angebetet haben; denn noch heute bringen die Frauen Tauben als Opfergaben dar, und du weißt genausogut wie ich, daß die Händler, die sich unter dem Portikus des Tempels niedergelassen haben, Taubenpärchen für das Opfer feilbieten. Eines Tages berichtete man mir sogar, ein Rasender habe diese Opfergabenverkäufer samt ihren Käfigen umgestoßen. Die Priester beklagten sich darüber, es sei Tempelschändung. Ich nehme an, der Brauch, Turteltauben zu opfern, ist Venus zu Ehren eingeführt worden. Warum lachst du, Lamia?«
»Ich lache über einen spaßigen Einfall, der mir unwillkürlich eben durch den Kopf ging«, sagte Lamia. »Wenn nun eines Tages der Jupiter der Juden nach Rom käme und dich mit seinem Haß verfolgte! Warum nicht? Asien und Afrika haben uns bereits eine große Anzahl Götter geschenkt. In Rom hat man zu Ehren der Isis und des kläffenden Anubis Tempel errichtet. Wir können an den Straßenkreuzungen und sogar in den Steinbrüchen der Guten Göttin Syriens begegnen, die auf einem Esel reitet. Weißt du denn nicht, daß unter der Herrschaft des Tiberius ein junger Ritter sich für den gehörnten Jupiter der Ägypter ausgab und unter dieser Verkleidung die Gunst einer vornehmen Dame errang, die zu tugendhaft war, um den Göttern etwas zu verweigern? Rechne damit, Pontius, daß der unsichtbare Jupiter der Juden eines Tages in Ostia an Land geht!«
Bei dem Gedanken, daß ein Gott aus Judäa kommen könnte, glitt ein flüchtiges Lächeln über das strenge Gesicht des Statthalters. Dann antwortete er ernst: »Wie könnten die Juden ihr heiliges Gesetz den andern Völkern aufzwingen, da sie selbst sich untereinander um der Auslegung dieses Gesetzes

willen zerfleischen? Du hast gesehen, Lamia, wie sie, in unzählige einander bekämpfende Sekten gespalten, sich mit ihren Schriftrollen in der Hand gegenseitig beschimpfen und am Bart zerren; du hast gesehen, wie sie auf dem Stylobat des Tempels um irgendeinen vom prophetischen Wahn besessenen elenden Kerl herumstehen und zum Zeichen ihres Jammers ihre schmutzigen Gewänder zerreißen. Sie begreifen nicht, daß man friedlich und mit heiterer Seele über göttliche Dinge sprechen kann, die für uns trotz allem verhüllt und dunkel sind. Denn das Wesen der Unsterblichen bleibt uns verborgen, und wir können es nicht erkennen. Ich halte es jedenfalls für weise, an die Vorsehung der Götter zu glauben. Aber die Juden haben überhaupt keine Philosophie und dulden keine Meinung, die von der ihren abweicht. Im Gegenteil, wer über die Gottheit Ansichten äußert, die ihrem Gesetz widersprechen, verdient ihrer Überzeugung nach den Tod. Seit sie unter römischer Herrschaft stehen, dürfen jedoch die von ihnen verkündeten Todesurteile nur mit Zustimmung des Prokonsuls oder Statthalters vollstreckt werden, und so drängen sie ständig den römischen Beamten, ihr verhängnisvolles Urteil zu unterzeichnen. Sie umlagern das Prätorium mit blutrünstigem Geschrei. Hundertmal habe ich gesehen, wie sie, arm und reich einmütig um ihre Priester geschart, meinen Elfenbeinsessel wie Rasende umdrängten, an meiner Toga und den Riemen meiner Sandalen zerrten und den Tod irgendeines Unglücklichen von mir forderten, dessen Verbrechen ich nicht erkennen konnte und den ich für ebenso verrückt wie seine Ankläger hielt. Was sage ich, hundertmal! Täglich und stündlich geschah es! Dennoch mußte ich ihr Gesetz wie das unsrige erfüllen, da Rom mich nicht als Zerstörer, sondern als Beschützer ihrer Bräuche und als ihren obersten Richter eingesetzt hatte. In der ersten Zeit versuchte ich, ihnen Vernunft beizubringen; ich bemühte mich, ihre unglücklichen Opfer dem Tode zu entreißen. Doch diese Milde erzürnte sie noch mehr; sie forderten ihre Beute und umdrängten mich wie hungrige Geier, die aufgeregt mit den

Flügeln schlugen und mit den Schnäbeln zustießen. Ihre Priester schrieben an den Cäsar, ich würde ihr Gesetz verletzen, und ihre von Vitellius unterstützten Bittschriften zogen mir einen strengen Tadel zu. Wie oft verspürte ich Lust, Angeklagte und Kläger zum Geier zu schicken, wie die Griechen sagen!

Denke nicht, Lamia, ich würde ohnmächtige Rachsucht und greisenhaften Zorn gegen dieses Volk nähren, das in mir Rom und den Frieden besiegt hat. Aber ich sehe es kommen: früher oder später müssen wir es vernichten, da wir es nicht beherrschen können. Verlaß dich darauf, sie unterwerfen sich nie; der Aufruhr glimmt in ihren hitzigen Gemütern, und eines Tages wird ein Sturm gegen uns losbrechen, gegen den die Wut der Numidier und die Drohungen der Parther nur Kinderlaunen sind. Insgeheim nähren sie die törichtsten Hoffnungen und sinnen leidenschaftlich auf unseren Untergang. Wie könnte es auch anders sein, solange sie auf Grund einer Weissagung erwarten, daß aus ihrem Stamm ein Fürst hervorgehen wird, der die Welt beherrschen soll? Man wird mit diesem Volk nicht fertig. Es muß vom Erdboden verschwinden. Jerusalem muß völlig zerstört werden. Vielleicht wird es mir trotz meines Alters vergönnt sein, den Tag zu erleben, da seine Mauern zusammenstürzen, seine Häuser in Flammen aufgehen, die Einwohner unter dem Schwert fallen, und Salz auf die Stelle gestreut wird, wo der Tempel stand. An diesem Tage werde ich endlich gerechtfertigt sein.«

Lamia bemühte sich, das Gespräch auf freundlichere Dinge zu lenken.

»Pontius«, sagte er, »ich kann deinen alten Groll und deine düsteren Vorahnungen recht gut verstehen. Gewiß, du hast den Charakter der Juden nicht gerade von seiner vorteilhaften Seite kennengelernt. Aber ich, der ich als unbefangener Beobachter in Jerusalem lebte und mich unter das Volk mischte, entdeckte bei diesen Menschen verborgene Tugenden, die dir unbekannt blieben. Ich habe gütige Juden kennengelernt, deren schlichte Sitten und redliches Herz mich an das erinnerten, was unsere

Dichter von dem Alten vom Berge Ebal berichtet haben. Du, Pontius, hast mit eigenen Augen unter den Stöcken deiner Legionäre einfache Männer aus dem Volke sterben sehen, die, ohne ihren Namen zu verraten, ihr Leben für eine Sache hingaben, die sie für gerecht hielten. Solche Menschen verdienen unsere Verachtung nicht. Ich sage dies, weil man in allen Dingen Maß und Gerechtigkeit wahren sollte; doch ich gestehe, daß ich für die Juden nie große Sympathie empfunden habe. Die Jüdinnen dagegen gefielen mir sehr. Ich war damals jung, und die Syrerinnen verwirrten meine Sinne. Ihre roten Lippen, die feucht schimmernden Augen, die langen, sprechenden Blicke ließen mich bis ins Mark erschauern. Ihre geschminkten, bemalten Gesichter und die nach Narde und Myrrhe duftenden Körper besitzen seltene, köstliche Anmut.«

Voller Ungeduld hörte Pontius diese Lobeshymnen an.

»Ich war nicht der Mann dazu, um in die Netze der Jüdinnen zu geraten«, erklärte er schließlich, »und ich muß dir sagen, Lamia, dein ausschweifendes Leben habe ich nie gebilligt. Daß du meiner Ansicht nach eine große Schuld auf dich geladen hattest, weil du in Rom die Frau eines Konsulars verführtest, habe ich dich damals nur nicht so fühlen lassen, weil du dein Vergehen schwer büßen mußtest. Die Ehe ist bei den Patriziern heilig; sie ist eine Institution, die zu den Stützen Roms gehört. Was Sklavinnen oder Ausländerinnen betrifft, so sind die Beziehungen, die man zu ihnen anknüpft, ziemlich bedeutungslos, wenn der Körper sich dabei nicht an schimpfliche Weichlichkeit gewöhnt. Erlaube, daß ich dir sage, du hast der Straßenvenus allzuviel geopfert; vor allem aber tadle ich dich, Lamia, daß du dich nicht nach dem Gesetz verheiratet und dem Staat Kinder geschenkt hast, wie es Pflicht jeden guten Bürgers ist.«

Doch der einst von Tiberius Verbannte hörte dem alten Statthalter gar nicht mehr zu. Er hatte seinen Becher Falerner geleert und lächelte einem unsichtbaren Bilde zu.

Nach kurzem Schweigen sagte er mit gedämpfter, doch allmählich sich hebender Stimme: »Sie tanzen mit so schmachtendem Ausdruck, die syrischen Frauen! Ich habe in Jerusalem eine Jüdin gekannt, die in einer Spelunke beim Schein eines qualmenden Lämpchens auf einem armseligen Teppich tanzte und dabei mit erhobenen Armen die Zimbeln schlug. Mit ihrer schlanken Gestalt, dem zurückgeworfenen Kopf, der gleichsam von der Last des üppigen roten Haares niedergezogen wurde, den glühenden, schmachtenden, von Wollust verschleierten Augen, den geschmeidigen Gliedern hätte sie selbst Kleopatra vor Neid erblassen lassen. Ich liebte ihre wilden Tänze, ihren etwas rauhen und dennoch so einschmeichelnden Gesang, ihren Weihrauchduft, den Halbschlummer, in dem sie zu leben schien. Ich folgte ihr überallhin. Ich mischte mich unter die schlechte Gesellschaft von Soldaten, Gauklern und Zöllnern, von der sie umgeben war. Eines Tages verschwand sie, und ich sah sie nicht wieder. Lange suchte ich sie in den berüchtigten Gassen und Schenken. Es war schwerer, sich ihrer zu entwöhnen als des griechischen Weins. Nach einigen Monaten hörte ich zufällig, sie habe sich einer kleinen Schar von Männern und Frauen angeschlossen, die einem jungen Wundertäter aus Galiläa folgten. Er hieß Jesus der Nazarener[1] und wurde wegen irgendeines Verbrechens ans Kreuz geschlagen. Erinnerst du dich an diesen Mann, Pontius?«

Pontius Pilatus runzelte die Brauen und führte die Hand zur Stirn wie jemand, der in seinem Gedächtnis etwas sucht. »Jesus?« murmelte er nach kurzem Schweigen. »Jesus der Nazarener? Ich erinnere mich nicht.«

1 Der Nazarener heißt: der Heilige. Die früheren Ausgaben brachten »Jesus von Nazareth«: aber ich glaube nicht, daß man im 1. Jahrhundert der christlichen Ära eine Stadt Nazareth gekannt hat.

GESTAS

> Gestas, sprach der Herr, heute wirst du mit mir im Paradiese sein.
> »Gestas ist in unseren alten Mysterienspielen der Name des Schächers, der zur Rechten Jesu Christi gekreuzigt wurde.«
> Augustin Thierry, Die Erlösung Larmors

Man erzählt sich von einem Taugenichts namens Gestas, der die schönsten Lieder der Welt dichtet. Auf seinem stumpfnäsigen Gesicht steht es geschrieben, daß er ein Sünder im Fleische ist, und wenn es Abend wird, funkeln seine grünen Augen in zügelloser Lust. Er ist nicht mehr jung. Die Höcker auf seinem Kahlkopf glänzen kupferrot; ein Kranz langer grünlicher Haare hängt ihm tief in den Nacken. Trotz allem ist er harmlosen Gemütes und hat sich seinen naiven Kinderglauben bewahrt. Wenn er nicht gerade im Krankenhaus liegt, haust er in irgendeinem Hotelkämmerchen zwischen dem Pantheon und dem Jardin des Plantes. In dem ärmlichen alten Viertel kennt ihn jeder Stein, die düsteren Gäßchen sind ihm freundlich gesinnt, und eins dieser Gäßchen ist so recht nach seinem Herzen, denn es ist von Weinhändlern und Spelunken gesäumt, und an einer Hausecke steht eine Madonna in ihrer vergitterten blauen Nische. Des Abends zieht er von einem Café ins andere und hält bei seinen Bier- und Schnapsstationen eine feste Reihenfolge ein; denn die großen Unternehmungen der Ausschweifung erfordern Methode und Regelmäßigkeit. Es ist bereits spät, wenn er, ohne recht zu wissen, wie, in seinem elenden Loch wieder anlangt und durch ein täglich sich wiederholendes Wunder das Feldbett findet, auf das er völlig bekleidet sinkt. Dann schläft er mit geballten Fäusten den Schlaf der Vagabunden und Kinder. Doch dieser Schlaf ist kurz.

Sobald das erste Tageslicht das Fenster erhellt und die Sonne

durch den Spalt der Vorhänge ihre glänzenden Pfeile in die Mansarde wirft, öffnet Gestas die Augen, erhebt sich, schüttelt sich wie ein herrenloser Hund, der durch einen Fußtritt geweckt wurde, steigt eilig die lange Spirale der Treppe hinab und sieht mit Entzücken die Straße wieder, die den Lastern der Niederen und Armen so gefällige gute Straße. Seine Augen blinzeln im zarten Frühlicht, die faunischen Nasenflügel blähen sich in der Morgenluft. In aufrechter Haltung geht er mit seinen rheumatischen steifen Beinen dahin, wobei er sich auf den Kornelkirschholzstock stützt, dessen Eisenspitze vom zwanzigjährigen Herumvagabundieren abgenutzt ist. Denn noch nie hat er bei seinen nächtlichen Abenteuern seine Pfeife oder seinen Stock verloren. Nun sieht er sehr munter und glücklich aus. Und er ist es auch. Höchste Wonne hier auf Erden, für die er sogar seinen Schlaf opfert, ist es ihm, in die Schenken zu gehen und mit den Arbeitern das morgendliche Glas Weißwein zu trinken. Der klare Wein im bleichen Licht des anbrechenden Tages, ringsherum die weißen Blusen der Maurer, das sind die harmlosen Freuden, die die trotz aller Laster kindlich gebliebene Seele dieses unschuldigen Trunkenboldes entzücken.
Als Gestas nun an einem Frühlingsmorgen von seiner Behausung zum »Kleinen Mohren« wanderte und die Tür öffnete, über der ein Sarazenenkopf aus bemaltem Gußeisen ragte, sah er zu seiner Freude an der zinnernen Theke eine ihm unbekannte Gesellschaft, einen Trupp Arbeiter aus Creuse, die mit ihren Gläsern anstießen, über Politik sprachen und wie die zwölf Pairs Karls des Großen den Mund voll nahmen. Sie tranken ihr Gläschen und verzehrten dazu ein Stück Brot. Hatte einer von ihnen einen witzigen Einfall, so lachte er laut darüber und schlug seine Kameraden kräftig mit der Faust auf den Rücken, damit sie den Spaß besser verstanden. Die Alten jedoch tranken bedächtig und schweigend. Als die Männer sich wieder an ihre Arbeit begeben hatten, verließ Gestas als letzter den »Kleinen Mohren« und ging zur »Guten Quitte«, die ihm mit ihrem lanzenförmigen Eisengitter gleichfalls wohlbekannt

Bist
BOULANGERIE
Bar

war. Dort trank er abermals in liebenswürdiger Gesellschaft und lud sogar zwei mißtrauische, doch sanftmütige Polizisten zu einem Glas ein. Dann suchte er eine dritte Schenke auf, deren altes schmiedeeisernes Schild zwei Männlein mit einer riesigen Weintraube darstellte und in der er von der schönen Madame Trubert bedient wurde, die im ganzen Viertel wegen ihrer Klugheit, Kraft und Frohnatur bekannt war. Schließlich ging er zu den Festungsanlagen und trank ein Gläschen bei den Destillateuren, wo man im Dunkeln die Kupferhähne der Fässer leuchten sieht, und bei den Händlern, deren grüne Fensterläden zwischen zwei Kübeln mit Lorbeersträuchern immer geschlossen bleiben. Danach kehrte er in die dichtbevölkerten Viertel zurück und ließ sich in verschiedenen Cafés Wermut und Treberwein geben. Es schlug acht Uhr. Er ging mit gemessenem Schritt sehr gerade, steif und gravitätisch einher und war erstaunt, wenn eine der Frauen, die barhäuptig, das Haar im Nacken zu einem Knoten zusammengedreht, ihre Einkäufe machten, ihn mit ihren schweren Körben anrempelte oder wenn er ein kleines Mädchen anstieß, das er nicht gesehen hatte und das ein riesiges Brot in den Ärmchen trug. Wenn er den Fahrdamm überquerte, hielt der Milchwagen, auf dem die Blechkannen klirrend tanzten, zuweilen so dicht vor ihm, daß er den heißen Atem des Pferdes auf seiner Wange spürte. Ohne Hast setzte er jedoch unter den unwilligen Flüchen des groben Milchmanns seinen Weg fort. Durch den Kornelkirschholzstock gesichert, war sein Gang stolz und ruhig. Doch der alte Mann hatte nun sein inneres Gleichgewicht verloren. Nichts war von seiner morgendlichen Fröhlichkeit übriggeblieben. Die Lerche, deren freudige Triller mit den ersten Tropfen des Weißweins seine Seele erfüllt hatten, war mit schnellem Flügelschlag davongeflogen, und seine Seele war jetzt nur noch ein düsteres Krähennest, von Raben auf schwarzen Bäumen umkrächzt. Er war zu Tode betrübt. Tiefer Abscheu vor sich selbst bereitete ihm Übelkeit. Die Stimme der Reue und Scham rief in ihm: »Schwein! Schwein! Du bist ein Schwein!« Und er bewunderte diese zornige, reine Stimme, die geheimnisvolle schöne Engelsstimme in seiner Brust, die wiederholte: »Schwein! Schwein! Du bist ein Schwein!« Ein unaussprechliches Sehnen nach Unschuld und Reinheit erwachte in ihm. Er weinte; dicke Tränen rollten in seinen Ziegenbart. Er weinte über sich selbst. Dem Wort des Herrn gehorchend, der gesagt hat: »Ihr Töchter von Jerusalem, weinet über euch selbst und über eure Kinder!«, vergoß er den bitteren Tau seiner Augen über sein den sieben Todsünden frönendes Fleisch und die von der Trunkenheit erzeugten unzüchtigen Träume. Der Glaube seiner Kindheit erwachte wieder in ihm und entfaltete sich zu neuer Blüte. Von seinen Lippen kamen naive Gebete. Ganz leise flüsterte er: »Mein Gott, laß mich wieder so werden, wie ich einst als Kind war.«

Als er eines Tages dieses schlichte Gebet sprach, befand er sich gerade unter der Vorhalle einer Kirche.

Es war eine alte Kirche, ehemals weiß und schön, doch Zeit und Menschenhand hatten ihr steinernes Spitzengewebe zerrissen. Jetzt war sie schwarz wie Sulamith, und ihre Schönheit sprach nur noch zum Herzen der Dichter; es war eine »ärmliche und alte« Kirche wie die Mutter von François Villon, die vielleicht zu ihrer Zeit hier gekniet und auf die Mauern geblickt hat, die heute weiß gekalkt sind, doch damals mit Malereien geschmückt waren: dem Paradies, dessen Harfen sie zu hören meinte, und der Hölle, in der die Verdammten »gesotten« werden, was der guten Frau große Angst einjagte. Gestas betrat das Gotteshaus. Niemand war darin, nicht einmal ein Weihwasserspender oder eine arme Frau wie die Mutter von François Villon. Nur die wohl ausgerichteten Stuhlreihen im Kirchenschiff legten Zeugnis ab von der Frömmigkeit der Pfarrkinder und schienen das gemeinschaftliche Gebet allein fortzusetzen.

In dem feuchten, kühlen Schatten, der sich von den Gewölben herabsenkte, wandte Gestas sich zum rechten Seitenschiff, wo dicht am Eingang eine Madonnenstatue hinter einem Lichterrechen stand, auf dessen Eisenspitzen noch keine einzige Opferkerze brannte. Andächtig blickte er zu der weiß, blau und rosa bemalten Statue empor, die inmitten kleiner Gold- und Silberherzen lächelte, die dort als Votivgaben aufgehängt waren. Er beugte sein steifes altes Knie, weinte bitterlich und flüsterte mit sanfter Stimme abgerissene Worte: »Gute Jungfrau Maria ... meine Mutter Maria ... Maria, dein Kind ... dein Kind ... Mama!« Doch gleich erhob er sich wieder, ging rasch ein paar Schritte weiter und blieb vor einem Beichtstuhl stehen. Dieser sah mit seinen im Laufe der Zeit nachgedunkelten Eichenholzwänden, die ölig glänzten wie die Balken einer Kelter, wie ein ehrwürdiger, traulicher, behaglicher alter Wäscheschrank aus. Er war mit frommen Sinnbildern aus Muscheln und bunten Steinen geschmückt, die an Bürgersfrauen alter Zeiten erinnerten, welche hier einst ihr Haupt mit der hohen Spitzenhaube neigten und ihre Hausfrauenseele in diesem symbolischen Brunnen wuschen. Wo sie gekniet hatten, kniete nun Gestas, preßte die Lippen an das Holzgitter und rief leise: »Mein Vater, mein Vater!« Da niemand antwortete, pochte er ganz sachte mit dem Finger an das kleine Fenster.

»Mein Vater, mein Vater!«

Dann trocknete er seine Tränen, um besser durch das Gitter sehen zu können, und glaubte im Dunkel das weiße Chorhemd eines Priesters zu erkennen.

»Mein Vater, mein Vater«, wiederholte er, »hören Sie mich! Ich muß beichten, ich muß meine Seele rein waschen; sie ist schwarz und besudelt, sie widert mich an, mir ist ganz übel davon. Schnell, mein Vater, das Bad der Buße, das Bad der Vergebung, das Bad Jesu! Bei dem Gedanken an meine Unreinheit dreht sich mir der Magen um, und ich fühle, wie ich mich aus Abscheu vor meinen Lastern erbrechen muß. Das Bad, das Bad!«

Dann wartete er. Bald glaubte er im Beichtstuhl eine Hand zu sehen, die ihm Zeichen machte, dann wieder konnte er in der kleinen Zelle nur einen leeren Sitz entdecken. Er wartete lange, während er regungslos auf der Holzstufe kniete und unverwandt auf das Fensterchen blickte, von dem ihm Vergebung, Frieden, Erquickung, Seelenheil, Unschuld, die Versöhnung mit Gott und sich selbst, himmlische Freude, Zufriedenheit in der göttlichen Liebe und das höchste Glück kommen sollten. Von Zeit zu Zeit flüsterte er demütig bittend: »Herr Pfarrer, mein Vater, Herr Pfarrer! Mich dürstet, geben Sie mir zu trinken, mich dürstet so sehr! Lieber Herr Pfarrer, geben Sie mir von dem, was Sie haben: reines Wasser, ein weißes Gewand und Flügel für meine arme Seele. Geben Sie mir Buße und Vergebung!«

Da er keine Antwort erhielt, klopfte er stärker an das Gitter und sagte ganz laut: »Ich möchte beichten!«

Schließlich verlor er die Geduld, erhob sich und schlug heftig mit seinem Kornelkirschholzstock an die Wände des Beichtstuhls. Dabei schrie er: »He! Hallo! Herr Pfarrer! He! Herr Vikar!«

Immer lauter brüllte er und immer wütender schlug er auf den Beichtstuhl ein, von dem Staubwolken aufwirbelten und dessen wurmstichiges altes Holz auf diese Beleidigungen mit einem Ächzen antwortete.

Der Kirchendiener, der gerade die Sakristei ausfegte, kam mit aufgekrempelten Ärmeln bei dem Lärm herbei. Als er den Mann mit dem Stock sah, blieb er einen Augenblick stehen und näherte sich dann mit der behutsamen Bedächtigkeit eines im Dienst der demütigsten Polizei ergrauten Beamten. Als er in Hörweite war, fragte er: »Was wünschen Sie?«

»Ich will beichten.«

»Um diese Zeit wird nicht gebeichtet.«

»Ich will aber beichten.«

»Gehen Sie!«

»Ich will den Pfarrer sprechen.«

»Weshalb?«

»Um zu beichten.«

»Der Pfarrer ist jetzt nicht zu sprechen.«
»Dann den ersten Vikar.«
»Der ist auch nicht zu sprechen. Gehen Sie!«
»Den zweiten Vikar, den dritten Vikar, den vierten Vikar, den letzten Vikar.«
»Gehen Sie!«
»Na sowas! Will man mich denn ohne Beichte sterben lassen? Das ist ja schlimmer als 1793! Einen ganz kleinen Vikar! Was macht es Ihnen aus, wenn ich einem ganz kleinen Vikar beichte, der nicht viel größer ist als mein Arm? Sagen Sie irgendeinem Priester, er solle mir die Beichte abnehmen. Ich verspreche ihm, Sünden zu beichten, die ganz gewiß ausgefallener, merkwürdiger und interessanter sind als alles, was seine bußfertigen Schwatztanten vor ihm auspacken können. Sagen Sie ihm, er werde gebeten, eine schöne Beichte anzuhören.«
»Gehen Sie!«
»Aber begreifst du denn nicht, alter Barrabas? Ich sage dir, daß ich mich mit dem lieben Gott versöhnen will, Himmelherrgott nochmal!«
Obwohl er nicht die majestätische Statur eines Kirchendieners in einer reichen Pfarrei besaß, war dieser Hellebardenträger doch kräftig. Er packte unseren Gestas bei den Schultern und warf ihn hinaus.
Als Gestas wieder auf der Straße stand, erfüllte ihn nur noch ein Gedanke: er wollte durch eine Seitentür in die Kirche zurückkehren, um den Kirchendiener womöglich von hinten zu überrumpeln und eines kleinen Vikars habhaft zu werden, der sich bereit erklärte, ihm die Beichte abzunehmen.
Doch dieser Plan scheiterte, da die Kirche von alten Häusern umgeben war und Gestas sich hoffnungslos in einem unentwirrbaren Labyrinth von Straßen, Gassen, Sackgassen und Gäßchen verirrte.
Schließlich fand der arme Sünder eine Weinschenke, wo er sich beim Absinth zu trösten gedachte. Dies gelang ihm auch. Doch bald kam wieder die Reue. Und das ist es, was seine

Freunde in der Hoffnung bestärkt, daß er schließlich erlöst wird. Er hat den Glauben, den schlichten, starken, kindlichen Glauben; es sind mehr die Werke, an denen es ihm fehlt. Trotz allem darf man seinetwegen nicht verzweifeln, denn er selbst verzweifelt niemals.

Ohne auf die schwierigen Fragen der Prädestination näher einzugehen noch darüber die Meinungen des heiligen Augustinus, Gottschalks, der Albigenser, Wyclifianer, Hussiten, Luthers, Calvins, des Jansenius und des großen Arnaud in Betracht zu ziehen, nimmt man doch an, daß Gestas zur ewigen Seligkeit prädestiniert ist.

»Gestas, sprach der Herr, heute wirst du mit mir im Paradiese sein.«

DER GAUKLER UNSERER LIEBEN FRAU

I

Zur Zeit König Ludwigs lebte in Frankreich ein armer Gaukler aus Compiègne namens Barnabas, der durch die Städte zog und seine Kunststücke zeigte.

Wenn irgendwo Jahrmarkt war, breitete er auf dem Marktplatz einen abgenutzten alten Teppich aus, lockte Kinder und Gaffer durch Scherzworte an, die er von einem hochbetagten Gaukler gehört hatte und unverändert wiederholte, nahm allerlei unnatürliche Stellungen ein und balancierte einen Zinnteller auf der Nase. Die Menge sah ihm zunächst gleichgültig zu.

Wenn er aber im Handstand, den Kopf nach unten, sechs glänzende Kupferkugeln mit den Füßen in die Luft warf und wieder auffing, oder wenn er sich zurückbeugte, bis seine Fersen den Nacken berührten, so daß er mit seinem Körper ein Rad bildete, und in dieser Stellung mit zwölf Messern jonglierte, dann lief ein bewunderndes Murmeln durch die Menge der Zuschauer, und es regnete Münzen auf den Teppich.

Doch wie die meisten, die von ihren Talenten leben, konnte auch Barnabas aus Compiègne sich nur mühsam durchbringen.

Er verdiente sein Brot im Schweiße seines Angesichts und hatte schwerer als andere an all dem Elend zu tragen, das durch Adams, unseres Stammvaters, Sündenfall über die Menschheit gekommen ist.

Auch konnte er nicht so oft arbeiten, wie er gern gewollt hätte. Wie die Bäume, wenn sie Blüten und Früchte tragen sollen, brauchte auch er Sonnenwärme und Tageslicht. Im Winter glich er einem entblätterten, abgestorbenen Baum. Wenn die Erde gefroren war, brach für den Gaukler eine schwere Zeit an; und wie die Grille, von der Marie de France erzählt, litt er in der schlechten Jahreszeit unter Hunger und Kälte. Da er jedoch schlichten Herzens war, ertrug er seine Leiden mit Geduld.

Nie hatte er sich Gedanken über die Herkunft des Reichtums noch über die Ungleichheit der menschlichen Lebensbedingungen gemacht. Wenn diese Welt auch schlecht ist, so war er doch fest davon überzeugt, daß die andere gut sein müsse, und solche Hoffnung erhielt ihn aufrecht. Er machte es nicht wie die sündigen, gottlosen Possenreißer, die ihre Seele dem Teufel verkauft haben. Er lästerte nie den Namen Gottes; er führte ein ehrbares Leben, und obwohl er keine Frau hatte, gelüstete es ihn nicht nach seines Nächsten Weib, weil die Frau die Feindin der starken Männer ist, wie es die Geschichte von Samson beweist, die in der Heiligen Schrift erzählt wird.

In der Tat stand sein Sinn nicht nach Fleischeslust, und es fiel ihm schwerer, auf den Weinkrug als auf die Frauen zu verzichten. Denn ohne unmäßig zu sein, trank er gern, besonders an heißen Tagen. Es war ein rechtschaffener Mann, fürchtete Gott und war der Heiligen Jungfrau fromm ergeben.

Wenn er eine Kirche betrat, versäumte er nie, vor dem Bild der Muttergottes niederzuknien und folgendes Gebet an sie zu richten: »Heilige Jungfrau, nimm mein Leben in deine Hand, bis es Gott gefällt, daß ich sterbe, und laß mich nach meinem Tode die Wonnen des Paradieses erlangen.«

2

Als er nun eines Abends nach einem Regentag traurig und gebeugt auf der Landstraße dahinlief, unter dem Arm den alten Teppich, in den er seine Kugeln und Messer gewickelt hatte, und nach einer Scheune Ausschau hielt, in der er sich ohne Abendessen schlafen legen konnte, begegnete er einem Mönch, der denselben Weg hatte, und grüßte ihn ehrerbietig.

Da sie nebeneinander her liefen, entspann sich zwischen ihnen eine Unterhaltung. »Wie kommt es, mein Weggefährte, daß Ihr ganz in Grün gekleidet seid?« fragte der Mönch. »Tretet Ihr etwa in der Rolle des Narren in einem Mysterienspiel auf?«
»Keineswegs, mein Vater«, erwiderte Barnabas. »Mein Name ist Barnabas, und ich bin Gaukler von Beruf, wie Ihr mich hier seht. »Es wäre der schönste Beruf der Welt, wenn man dabei nur alle Tage zu essen hätte.«
»Sagt so etwas nicht, Freund Barnabas!« meinte der Mönch darauf. »Es gibt nichts Schöneres als den geistlichen Stand. Wir preisen Gott, die Jungfrau Maria und die Heiligen, und das Leben des Mönchs ist ein ständiger Lobgesang auf den Herrn.«
»Ich bekenne, mein Vater, daß ich wie ein Dummkopf gesprochen habe. Euer Stand ist mit dem meinen nicht zu vergleichen, und obwohl es verdienstlich ist, zu tanzen und dabei auf der Nase einen Stock mit einem Heller darauf zu balancieren, kann sich dieses Verdienst mit dem Euren nicht messen. Gern würde ich wie Ihr, mein Vater, täglich dem Herrn mit Lobgesang dienen und vor allem der allerheiligsten Jungfrau, die ich besonders verehre. Für das Mönchsleben würde ich gern meiner Kunst entsagen, für die ich in mehr als sechshundert Städten und Dörfern von Soissons bis Beauvais bekannt bin.«
Der Mönch war von der Einfalt des Gauklers gerührt, und da er einige Menschenkenntnis besaß, sah er, daß Barnabas zu den Menschen guten Willens gehörte, von denen der Herr gesagt hat: »Der Friede sei mit ihnen auf Erden!« Deshalb erwiderte er: »Freund Barnabas, kommt mit mir, ich will Euch in das Kloster aufnehmen, dessen Prior ich bin. Er, der die ägyptische Maria in der Wüste führte, hat mich Euch über den Weg gesandt, damit ich Euch auf den Pfad des Heils führe.«
So geschah es, daß Barnabas Mönch wurde. In dem Kloster, in das er aufgenommen wurde, wetteiferten die Mönche in der Verehrung der Heiligen Jungfrau und bemühten sich, ihr mit

allen Kenntnissen und Fähigkeiten zu dienen, die Gott ihnen verliehen hatte.

Der Prior verfaßte Bücher, in denen er nach den Regeln der Scholastik die Tugenden der Gottesmutter abhandelte.

Bruder Mauritius schrieb mit geschickter Hand diese Traktate auf Pergament ab.

Bruder Alexander schmückte sie mit zarten Miniaturen. Man sah die Himmelskönigin auf Salomons Thron sitzen, zu dessen Füßen vier Löwen Wache hielten; um ihr Haupt mit dem Heiligenschein flatterten sieben Tauben, die die sieben Gaben des Heiligen Geistes verkörperten: Gottesfurcht, Frömmigkeit, Erkenntnis, Stärke, Rat, Verstand und Weisheit. Sechs Jungfrauen mit goldblondem Haar umgaben sie: Demut, Klugheit, Zurückgezogenheit, Ehrfurcht, Keuschheit und Gehorsam.

Zu ihren Füßen knieten zwei nackte, ganz weiße kleine Gestalten in demütiger Haltung. Es waren Seelen, die ihre allmächtige Fürsprache erflehten, und gewiß nicht vergeblich.

Bruder Alexander stellte auf einem andern Blatt Eva und Maria einander gegenüber, damit man Sündenfall und Erlösung, das erniedrigte Weib und die erhöhte Jungfrau zugleich sehe. In diesem Buch konnte man den Born lebendiger Wasser, den Gartenbrunnen, die Lilie, den Mond, die Sonne und den verschlossenen Garten, wovon im Hohenlied die Rede ist, das Himmelstor und die Stadt Gottes bewundern, und überall war auch die Heilige Jungfrau dargestellt.

Bruder Marbodius liebte Maria gleichfalls aufs innigste.

Unermüdlich meißelte er Madonnenbilder in Stein, so daß sein Bart, seine Augenbrauen und Haare weiß von Staub und seine Augen ständig geschwollen waren und tränten; dabei war er trotz seinem vorgerückten Alter noch voller Kraft und Frohsinn, und die Königin des Paradieses behütete sichtlich ihr betagtes Kind. Marbodius stellte sie in einem Bischofsstuhl sitzend dar, die Stirn von einem mit Perlen besetzten Heiligenschein umgeben. Er achtete sorgfältig darauf, daß die Falten des Gewandes die Füße derjenigen verhüllten, von der der

Prophet gesagt hat: »Meine Braut ist ein verschlossener Garten.«
Zuweilen stellte er sie mit den Zügen eines anmutigen Kindes dar, und sie schien zu sagen: »Herr, du bist mein Herr! – Dixi de ventre matris meae: Deus meus es tu.« (Psalm 22, 11)[1]
Im Kloster gab es auch Dichter, die lateinische Kirchengesänge und Hymnen zu Ehren der heiligen Jungfrau Maria verfaßten, und es befand sich sogar ein Pikarde dort, der die Wunder der Muttergottes in der Volkssprache und in gereimten Versen besang.

3

Angesichts solchen Wettstreits zum Lobe Marias und solch schönen Ertrages an Werken war Barnabas tief betrübt über seine Unwissenheit und Einfalt.
»Ach«, seufzte er, während er allein in dem schattenlosen Klostergärtchen spazierenging, »wie bin ich unglücklich, daß ich nicht wie meine Brüder in würdiger Weise die heilige Muttergottes lobpreisen kann, die ich aus tiefstem Herzen verehre! Ach! Ach! Ich bin ein ungebildeter, unfähiger Mensch und vermag dir mit nichts zu dienen, Heilige Jungfrau, weder mit erbaulichen Predigten noch mit den Regeln entsprechenden Traktaten noch mit zierlichen Malereien, sorgfältig gemeißelten Statuen oder Versen, deren Füße man zählt und die im Takt marschieren. Ach, ich vermag nichts!«
So pflegte er zu seufzen und versank in tiefe Traurigkeit. Eines Abends nun, als die Mönche sich nach der Arbeit miteinander unterhielten, hörte er einen von ihnen die Geschichte eines Klosterbruders erzählen, der zu nichts anderem imstande war, als das Ave-Maria zu beten. Dieser Mönch wurde wegen

1 Du bist mein Gott von meiner Mutter Leibe an.

seiner Unwissenheit verachtet; doch als er gestorben war, wuchsen aus seinem Munde fünf Rosen zu Ehren der fünf Buchstaben des Namens Maria, und so wurde seine Heiligkeit offenbar.

Als Barnabas die Geschichte hörte, bewunderte er aufs neue die Güte der Heiligen Jungfrau, doch fühlte er sich durch das Beispiel dieses glückseligen Todes nicht getröstet; denn sein Herz war voller Eifer, und er wollte dem Ruhm seiner Himmelskönigin dienen.

Er suchte vergeblich nach einer Möglichkeit und wurde von Tag zu Tag niedergeschlagener, bis er eines Morgens höchst vergnügt erwachte, zur Kapelle lief und dort ganz allein länger als eine Stunde blieb. Am Nachmittag begab er sich aufs neue dorthin.

Von nun an ging er täglich in die Kapelle, wenn niemand darin war, und verbrachte dort einen großen Teil der Zeit, die andere Mönche ihren Künsten widmeten. Er war auch nicht mehr traurig und seufzte nicht mehr.

Ein so sonderbares Verhalten weckte die Neugier der Mönche. Man fragte sich im Kloster, weshalb Bruder Barnabas sich wohl so häufig in die leere Kapelle zurückziehe.

Der Prior, dessen Pflicht es ist, über den Lebenswandel seiner Mönche genaustens unterrichtet zu sein, beschloß, Barnabas während seiner einsamen Andachten zu beobachten. Eines Tages nun, als sich dieser wie gewöhnlich in die Kapelle begeben hatte, folgte ihm der Prior in Begleitung zweier Klosterältester, um durch den Türspalt zu beobachten, was drinnen vor sich ging.

Da sahen sie, wie Barnabas vor dem Altar der Heiligen Jungfrau auf dem Kopf stand und mit den Füßen sechs Kupferkugeln und zwölf Messer durch die Luft wirbelte. Zu Ehren der heiligen Muttergottes führte er die Kunststücke aus, die ihm einst höchstes Lob eingetragen hatten. Da die beiden Ältesten nicht begriffen, daß dieser schlichte Mann auf solche Weise sein Talent und seine Fertigkeit in den Dienst der

Heiligen Jungfrau stellte, begannen sie laut zu zetern, das sei Gotteslästerung.

Der Prior wußte, daß Barnabas unschuldigen Gemütes war, glaubte nun aber, er sei wahnsinnig geworden. Gerade schickten sich alle drei an, ihn unverzüglich aus der Kapelle zu entfernen, als sie sahen, wie die Heilige Jungfrau die Stufen des Altars hinabstieg und mit einem Zipfel ihres blauen Mantels den Schweiß von der Stirn des Gauklers trocknete.

Da warf der Prior sich auf die Knie, so daß er mit der Stirn den Boden berührte, und sprach: »Selig sind, die reinen Herzens sind, denn sie werden Gott erschauen!«

»Amen!« sagten die beiden Ältesten und küßten die Steinfliesen.

OLIVIERS PRAHLEREI

Kaiser Karl der Große und seine zwölf Paladine ergriffen in Saint-Denis den Pilgerstab und begaben sich auf eine Wallfahrt nach Jerusalem. Dort warfen sie sich vor dem Grab unseres Herrn auf die Knie und setzten sich vor die dreizehn Stühle des großen Saals, in dem sich einst Jesus Christus und die Apostel versammelt hatten, um das heilige Meßopfer zu feiern. Dann zogen sie nach Konstantinopel; denn sie wollten König Hugo kennenlernen, der für seine Prachtliebe berühmt war.

Der König empfing sie in seinem Palast, in dem unter einer goldenen Kuppel in Smaragdzweigen Vögel sangen, die in wunderbarer Kunstfertigkeit aus Rubinen gemacht waren.

Er lud den Frankenkaiser und die zwölf Grafen an seine Tafel, die mit Hirschen, Wildschweinen, Kaninchen, Wildgänsen und gepfefferten Pfauen beladen war, und bot seinen Gästen in Trinkhörnern griechische und asiatische Weine an. Karl der Große und seine Gefährten tranken all diese Weine auf das Wohl des Königs und seiner Tochter Helena. Nach dem Mahl führte Hugo sie in das für sie bestimmte Schlafgemach. Es war ein runder Raum mit einer Säule in der Mitte, die das Gewölbe stützte. Nichts hätte schöner sein können. An den mit Gold und Purpur verzierten Wänden standen zwölf Betten; ein dreizehntes, größer als die andern, war neben der Säule aufgestellt. In dieses legte sich Karl der Große, während die Grafen sich ringsum auf den übrigen ausstreckten. Der Wein, den sie getrunken hatten, erhitzte ihr Blut und benebelte ihre Köpfe. Da sie nicht einschlafen konnten, begannen sie nach Art der fränkischen Ritter zu prahlen und überboten sich in Wetten, bei denen sie ihren Mut beweisen wollten. Der Kaiser prahlte zuerst. »Man führe mir den besten Ritter

König Hugos zu Pferde und in voller Rüstung vor!« sagte er. »Ich will mein Schwert erheben und es mit solcher Kraft auf ihn niedersausen lassen, daß es Helm, Panzerhemd, Sattel und Pferd in zwei Teile spaltet und die Klinge sich einen Fuß tief in die Erde bohrt.«

Nach dem Kaiser brachte Wilhelm von Oranien die zweite Prahlerei vor.

»Ich will eine Eisenkugel nehmen, die sechzig Männer kaum tragen können«, erklärte er, »und sie mit solcher Gewalt gegen die Palastmauer schleudern, daß sie sechzig Klafter davon niederreißt.«

Dann sprach Ogier von Dänemark.

»Ihr seht diese starke Säule, die das Gewölbe trägt. Morgen will ich sie herausreißen und wie einen Strohhalm zerbrechen.«

Darauf rief Reinhold von Montalban: »Potzblitz, Graf Ogier! Während du die Säule umstürzest, will ich die Kuppel auf meine Schultern nehmen und sie bis ans Meeresufer tragen.«

Als fünfter prahlte Gerhard von Roussillon.

Er rühmte sich, ganz allein in einer Stunde alle Bäume des königlichen Gartens zu entwurzeln.

Nach Gerhard ergriff Aïmer das Wort.

»Ich habe eine Tarnkappe aus Seekalbfell, die unsichtbar macht. Ich will sie morgen aufsetzen, und wenn König Hugo bei Tische sitzt, will ich seinen Fisch essen, seinen Wein trinken, ihn in die Nase zwicken und ihm Ohrfeigen verabreichen; da er nicht weiß, an wen er sich halten soll, wird er alle seine Diener in den Kerker werfen und durchprügeln lassen, und wir werden unsern Spaß haben.«

»Was mich betrifft«, sprach nun Huon von Bordeaux, »so bin ich behende genug, um mich dem König zu nähern und ihm Bart und Augenbrauen abzuschneiden, ohne daß er es merkt. Dieses Schauspiel will ich euch gleich morgen bieten. Ich brauche dazu allerdings keine Tarnkappe aus Seekalbfell.«

Auch Doolin von Mainz prahlte. Er verpflichtete sich, inner-

halb einer Stunde sämtliche Feigen, Orangen und Zitronen des königlichen Gartens zu verspeisen.
»Bei meiner Ehre«, erklärte dann Herzog Naimes, »ich will in den Festsaal gehen, Humpen und Goldpokale nehmen und sie so hoch schleudern, daß sie nur noch in den Mond fallen können.«
Darauf erhob Bernhard von Brabant seine laute Stimme: »Ich habe etwas Besseres vor!« rief er. »Hört mich an, Paladine! Es ist euch bekannt, daß der Fluß, der durch Konstantinopel läuft, breit ist, denn er nähert sich seiner Mündung, nachdem er durch Ägypten, Babylon und das irdische Paradies geflossen ist. Nun, ich will ihn aus seinem Bett ablenken und auf den großen Marktplatz strömen lassen.«
Gerhard von Viane sprach: »Man möge zwölf Ritter in einer Reihe aufstellen, und ich will sie allesamt auf die Nase fallen lassen allein durch den Luftzug meines Schwertes.«
Graf Roland prahlte als zwölfter. »Ich will mein Horn nehmen, damit die Stadt verlassen und so mächtig hineinblasen, daß alle Stadttore aus den Angeln springen.«
Nur Olivier hatte noch nichts gesagt. Er war jung und höfisch, und der Kaiser war ihm herzlich zugetan.
»Mein Sohn«, sprach er zu ihm, »willst du nicht auch etwas zum besten geben?«
»Gern, allergnädigster Herr«, antwortete Olivier. »Kennt Ihr Herkules von Griechenland?«
»Man hat mir einiges von ihm erzählt«, entgegnete Karl der Große. »Er war ein heidnischer Götze von der Art des falschen Gottes Mohammed.«
»Keineswegs, Herr«, meinte Olivier. »Herkules von Griechenland war ein heidnischer Ritter und König irgendeines Reiches. Er war ein wackerer Mann und von Kopf bis Fuß wohlgestaltet. Als er an den Hof eines Kaisers kam, der fünfzig jungfräuliche Töchter hatte, heiratete er sie alle in derselben Nacht, so daß sie am nächsten Morgen zufriedene, wissende Frauen waren; denn keiner hatte er Schimpf angetan. Wenn es

Euch also recht ist, Herr, will ich mir nach dem Beispiel des Herkules von Griechenland einen Spaß erlauben.«
»Hüte dich, mein Sohn Olivier«, rief der Kaiser, »das wäre Sünde! Ich dachte mir schon, daß dieser König Herkules ein Sarazene war.«
»So wisset denn, Herr«, antwortete Olivier, »daß ich in der gleichen Zeit mit einer einzigen Jungfrau zu tun gedenke, was Herkules von Griechenland mit fünfzig tat. Und diese Jungfrau soll die Prinzessin Helena, König Hugos Tochter, sein.«
»Meiner Treu, das heißt ehrbar und christlich handeln!« meinte Karl der Große. »Doch du hattest unrecht, mein Sohn, die fünfzig Jungfrauen des Königs Herkules in dein Vorhaben hineinzuziehen, wo ich, hol' mich der Teufel, nur eine sehe.«
»Herr«, erwiderte Olivier sanft, »in Wahrheit gibt es auch nur eine. Aber sie soll von mir solche Befriedigung erfahren, daß man, wenn ich meine Liebesbeweise zähle, am nächsten Morgen fünfzig Kreuze an der Wand sehen wird. Das ist meine Prahlerei.«
Noch während Graf Olivier sprach, hatte sich die Säule, die das Gewölbe trug, geöffnet. Sie war hohl und so beschaffen, daß ein Mann sich leicht darin verbergen konnte, um alles zu sehen und zu hören. Davon wußten Karl der Große und die zwölf Paladine allerdings nichts. Deshalb waren sie aufs höchste überrascht, den König von Konstantinopel heraustreten zu sehen. Er war bleich vor Zorn, und seine Augen funkelten.
Mit furchtbarer Stimme sprach er: »So also vergeltet ihr meine Gastfreundschaft, ihr unhöfischen Gäste! Bereits eine Stunde lang beleidigt ihr mich mit euren unverschämten Prahlereien. Wisset denn, kaiserlicher Herr und ihr, Ritter, wenn ihr morgen nicht alle eure Prahlereien ausführt, lasse ich euch den Kopf abschlagen.«
Nachdem er also gesprochen, trat er in die Säule zurück, deren Öffnung sich fest hinter ihm schloß. Die zwölf Paladine verharrten einige Zeit verblüfft und stumm. Kaiser Karl brach als erster das Schweigen.

»Gefährten«, sagte er, »es ist wahr, wir haben den Spaß zu weit getrieben. Vielleicht haben wir Dinge gesagt, die wir besser für uns behalten hätten. Wir haben zuviel Wein getrunken und ermangelten deshalb der Besonnenheit. Die größte Schuld liegt bei mir, der ich euer Kaiser bin und euch ein schlechtes Beispiel gegeben habe. Morgen will ich mit euch darüber beraten, wie wir einen Ausweg aus dieser gefährlichen Lage finden können. Inzwischen geziemt es uns zu schlafen. Ich wünsche euch eine gute Nacht. Gott beschütze euch!«
Einen Augenblick später schnarchten der Kaiser und die zwölf Paladine unter ihren mit Gold bestickten Seidendecken.
Als sie am Morgen erwachten, war ihnen noch ganz wirr im Kopf, und sie glaubten, geträumt zu haben. Doch bald kamen Soldaten und holten sie ab, um sie in den Palast zu führen, damit sie dort ihre Prahlereien vor dem König von Konstantinopel in die Tat umsetzten.
»Wohlan denn!« sagte der Kaiser. »Wohlan! Laßt uns zu Gott und seiner heiligen Mutter beten! Mit Hilfe der Muttergottes werden wir unsere Prahlereien mühelos ausführen.«
Mit übermenschlicher Majestät schritt er allen voran. Als sie beim Königspalast angelangt waren, knieten Karl der Große, Naimes, Aïmer, Huon, Doolin, Wilhelm, Ogier, Bernhard, Reinold, die beiden Gerhards und Roland nieder und beteten mit gefalteten Händen zur Jungfrau Maria: »Heilige Muttergottes, die du im Paradiese weilst, blick auf uns in dieser großen Not. Um des Frankenreiches willen, das ganz dein ist, beschütze seinen Kaiser und dessen zwölf Paladine und verleih ihnen die Kraft, alle ihre Prahlereien auszuführen!«
Dann erhoben sie sich gestärkt und strahlend vor Mut und Tapferkeit; denn sie wußten, daß die Jungfrau Maria ihre Bitte erhören würde.
König Hugo saß auf seinem goldenen Thron und sprach: »Die Stunde ist gekommen, daß ihr eure Prahlereien ausführt. Sollte es euch nicht gelingen, so lasse ich euch den Kopf abschlagen. Begebt euch sogleich, von meinen Soldaten geleitet, jeder an

den betreffenden Ort, um die schönen Dinge zu verrichten, deren ihr euch in unverschämter Weise gerühmt habt.«
Auf dieses Geheiß zerstreuten sie sich, gefolgt von kleinen Trupps Bewaffneter. Die einen begaben sich in den Saal, in dem sie die Nacht verbracht hatten, die anderen in die Gärten, Bernhard von Brabant ging zum Fluß, Roland stieg auf die Wälle, und alle schritten tapfer aus. Nur Olivier und Kaiser Karl blieben im Palast zurück und warteten, der eine auf den Ritter, den er, wie er geschworen hatte, mit einem Schwertstreich in zwei Teile spalten wollte, der andere auf die Jungfrau, die er heiraten sollte.
Kurze Zeit darauf drang ein so gewaltiges Getöse, gleich dem, das den Menschen das Ende der Welt ankündigen soll, bis in den Saal des Palastes, daß die Rubinvögel auf ihren Smaragdzweigen wie auch König Hugo auf seinem goldenen Thron erbebten. Es war ein Lärm wie von zusammenstürzenden Mauern und tosenden Wasserfluten, der von einem ohrenbetäubenden Hornstoß übertönt wurde. Währenddessen liefen von allen Ecken der Stadt Boten herbei, warfen sich zitternd dem König zu Füßen und brachten wunderliche Kunde.
»Herr«, meldete der eine, »sechzig Klafter der Wälle sind mit einem Schlag umgestürzt.«
»Herr«, meldete der andere, »die Säule, die Euren gewölbten Saal stützt, ist zerbrochen, und man hat die Kuppel wie eine Schildkröte zum Meer laufen sehen.«
»Herr«, meldete ein dritter, »der Fluß mit seinen Schiffen und Fischen strömt durch die Straßen und brandet gegen die Mauern Eures Palastes.«
Bleich vor Schrecken murmelte König Hugo: »Meiner Treu, diese Leute sind Zauberer!«
»Nun, Herr König«, sagte Karl der Große lächelnd, »der Ritter, auf den ich warte, zögert zu kommen.«
Hugo schickte nach ihm. Er kam. Es war ein hochgewachsener, wohlbewaffneter Ritter. Der gute Kaiser hieb ihn mittendurch, wie er gesagt hatte.

Während sich solches ereignete, dachte Olivier: »Der Beistand der Allerheiligsten Jungfrau bei diesen Wundern liegt klar auf der Hand, und ich freue mich über die sichtlichen Beweise ihrer Liebe zum Frankenreich. Der Kaiser und seine Gefährten haben nicht vergeblich die Muttergottes angefleht. Ach, ich muß nun für alle andern büßen und werde sicher geköpft! Denn ich kann die Jungfrau Maria nicht darum bitten, mir bei der Ausführung meiner Prahlerei behilflich zu sein. Diese ist so beschaffen, daß es unziemlich wäre, diejenige hineinzuziehen, die die keusche Lilie, der Elfenbeinturm, die verschlossene Pforte und der eingefriedete Garten ist. Und mangels himmlischen Beistands fürchte ich, nicht vollbringen zu können, wessen ich mich gerühmt habe.«

So dachte Olivier, als König Hugo ihn unvermutet anredete: »Nun seid Ihr an der Reihe, Graf, Euer Versprechen zu erfüllen!«

»Herr, ich warte mit großer Ungeduld auf die Prinzessin, Eure Tochter«, erwiderte Olivier. »Denn es geziemt sich wohl, daß Ihr mir die unschätzbare Gunst erweist, sie mir zum Weibe zu geben.«

»Das ist richtig«, meinte König Hugo. »Ich werde sie also mit einem Kaplan zu Euch schicken, damit die Hochzeit gefeiert werden kann.«

Während der Zeremonie in der Kirche überlegte Olivier: »Diese Jungfrau ist so anmutig und schön, wie man es sich nur wünschen kann, und ich ersehne es zu sehr, sie zu umarmen, als daß ich meine Prahlerei bedauern könnte.«

Abends nach dem Hochzeitsmahl wurden Prinzessin Helena und Graf Olivier von zwölf Edelfräulein und zwölf Rittern ins Schlafgemach geleitet, wo man sie allein ließ.

Dort verbrachten sie die Nacht, und am nächsten Morgen führten die Wachen sie vor König Hugo. Er saß auf seinem Thron, umringt von seinen Rittern. Neben ihm standen Karl der Große und die Paladine.

»Nun, Graf Olivier«, fragte der König, »habt Ihr Euer Versprechen eingelöst?«
Olivier schwieg, und König Hugo freute sich schon darauf, seinem Schwiegersohn den Kopf abschlagen zu lassen. Denn von allen Prahlereien hatte ihn Oliviers Großsprecherei am meisten erzürnt.
»Antwortet!« rief er. »Wagt Ihr zu behaupten, daß Ihr Euer Versprechen eingelöst habt?«
Da schlug Prinzessin Helena errötend die Augen nieder und sagte lächelnd mit schwacher, aber deutlicher Stimme: »Ja.«
Kaiser Karl und die Paladine waren sehr erfreut, von der Prinzessin dieses Wort zu hören.
»Wahrlich, diese Franken stehen mit Gott und dem Teufel im Bunde!« rief Hugo. »Es war bestimmt, daß ich keinem dieser Ritter den Kopf abschlage ... Tretet näher, Schwiegersohn!«
Und er reichte Olivier die Hand, die der Ritter küßte.
Kaiser Karl umarmte die Prinzessin und sagte: »Helena, ich nehme Euch zur Tochter und Schnur. Ihr werdet uns nach Frankreich begleiten und an unserem Hof leben.«
Als er sie dann auf die Wange küßte, flüsterte er ihr dabei ins Ohr: »Ihr habt gesprochen, wie es sich für eine liebende Frau geziemt. Doch vertraut mir ganz im geheimen an: Habt Ihr die Wahrheit gesagt?«
»Herr, Olivier ist ein tapferer und höfischer Mann«, erwiderte sie. »Er hat mich mit so vielen Artigkeiten und Liebkosungen unterhalten, daß ich gar nicht daran gedacht habe, sie zu zählen. Er übrigens auch nicht. Folglich mußte ich sein Versprechen für erfüllt halten.«
Zur Hochzeit seiner Tochter ordnete König Hugo prächtige Festlichkeiten an. Dann kehrten Karl der Große und seine zwölf Paladine nach Frankreich zurück und führten die Prinzessin Helena mit sich.

LUZIFER

E si compiacque tanto Spinello di farlo orribile e contrafatto, che si dice – tanto può alcuna fiata l'immaginazione – che la detta figura da lui dipinta gli apparve in sogno, domandandolo dove egli l'avesse veduta si brutta... Vite de' più eccellenti pittori... da M. Giorgio Vasari. – Vita di Spinello[1]

Tafi, ein florentinischer Maler und Mosaikkünstler, fürchtete sich sehr vor Teufeln, insbesondere zu jenen Nachtstunden, in denen sich die bösen Mächte die Finsternis zunutze machen. Tafis Ängste waren auch keineswegs unbegründet, denn die Teufel hatten damals Ursache, die Maler zu hassen, die ihnen mit einem einzigen Bild mehr Seelen entrissen, als ein guter frommer Bruder es mit dreißig Predigten zuwege brachte. Dabei tat der Mönch sein Bestes, um den Gläubigen einen heilsamen Schrecken einzujagen mit seiner Schilderung vom Tag des Zorns, an dem die Welt nach dem Zeugnis Davids und der Sybille wieder zu Staub würde. Er ließ seine Stimme anschwellen und blies in die Hände, um die Posaune des Engels nachzuahmen. Aber er redete in den Wind, während ein Bild an der Wand einer Kapelle oder eines Klosters, das Jesus Christus darstellte, wie er über die Lebenden und die Toten zu Gericht sitzt, ständig zu den Blicken der Sünder sprach und diejenigen durch die Augen läuterte, die durch die Augen oder auf andere Weise gesündigt hatten. Damals stellten geschickte Meister in Santa Croce zu Florenz und auf dem Campo Santo zu Pisa die Mysterien des göttlichen Gerichts dar. Diese Werke waren nach Dante Alighieris, eines in der Theologie und dem kanoni-

1 Und es bereitete Spinello so großes Vergnügen, ihn derartig grauenerregend und mißgestaltet darzustellen, daß es heißt – so viel vermag zuweilen die Einbildungskraft –, besagte von ihm gemalte Figur sei ihm im Traum erschienen und habe ihn gefragt, wo er sie so häßlich gesehen habe... Lebensbeschreibungen der ausgezeichnetsten Maler... von Herrn Giorgio Vasari. – Lebensbeschreibung Spinellos

schen Recht hochgelehrten Mannes, in Versen gesetzter Erzählung gemalt, die er einst über seine Reise in die Hölle, das Purgatorium und das Paradies verfaßt hatte, wohin er wegen der außerordentlichen Verdienste seiner Herzensdame bereits zu Lebzeiten gelangte. Deshalb war alles auf diesem Bilde lehrreich und wahr, und man kann wohl behaupten, daß man aus der Lektüre einer weitschweifigen Chronik weniger Nutzen zieht als aus der Betrachtung solcher Gemälde. Die florentinischen Meister gaben sich alle Mühe, in schattigen Orangenhainen auf blumenübersätem Grase Edelfräulein und Ritter darzustellen, denen der Tod mit seiner Sense auflauert, während sie beim Klang der Lauten und Violen von Liebe plaudern. Nichts konnte geeigneter sein, die fleischlichen Sünder zu bekehren, die das Vergessen Gottes von Frauenlippen tranken. Um die Geizhälse zu bessern, stellte der Maler sehr realistisch Teufel dar, die geschmolzenes Gold in den Mund des Bischofs oder der Äbtissin gossen, die ihm eine Arbeit aufgetragen und diese schlecht bezahlt hatten. Deshalb waren die Teufel damals den Malern feind und besonders den florentinischen Malern, die alle andern an Erfindungsreichtum übertrafen. Vor allem nahmen die Teufel übel, daß sie von ihnen in häßlicher Gestalt, mit Vogel- oder Fischköpfen, Schlangenleibern und Fledermausflügeln dargestellt wurden. Ihr Groll tritt in der Geschichte Spinellos offen zutage.

Spinello Spinelli aus Arezzo war der Sproß einer in der Verbannung lebenden edlen Florentiner Familie. Der Adel seines Geistes glich dem seiner Geburt; denn er war der geschickteste Maler seiner Zeit. Er schuf in Florenz bedeutende Werke. Die Pisaner baten ihn, die Mauern des heiligen Klosters, in dem die Toten unter Rosen in Erde aus Jerusalem ruhen, nach Giotto zu schmücken. Nachdem er nun lange Jahre in den Städten gearbeitet und viel Geld verdient hatte, wollte er die gute Stadt Arezzo, seine Mutter, wiedersehen. Die Aretiner hatten nicht vergessen, daß Spinello, der in seiner Jugend bei der Bruderschaft von Santa Maria della Misericordia eingetragen war, im Pestjahr 1383 die Kranken besucht und die Toten beerdigt hatte. Auch wußten sie ihm Dank, daß er durch seine Werke Arezzo in der ganzen Toskana berühmt gemacht hatte. Deshalb empfingen sie ihn mit großen Ehren. Trotz seines Alters war er noch voller Kraft und übernahm wichtige Aufgaben in seiner Heimatstadt. Doch seine Frau erklärte: »Du bist reich. Setz dich zur Ruhe und überlaß es den jungen Leuten, an deiner Stelle zu malen. Es ist weise, am Lebensabend der Muße zu pflegen, und es geziemt sich, das Leben in besinnlicher, frommer Beschaulichkeit zu beschließen. Die weltlichen Werke ohne Unterlaß wie den babylonischen Turmbau zu vermehren, heißt Gott versuchen. Du wirst den Frieden deiner Seele verlieren, Spinello, wenn du hartnäckig bei deinem Mörtel und deinen Farben bleibst.«

So sprach die gute Frau. Doch er hörte nicht auf sie. Er war nur darauf bedacht, seinen Reichtum und Ruhm zu vermehren. Anstatt sich zur Ruhe zu setzen, einigte er sich mit den Erbauern von Sant' Angelo über den Preis für eine Geschichte Sankt Michaels, die den ganzen Chor der Kirche mit zahllosen Gestalten bedecken sollte. Mit fieberhaftem Eifer stürzte er sich in diese Arbeit. Immer wieder las er die Stellen der Heiligen Schrift, die ihn inspirieren sollten, und studierte gründlich jede Zeile und jedes Wort. Er gab sich nicht damit zufrieden, den ganzen Tag in seinem Atelier zu zeichnen, sondern arbeitete sogar im Bett und bei den Mahlzeiten und dachte noch abends über sein Werk nach, während er am Fuß des Hügels spazierenging, auf dem sich Arezzo mit seinen Mauern und Türmen stolz erhebt. So kann man gewiß sein, daß er die Geschichte des Erzengels im Kopf bereits fertig gemalt hatte, bevor er den Vorwurf mit Rotstift auf den Mauerputz zu skizzieren anfing. Bald hatte er die Umrisse gezeichnet und ging daran, über dem Hauptaltar die Szene zu malen, die glanzvoller als alle übrigen werden sollte; denn es galt darin den vor Beginn der Zeiten errungenen Sieg des Anführers der himmlischen Heerscharen zu verherrlichen. Spinello stellte also den heiligen Michael dar,

wie er in den Lüften mit der siebenköpfigen, zehnschwänzigen Schlange kämpft, und mit großem Vergnügen malte er im unteren Teil des Bildes den Fürsten der Dämonen, Luzifer, in Gestalt eines schrecklichen Ungeheuers. Die Figuren entstanden unter seiner Hand wie von selbst. Das Ergebnis übertraf seine Erwartungen. Luzifers Antlitz war so abstoßend, daß man sich der Macht seiner Häßlichkeit nicht entziehen konnte. Dieses Gesicht verfolgte den Maler bis auf die Straße und begleitete ihn nach Hause.

Als es Nacht wurde, legte sich Spinello neben seiner Frau zu Bett und schlief ein. Im Schlaf erschien ihm ein Engel, so schön wie Sankt Michael, doch schwarz. Dieser Engel sprach zu ihm: »Spinello, ich bin Luzifer. Wo hast du mich denn gesehen, daß du mich in so abscheulicher Gestalt malst?«

Zitternd erwiderte der alte Maler, er habe ihn niemals von Angesicht erblickt, da er nie wie Dante Alighieri lebend zur Hölle gefahren sei; doch habe er ihn so dargestellt, weil er die Häßlichkeit der Sünde eindringlich veranschaulichen wollte.

Luzifer zuckte die Achseln, und man hätte meinen können, der Hügel von San Geminiano habe sich plötzlich in die Höhe gehoben. »Spinello«, sagte er, »willst du mir die Freude machen und mit mir vernünftig über die Sache reden? Ich bin ein ziemlich guter Logiker. Der, den du anbetest, weiß es.«

Als er keine Antwort erhielt, fuhr Luzifer wie folgt fort:

»Spinello, du hast die Bücher gelesen, die von mir berichten. Du kennst meine Geschichte und weißt, wie ich den Himmel verließ, um der Fürst der Welt zu werden. Ein erhabenes Unternehmen, das einzigartig wäre, wenn die Riesen nicht gleichermaßen den Gott Jupiter angegriffen hätten, wie du auf einem antiken Grabmal gesehen hast, Spinello, auf dem dieser Krieg in Marmor dargestellt ist.«

»Es stimmt, ich habe das tonnenförmige Grabmal in Santa Reparata zu Florenz gesehen«, antwortete Spinello. »Es ist eine schöne römische Arbeit.«

»Jedenfalls sind die Riesen darauf weder in Gestalt von Fröschen noch von Chamäleons dargestellt.«

»Sie haben ja auch nicht den wahren Gott angegriffen«, meinte der Maler, »sondern nur ein Idol der Heiden. Das ist sehr wichtig. Dagegen ist es eine unbestrittene Tatsache, daß du, Luzifer, die Fahne des Aufruhrs gegen den wahren König des Himmels und der Erde erhoben hast.«

»Ich streite es nicht ab«, erwiderte Luzifer. »Wie viele Sünden legst du mir deswegen zur Last?«

»Man kann dir wohl sieben vorwerfen«, entgegnete der Maler, »und zwar alle Todsünden.«

»Sieben!« wiederholte der Engel der Finsternis. »Das ist eine theologische Zahl. Alles in meiner Geschichte, die eng mit der des anderen verknüpft ist, kann man durch sieben teilen. Spinello, du hältst mich für hoffärtig, zornig und mißgünstig. Ich gebe zu, es zu sein, vorausgesetzt, du erkennst an, daß allein der Ruhm mich mißgünstig machte. Hältst du mich für geizig? Auch das gebe ich zu. Geiz ist eine Tugend der Fürsten. Was Völlerei und Unzucht anbelangt, so bin ich nicht böse, wenn du sie mir zum Vorwurf machst. Bleibt noch die Trägheit.«

Während dieser Worte kreuzte Luzifer die Arme über seiner Rüstung und schüttelte sein düsteres Haupt, so daß die feurige Mähne ihn umwehte. »Spinello, hältst du mich wirklich für träge? Hältst du mich für feige, Spinello? Glaubst du, ich hätte es bei meinem Aufruhr an Mut fehlen lassen? Nein. Es wäre also recht und billig, mich mit kühnen, stolzen Gesichtszügen zu malen. Man darf niemandem Unrecht tun, auch nicht dem Teufel. Siehst du nicht ein, daß du den beleidigst, den du anbetest, wenn du ihm eine widerwärtige Kröte zum Gegner gibst? Spinello, du bist sehr unwissend für dein Alter. Ich habe große Lust, dich wie einen schlechten Schüler an den Ohren zu ziehen.«

Als er sah, wie Luzifer bereits den Arm nach ihm ausstreckte, um seine Drohung wahr zu machen, griff Spinello sich an den Kopf und fing vor Schreck laut zu heulen an.

Seine gute Frau fuhr aus dem Schlaf hoch und fragte, was ihm fehle. Zähneklappernd antwortete er, soeben habe er Luzifer gesehen und um seine Ohren gezittert.
»Ich habe es dir ja gesagt, all die Gestalten, die du durchaus an die Wände malen willst, werden dich schließlich verrückt machen«, erklärte die gute Frau.
»Ich bin nicht verrückt«, widersprach der Maler. »Ich habe ihn gesehen, er ist schön, doch traurig und stolz. Gleich morgen will ich die schreckliche Gestalt tilgen, die ich gemalt habe, und an ihre Stelle jene setzen, die ich im Traum gesehen habe; denn man darf selbst dem Teufel nicht Unrecht tun.«
»Du tätest besser zu schlafen«, erwiderte die Frau, »du hältst unvernünftige und wenig christliche Reden.«
Spinello wollte sich erheben, doch er hatte nicht die Kraft dazu und sank bewußtlos auf das Kissen zurück. Noch einige Tage siechte er im Fieber dahin, dann starb er.

TAFIS HIMMELFAHRT

Andrea Tafi, ein Florentiner, war ausersehen worden, die Kuppel von San Giovanni mit Mosaiken auszugestalten, und führte dieses große Werk in höchster Vollendung aus. Alle Figuren waren in griechischer Technik gestaltet, die Tafi während seines Aufenthaltes in Venedig kennengelernt hatte, wo er den Arbeitern bei der Ausschmückung der Wände von San Marco zuzusehen pflegte. Aus jener Stadt hatte er sogar einen Griechen namens Apollonios mit nach Florenz gebracht, der im Besitz wertvoller Geheimnisse über die musivische Kunst war. Dieser Apollonios war ein äußerst geschickter und geistig gewandter Mann. Er kannte die Proportionen, die man den verschiedenen Teilen des menschlichen Körpers verleihen muß, und die Materialien, die man benötigt, um den besten Kitt herzustellen.
Da Andrea Tafi fürchtete, dieser Grieche könnte sein Wissen und seine Geschicklichkeit einem anderen Maler der Stadt zutragen, ließ er ihn Tag und Nacht nicht aus den Augen. Er begleitete ihn jeden Morgen nach San Giovanni und brachte ihn abends zurück in sein eigenes Haus vor San Michele, wo er ihn mit seinen beiden Schülern Bruno und Buffalmacco in einem Zimmer schlafen ließ, das von seinem eigenen nur durch eine dünne Scheidewand getrennt war. Da diese Wand nicht ganz bis zur Decke reichte, sondern ein halber Fuß Zwischenraum blieb, hörte man in dem einen Zimmer alles, was in dem andern gesprochen wurde.
Nun war Tafi ein frommer, gesitteter Mann. Er glich keineswegs den Malern, die, sobald sie die Kirchen verließen, in denen sie Gott bei der Erschaffung der Welt und Jesus in den Armen seiner heiligen Mutter dargestellt hatten, in die Freudenhäuser gingen, um zu würfeln, zu schwadronieren, Wein zu

trinken und Mädchen zu liebkosen. Er hatte sich stets mit seiner braven Ehefrau begnügt, obgleich sie vom Schöpfer aller Dinge nicht so ausgestattet war, daß die Männer sonderliches Vergnügen an ihr finden konnten; denn sie war eine äußerst hagere, barsche Person. Als Gott sie endlich von dieser Welt abberufen hatte, um sie in seiner Barmherzigkeit zu sich zu holen, nahm Andrea Tafi keine zweite Frau, weder durch Heirat noch auf sonstige Weise, sondern übte die seinem Alter angemessene Enthaltsamkeit, die ihm Ausgaben und Sorgen ersparte und dem Herrn gefiel, der in der anderen Welt die Entsagung belohnt, die man sich in dieser Welt auferlegt. Andrea war keusch, mäßig und rechtschaffen.

Regelmäßig verrichtete er seine Gebete und schlief nie ein, ohne die Heilige Jungfrau auf folgende Weise angerufen zu haben: »Heilige Jungfrau, Muttergottes, die du um deiner Tugenden willen bereits zu Lebzeiten in den Himmel eingegangen bist, reiche mir deine gnadenvolle Hand und erhebe mich ins heilige Paradies, wo du auf einem goldenen Throne sitzest!«

Diese Anrufung murmelte Tafi nicht etwa zwischen den ihm noch verbliebenen Zähnen, sondern er sprach sie mit voller, lauter Stimme, dessen eingedenk, daß, wie man sagt, der Ton die Musik macht und schreien muß, wer gehört werden will. Allerdings wurde das Gebet des Meisters Andrea Tafi allabendlich von dem Griechen Apollonios und den beiden jungen Florentinern gehört, die im Nebenzimmer schliefen. Nun war aber Apollonios ein lustiger Bursche, ganz ähnlich wie Bruno und Buffalmacco, und alle drei gelüstete es sehr, dem Meister, der zwar ein gerechter und gottesfürchtiger, in Wahrheit jedoch geiziger und hartherziger Mann war, einen Streich zu spielen. So geschah es eines Nachts, daß die drei Gefährten, als der biedere Mann sein gewohntes Gebet an die Heilige Jungfrau gerichtet hatte, unter ihrer Bettdecke zu lachen und zu spotten begannen. Sobald sie ihn schnarchen hörten, berieten sie flüsternd, welchen Streich sie ihm wohl spielen könnten. Da sie die große Furcht des Greises vor dem Teufel kannten, meinte

Apollonios, sie sollten sich rot verkleiden und gehörnt und maskiert zu seinem Bett schleichen, um ihn bei den Füßen herauszuzerren. Doch der witzige Buffalmacco machte folgenden Vorschlag: »Wir wollen uns morgen ein starkes Seil und eine Rolle verschaffen, und ich verspreche euch für nächste Nacht einen großen Spaß.«

Apollonios und Bruno hätten gern erfahren, wozu die Rolle und das Seil dienen sollten, doch Buffalmacco wollte durchaus nichts verraten. Sie gaben ihm jedenfalls das feste Versprechen, zu besorgen, was er verlangte; denn sie wußten, daß er der lustigste Bursche der Welt war und immer die ergötzlichsten Einfälle hatte, weshalb man ihn Buffalmacco nannte. Und fürwahr, er vollbrachte tolle Streiche, von denen man noch heute spricht.

Da die drei Freunde nun nichts mehr wach hielt, schliefen sie beim Licht des Mondes ein, der seine feinen Strahlenspitzen durch Tafis Dachfenster sandte. Sie schliefen, bis der Morgen graute, der Meister mit der Faust heftig gegen die Wand schlug und wie gewöhnlich hustend und spuckend rief: »Auf, Meister Apollonios! Auf, ihr beiden Schüler! Es ist Tag. Phöbus hat die Himmelslichter ausgeblasen. Beeilt euch! Die Zeit ist kurz und die Arbeit lang.«

Und schon drohte er Bruno und Buffalmacco, sie mit einem Eimer kalten Wassers munter zu machen. Spöttisch rief er ihnen zu: »Euer Bett ist euch wohl sehr lieb! Liegt denn die Frau von Barbanique darin, daß es euch so schwerfällt, es zu verlassen?«

Währenddessen schlüpfte er in seine Hosen und seinen alten Kittel. Dann verließ er sein Zimmer und fand die drei Gefährten völlig angekleidet und mit ihren Werkzeugen beladen auf dem Vorflur.

An diesem Morgen arbeiteten sie zunächst gutgelaunt in der schönen Kirche San Giovanni auf dem Gerüst, das bis zum Kranzgesims reichte. Seit acht Tagen tat der Meister sein Bestes, um die Taufe Jesu Christi nach den Regeln der Kunst eindrucksvoll darzustellen. Er hatte gerade damit begonnen, in das Wasser des Jordans Fische zu setzen. Apollonios bereitete mit Erdharz und Häcksel den Kitt zu und sprach dabei Worte, die nur ihm bekannt waren; Bruno und Buffalmacco wählten die geeigneten Steine aus, und Tafi setzte sie entsprechend dem auf eine Schiefertafel gezeichneten Modell ein, das er vor sich hielt. Doch in dem Augenblick, da der Meister ganz vertieft in diese Arbeit war, stiegen die drei Gefährten eilig die Leiter hinab und verließen die Kirche. Bruno lief vor die Stadt zum Hause des Calendrino, um eine Rolle zu holen, die sonst dazu diente, das Getreide auf den Speicher zu befördern. Gleichzeitig lief Apollonios nach Ripoli zu der alten Frau eines Richters, der er einen Liebestrank versprochen hatte, um Liebhaber anzulocken, und da er ihr einredete, das Seil sei zur Bereitung des Trankes notwendig, nahm sie ihr gutes Brunnenseil und gab es ihm.

Dann eilten die beiden Freunde zu Tafis Haus, wo sie Buffalmacco trafen, der sogleich daranging, die Rolle am Hauptsparren des Gebälks über der Wand zu befestigen, die das Zimmer des Meisters von dem der Schüler trennte. Nachdem er dann das Brunnenseil der Matrone über die Rolle gelegt hatte, ließ er das eine Ende ins Zimmer hängen und begab sich in Tafis Schlafgemach, um das andere Ende des Seils an allen vier Pfosten des Bettes zu befestigen. Er achtete darauf, daß das Seil von den Bettvorhängen verdeckt wurde und man nichts sehen konnte. Als dies vollbracht war, kehrten die drei Gefährten nach San Giovanni zurück.

Der Meister, der in seinem Arbeitseifer ihre Abwesenheit nicht wahrgenommen hatte, erklärte höchst vergnügt: »Seht, wie diese Fische in vielfältigen Farben schillern, besonders aber in Gold, Purpur und Himmelblau, wie es der Gattung der Ungeheuer zukommt, die den Ozean und die Flüsse bevölkern und die nur deshalb von so wunderbarem Glanz sind, weil sie, wie die Sage berichtet, als erste der Herrschaft der Göttin Venus unterworfen wurden.«

So liebenswürdig und belehrend sprach der Meister zu ihnen; denn er war ein Mann von Kenntnissen und Geist, obgleich von düsterer, galliger Gemütsart, besonders wenn sein Sinn auf Gewinn gerichtet war. »Ist der Stand des Malers nicht schön und löblich«, fuhr er fort, »da man durch ihn Reichtum in dieser Welt und Glückseligkeit in der andern erwirbt? Denn es ist gewiß, daß unser Herr Jesus Christus in seinem Paradies diejenigen voller Dankbarkeit empfängt, die, wie ich, sein wahres Bildnis schufen.«

Tafi freute sich, das große Mosaik zu vollbringen, von dem noch heute Teile zu sehen sind. Als nun die hereinbrechende Nacht in der Kirche Formen und Farben verwischte, verließ er nur widerwillig den Jordanfluß und ging nach Hause. In der Küche verspeiste er zwei Tomaten und ein Stückchen Käse, stieg in sein Zimmer hinauf, entkleidete sich im Dunkeln und legte sich zu Bett.

Sobald er sich darin ausgestreckt hatte, betete er wie gewöhnlich zur Heiligen Jungfrau: »Heilige Jungfrau, Muttergottes, die du um deiner Tugenden willen bereits zu Lebzeiten in den Himmel eingegangen bist, reiche mir deine gnadenvolle Hand und erhebe mich ins heilige Paradies!«

Das war der Augenblick, auf den die drei Gefährten im Nebenzimmer gewartet hatten.

Sie ergriffen das Seil, das von der Rolle an der Wand herabhing, und kaum hatte der gute Mann sein Gebet beendet, als sie auf ein Zeichen Buffalmaccos so kräftig zogen, daß das mit dem Seil verbundene Bett sich zu heben begann. Als Meister Andrea sich emporgehoben fühlte, ohne die Ursache zu sehen, glaubte er fest, die Heilige Jungfrau habe seine Bitte erhört und hole ihn in den Himmel. Da erschrak er zutiefst und rief mit zitternder Stimme: »Halt ein, halt ein, gnädige Jungfrau! Ich habe nicht gebeten, daß es gleich geschehe!«

Als das Bett mittels des über die Rolle gleitenden Seiles jedoch immer höher stieg, begann der Greis die Jungfrau Maria ganz

kläglich anzuflehen: »Gütige Jungfrau, zieh nicht so stark! Holla! Laß los, laß los, sage ich dir!«
Aber sie schien ihn nicht zu hören. Darüber erboste er sich sehr und rief: »Du bist wohl taub oder schwer von Begriff! Laß los, sporca Madonna! . . .«
Als er sah, daß er sich ernstlich vom Fußboden des Zimmers entfernte, wuchs sein Entsetzen, und er wandte sich an Jesus und flehte ihn an, seine heilige Mutter zur Vernunft zu bringen. Es sei an der Zeit, erklärte er, daß sie auf diese unheilvolle Himmelfahrt verzichte. Als Sünder und Sohn eines Sünders, der er sei, könne er nicht gen Himmel fahren, bevor er den Jordanfluß mit seinen Wellen und Fischen und die übrigen Begebenheiten aus der Geschichte des Herrn vollendet habe. Währenddessen berührte der Betthimmel beinahe die Deckenbalken, und Tafi schrie: »Jesus, wenn du deine heilige Mutter noch einen Augenblick länger gewähren läßt, so wird das Dach dieses Hauses, das mich viel Geld gekostet hat, ohne Zweifel bersten. Denn ich sehe schon, ich werde es durchstoßen. Halt ein! Halt ein! Ich höre bereits die Ziegel krachen.«
Buffalmacco merkte, daß in diesem Augenblick die Angst dem Meister die Kehle zuschnürte, und befahl seinen Gefährten, das Seil loszulassen, was sie auch taten, so daß das Bett mit lautem Krachen ins Zimmer hinabstürzte und mit zerbrochenen Beinen und gelösten Brettern auf dem Fußboden landete. Beim Aufschlagen fielen die Pfosten zusammen, und der Himmel mit den Vorhängen und Gardinen senkte sich auf Meister Andrea herab, der zu ersticken meinte und wie ein Teufel heulte. Von dem heftigen Aufprall war er so verwirrt, daß er nicht recht wußte, ob er in sein Zimmer gefallen oder in die Hölle gestürzt sei.
Da liefen die drei Schüler herbei, als habe der Lärm sie geweckt. Als sie inmitten einer dichten Staubwolke die Trümmer des Bettes sahen, stellten sie sich sehr überrascht, und anstatt dem Meister beizuspringen, fragten sie ihn, ob der Teufel die

Verheerung angerichtet habe. Doch stöhnend antwortete er nur: »Ich kann nicht mehr. Helft mir heraus! Ich sterbe!«
Sie zogen ihn endlich aus den Trümmern hervor, unter denen er nahe daran war, seinen Geist aufzugeben, und setzten ihn mit dem Rücken gegen die Wand. Er schnaufte, hustete, spuckte und erklärte: »Meine Kinder, ohne Hilfe unseres Herrn Jesus Christus, der mich mit ungewöhnlicher Kraft, deren Wirkung ihr hier seht, auf die Erde zurückgestoßen hat, befände ich mich jetzt im ersten beweglichen Himmelskreis, den man Kristallsphäre nennt. Seine heilige Mutter wollte nicht hören. Bei meinem Sturz habe ich drei Zähne eingebüßt, die zwar nicht mehr ganz gesund waren, mir jedoch noch gute Dienste leisteten. Außerdem fühle ich einen unerträglichen Schmerz in der rechten Seite und in dem Arm, der den Pinsel hält.«
»Meister«, meinte Apollonios, »Ihr müßt eine sehr schlimme innere Verletzung davongetragen haben. Bei den Aufständen in Konstantinopel habe ich am eigenen Leibe erfahren, daß innere Verletzungen gefährlicher sind als äußere. Doch fürchtet nichts, ich werde die Eurige mit Zauberformeln besprechen.«
»Hütet Euch, das zu tun«, antwortete der Greis. »Das wäre Sünde. Aber kommt alle drei her und seid so gut, meinen Körper an den Stellen zu reiben, die mich am meisten schmerzen.«
Sie taten nach seinem Geheiß und hörten nicht eher auf, bis sie ihm die Haut auf Rücken und Lenden ganz wund gerieben hatten.
Die guten Burschen verbreiteten sogleich diese Geschichte in der ganzen Stadt, so daß es am nächsten Tage in Florenz keinen Mann, keine Frau und kein Kind gab, die Meister Andrea Tafi begegnet wären, ohne ihm laut ins Gesicht zu lachen. Als nun Buffalmacco eines Morgens über den Korso ging, hielt der Sohn des Herrn Cavalcanti, Messer Guido, der zu den Sümpfen auf die Kranichjagd ritt, sein Pferd an, rief den Schüler herbei und warf ihm seine Börse zu mit den Worten: »Da, liebenswürdiger Buffalmacco! Trink auf das Wohl Epikurs und seiner Jünger!«

Man muß nämlich wissen, daß Messer Guido der Sekte der Epikureer angehörte und eifrig Beweisgründe gegen die Existenz Gottes sammelte. Er pflegte zu behaupten, Menschen und Tiere stürben den gleichen Tod.
»Buffalmacco«, fuhr der junge Edelmann fort, »ich habe dir die Börse gegeben, um dich für die wunderschöne, gründliche und nützliche Lehre zu belohnen, die du dem alten Tafi erteilt hast, als du ihn gen Himmel schicktest und er, als er sah, daß sein Körper den Weg zum Empyreum antrat, zu schreien begann wie ein Schwein, das abgeschlachtet wird. Daran erkenne ich, daß er sich nicht auf die Verheißung himmlischer Freuden verläßt, die wohl auch recht ungewiß sind. Wie die Ammen den Kindern Märchen erzählen, hat man schöne Reden über die Unsterblichkeit verbreitet. Das Volk glaubt, an diese schönen Reden zu glauben, aber in Wahrheit glaubt es nicht daran. Die Schicksalsschläge strafen die Dichter Lügen. Nur dieses traurige Leben ist gewiß. Das meint auch Horaz, wenn er sagt: ›Serus in coelum.‹[1]

1 Spät erst gen Himmel (Oden 1, 2, 45).

DIE GESCHICHTE DER DOÑA MARIA D'AVALOS UND DES DON FABRICIO, HERZOGS VON ANDRIA

...Doña Maria d'Avalos, eine der schönsten Fürstinnen des Landes, verehelicht mit dem Fürsten von Venosa, war in Liebe zu dem Grafen von Andria, gleichfalls einem der schönsten Edelmänner des Landes, entbrannt. Sie wurden während einer Liebesstunde von dem Gatten ertappt.., der beide durch aufgestellte Wachen niedermetzeln ließ; am nächsten Morgen fand man die beiden schönen Geschöpfe verstümmelt auf dem Straßenpflaster vor dem Tor des Hauses liegen, wo sie den Blicken aller Vorübergehenden ausgesetzt waren, die sie um ihres erbarmungswürdigen Zustandes willen beweinten und beklagten. – Pierre de Bourdeilles, Abbé und Herr von Brantôme, Leben der Damen, zweiter Teil.

In Neapel wurden prächtige Feste gefeiert, als der Fürst von Venosa, ein reicher und mächtiger Herr, mit Doña Maria aus dem erlauchten Hause Avalos Hochzeit machte. Zwölf Wagen, von Pferden gezogen, die mit Schuppen, Federn oder Pelzwerk bedeckt waren, so daß sie Drachen, Greifen, Löwen, Luchse, Panther und Einhörner darstellten, trugen über und über vergoldete nackte Männer und Frauen als olympische Gottheiten, die zur Erde herabgestiegen waren, um die venosische Hochzeit zu feiern. In einem dieser Wagen sah man einen geflügelten Knaben, der drei alte Weiber von abstoßender Häßlichkeit mit Füßen trat. Ein Schild über dem Wagen trug die Devise: »Amor als Besieger der Parzen«. Damit wollte man dem Wunsch Ausdruck verleihen, daß die beiden Gatten sich eines langen, glücklichen gemeinsamen Lebens erfreuen mögen. Doch diese Liebe, die stärker als das Schicksal sein sollte, erwies sich als eine falsche Prophezeiung. Zwei Jahre nach ihrer Hochzeit begegnete Doña Maria d'Avalos eines Tages auf der Vogeljagd dem Herzog von Andria, der schön

und wohlgestaltet war, und wurde von Liebe ergriffen. Da sie ehrbar, von edler Abkunft und auf ihren Ruf bedacht war sowie in der ersten Jugendblüte stand, in der die Frauen noch nicht die Kühnheit besitzen, ihrem Begehren nachzugeben, schickte sie keine Vermittlerin zu dem Edelmann, um ihn zu einem Stelldichein in der Kirche oder in ihrem Hause einzuladen. Sie verbarg ihre Gefühle und wartete, daß ihr guter Stern ihr denjenigen zuführen möge, der ihr in weniger als einem Augenblick teurer als das Leben geworden war. Sie brauchte nicht lange zu warten; denn der Herzog von Andria, der sie schön gefunden hatte, beeilte sich, dem Fürsten von Venosa seine Aufwartung zu machen. Da er Doña Maria allein im Schloß antraf, bat er sie in äußerst sanfter und eindringlicher Art um das, was ihm zu gewähren sie willens und entschlossen war. Unverzüglich führte sie ihn in ihr Schlafgemach und verweigerte ihm nichts, was er von ihr begehrte. Als er ihr dankte, daß sie seinem Wunsche nachgegeben hatte, antwortete sie: »Edler Herr, dieser Wunsch war mehr der meine als der Eure. Ich ersehnte es, daß wir einander in den Armen lägen, wie wir es jetzt tun in diesem Bett, in dem ich Euch eine zärtliche Geliebte sein will, sooft es Euch gefällt, hierherzukommen.«
Von nun an empfing Maria d'Avalos in ihrem Schlafgemach den Herzog von Andria, sooft sie konnte, was häufig geschah, denn der Fürst von Venosa ging viel auf die Jagd und vergnügte sich zuweilen ganze Wochen mit Freunden in einem seiner Landhäuser.
Während Doña Maria bei ihrem Freund lag, hielt ihre Amme Lucia vor der Tür Wache, wobei sie den Rosenkranz betete und ständig zitterte, daß der Fürst unerwartet zurückkommen könnte.
Dieser war ein wegen seiner mißgünstigen und heftigen Gemütsart sehr gefürchteter Herr. Seine Feinde warfen ihm Verschlagenheit und Grausamkeit vor. Sie nannten ihn eine Kreuzung von Fuchs und Wölfin und ein Stinktier. Doch seine Freunde rühmten an ihm, daß er ein treues Gedächtnis für

widerfahrenes Recht und Unrecht habe und eine Beleidigung nicht geduldig hinnehmen könne.

Schon drei volle Monate erfreuten sich die Liebenden aneinander und stillten ihr Verlangen furchtlos und ungestört, als eines Morgens die Amme zu Doña Maria ins Zimmer kam und erklärte: »Höre mir gut zu, geliebte kleine Perle, meine Worte sind weder Blumen noch Zuckerwerk, sondern ich habe dir etwas Ernstes, Schreckliches zu sagen! Mein Herr, der Fürst von Venosa, hat über dich und den Herzog von Andria eine schlechte Nachricht erhalten. Ich sah ihn soeben im Hof zu Pferde steigen. Er kaute an seinem Schnurrbart, was bei ihm ein schlimmes Zeichen ist. Dabei sprach er mit zwei Männern, die mir nicht danach aussahen, als ob sie ein ehrbares Leben führen; ich hörte nur, wie er zu ihnen sagte: ›Seht, ohne gesehen zu werden!‹ Diesen Rat gab ihnen der edle Fürst. Zum Unglück verstummte er, als er mich erblickte. Meine schöne kleine Perle, so wahr Gott im heiligen Sakrament anwesend ist, wenn der Fürst dich mit dem Herrn Herzog von Andria findet, wird er euch beide töten. Und wenn du tot bist, was soll dann aus mir werden?«

Die Amme redete und flehte noch lange. Aber Doña Maria d'Avalos schickte sie ohne Antwort fort.

Da es Frühling war, unternahm sie an jenem Tage mit Damen aus der Stadt einen Spaziergang; und als sie einem von Schlehdorn gesäumten Weg folgten, sagte eine der Damen: »Doña Maria, manchmal heften sich Hunde an die Fersen der Reisenden. Uns folgt jetzt ein großer schwarzweißer Hund.«

Als die Fürstin sich daraufhin umwandte, erkannte sie einen Dominikanermönch, der sich täglich im schattigen Hof des Palastes Venosa ausruhte und im Winter in der Küche wärmte.

Da die Amme einsah, daß die Herrin auf ihren Rat nicht hören würde, lief sie zum Herzog von Andria, um ihn zu warnen. Dieser Edelmann hatte seinerseits Grund zu fürchten, das Geheimnis seiner zärtlichen Liebe sei unglücklicherweise entdeckt worden. Am Abend zuvor war er von zwei mit Musketons bewaffneten Kerlen verfolgt worden und hatte einen von ihnen durch einen Degenstich getötet. Der andere hatte die Flucht ergriffen. Der Herzog von Andria zweifelte jetzt nicht mehr daran, daß die beiden Banditen vom Fürsten von Venosa geschickt worden waren.

»Lucia«, sagte er zu der Amme, »ich muß die Gefahr ernstlich fürchten, wenn außer mir auch Doña Maria d'Avalos bedroht ist. Richte ihr aus, ich werde, so schwer es mir fällt, nicht mehr zu ihr kommen, bevor der Verdacht des Fürsten sich nicht gelegt hat.«

Noch am selben Abend berichtete die Amme diese Worte Doña Maria, die sie voller Ungeduld anhörte und sich dabei auf die Lippen biß, daß sie bluteten.

Nachdem sie erfahren hatte, daß der Fürst gerade nicht zu Hause war, befahl sie ihrer Amme, unverzüglich den Herzog von Andria zu holen und in ihr Schlafgemach zu führen. Sobald er erschien, sagte sie: »Edler Herr, ein Tag fern von Euch verbracht, ist für mich die grausamste Strafe. Ich besitze den Mut zu sterben, aber nicht den Mut, Eure Abwesenheit zu ertragen. Ihr hättet mich nicht lieben sollen, wenn Ihr nicht die Kraft dazu habt. Ihr hättet mich nicht lieben sollen, wenn Ihr irgend etwas auf der Welt meiner Liebe vorzieht, sei es auch meine Ehre und mein Leben. Wählt, ob Ihr mich weiterhin täglich oder nie mehr sehen wollt.«

»Nun denn, edle Frau«, antwortete er, »so möge kommen, was da will! Ich liebe Euch, wie Ihr es begehrt, und mehr als Euer eigenes Leben.«

An jenem Tage, es war ein Donnerstag, lagen sie lange beieinander. Nichts Bemerkenswertes ereignete sich bis zum Montag der folgenden Woche, an dem der Fürst nach dem Mittagessen seiner Gemahlin mitteilte, er wolle mit einem ziemlich zahlreichen Gefolge nach Rom ziehen, wohin ihn der Papst, der sein Verwandter war, befohlen habe. Tatsächlich warteten etwa zwanzig gesattelte Pferde im Hof. Der Fürst küßte seiner Frau die Hand, wie er zu tun pflegte, wenn er für längere Zeit von ihr Abschied nahm. Als er zu Pferde saß, wandte er sich noch einmal nach ihr um und sagte: »Gott beschütze Euch, Doña Maria!«

Dann brach er mit seinem Gefolge auf. Sobald sie annehmen konnte, daß der Trupp die Stadt verlassen hatte, befahl die Fürstin ihrer Amme, den Herzog von Andria zu holen. Die alte Frau bat sie flehentlich, eine Zusammenkunft aufzuschieben, die ihr Unglück bringen könnte.

»Meine Taube«, flehte sie, mit gefalteten Händen auf den Knien liegend, »empfange heute nicht den Herzog von Andria! Die ganze Nacht habe ich die Diener des Fürsten Waffen schleifen hören. Und höre weiter, meine kleine Blume: der gute Bruder, der in der Küche sein tägliches Brot empfängt, hat soeben mit dem Ärmel ein Salzfaß umgestoßen. Gönne deinem Geliebten ein wenig Ruhe, mein Herzchen. Um so mehr Vergnügen wirst du haben, wenn du ihn wiedersiehst, und er wird dich dann um so mehr lieben!«

Doch Doña Maria d'Avalos antwortete: »Amme, wenn er nicht in einer Viertelstunde hier ist, schicke ich dich zu deinen Brüdern in die Berge zurück.«

Als der Herzog von Andria dann bei ihr eintrat, umarmte sie ihn mit unbändiger Freude.

»Mein edler Herr«, sagte sie, »der Tag wird schön für uns und die Nacht noch schöner. Ich behalte Euch bis zum Sonnenaufgang hier.«

Alsbald tauschten sie Küsse und Liebkosungen. Nachdem sie sich entkleidet hatten, legten sie sich ins Bett und hielten sich so lange umfangen, daß der Abend sie noch aneinandergeschmiegt fand. Da sie großen Hunger verspürten, entnahm Doña Maria ihrer Brauttruhe eine Hühnerpastete, getrocknete Früchte und eine Karaffe mit Wein, die sie vorsorglich darin verwahrt hatte. Nachdem sie nach Herzenslust gegessen und getrunken hatten, wobei sie allerlei Zärtlichkeiten tauschten, ging der Mond auf und schien so freundlich durchs Fenster, daß sie ihn willkommen heißen wollten. Sie traten auf den Balkon, und während sie die angenehme frische Nachtluft atmeten, sahen sie im schwarzen Gebüsch Leuchtkäfer fliegen. Alles schwieg, nur die Insekten zirpten im Grase. Dann vernahmen sie Schritte auf der Straße, und Doña Maria erkannte den Bettelmönch, der immer in die Küche und auf die Höfe des Palastes kam und dem sie eines Tages auf dem blühenden Pfad begegnet war, als sie in Gesellschaft zweier Edelfrauen spazierenging. Leise schloß sie das Fenster und begab sich mit ihrem Freund wieder zu Bett. Eine Stunde hatten sie sich in den Armen gelegen und dabei die zärtlichsten Worte geflüstert, die Amor in Neapel wie auf der ganzen Welt den Liebenden je eingegeben hat, als sie plötzlich das Geräusch von Schritten und Waffen auf der Treppe vernahmen; gleichzeitig sahen sie durch die Türspalten einen roten Schein. Dann hörten sie die Stimme der Amme, die rief: »Jesus Maria, ich sterbe!« Der Herzog von Andria sprang aus dem Bett, ergriff seinen Degen und sagte: »Kommt, Doña Maria, wir müssen aus dem Fenster springen!«

Doch als er auf den Balkon trat und sich über die Brüstung lehnte, fand er die ganze Straße von Pikenträgern besetzt.

Darauf kehrte er zu Doña Maria zurück, die erklärte: »Nun ist alles aus! Doch ich bereue nichts von dem, was ich getan, mein teurer Herr!«

»Wohlan denn!« entgegnete er.

Und er schlüpfte eilig in seine Hosen.

Währenddessen erbebte die Tür von heftigen Schlägen, die von außen gegen sie geführt wurden, und die Bretter begannen sich zu lösen.

»Ich wüßte gern, wer uns verraten und verkauft hat«, sagte er noch.

Doch während er nach seinen Schuhen suchte, gab die Tür nach, und eine Schar von Männern mit Waffen und Fackeln stürzte ins Zimmer. Unter ihnen war der Fürst von Venosa, der schrie: »Auf den Liebhaber! Tötet ihn! Tötet ihn!«

Der Herzog stellte sich vor das Bett, in dem Doña Maria lag, und bot drei Angreifern die Stirn; der Fürst hatte im ganzen sechs Männer mitgebracht, alles Vertraute oder Diener. Obgleich der Herzog von Andria vom Schein der Fackeln geblendet war, gelang es ihm, mehrere Stöße zu parieren, und er selbst teilte einige ziemlich heftige aus. Aber er geriet mit dem Fuß in das Tafelgeschirrr, das mit den Resten der Pastete und der Früchte auf dem Boden stand, und stürzte rücklings nieder. Als er auf dem Rücken lag, die Spitze eines Degens an der Kehle, packte er diesen mit der linken Hand; und als der Mann den Degen zurückzog, wurden ihm drei Finger abgeschnitten, und die Klinge war verbogen. Als der Herzog von Andria nun die Schultern hob, um sich aufzurichten, versetzte ihm einer der Angreifer einen Schlag auf den Kopf, daß die Schädelknochen zersplitterten. Dann warfen sich die sechs Männer auf ihn und machten ihm mit solcher Heftigkeit den Garaus, daß sie sich gegenseitig verwundeten.

Als dies vollbracht war, befahl ihnen der Fürst von Venosa, sich ruhig zu verhalten; er ging auf Doña Maria d'Avalos zu, die bisher auf dem Bettrand sitzen geblieben war, und drängte sie mit der Degenspitze in die Nische, in der die Brauttruhe stand. Dort hielt er sie gefangen und rief: »Puttana!«

Sie schämte sich ihrer Nacktheit und wollte eine Decke an sich ziehen, die vom Bett herunterhing.

Doch er hinderte sie daran mit einem Degenstich, der ihre Seite ritzte.

Gegen die Wand gelehnt, bedeckte sie sich nun mit Armen und Händen und wartete.

Er schrie unaufhörlich: »Puttaccia!«

Und da er sie nicht tötete, bekam sie Angst.

Er bemerkte es und sagte voller Freude: »Du hast Angst!«

Doch sie wies mit dem Finger auf den entseelten Leichnam des Herzogs von Andria und antwortete: »Du Tor, was sollte ich jetzt noch fürchten?«

Um ihre Furcht zu verbergen, versuchte sie, sich an die Melodie

eines Liedes zu erinnern, das sie als junges Mädchen oft gesungen hatte, und begann, es zwischen den Zähnen zu pfeifen.
Voller Wut, weil sie ihm Trotz bot, stach der Fürst sie in den Leib und schrie: »Da! Sporca puttaccia!« Sie hörte auf zu pfeifen und sagte: »Herr, ich war schon zwei Jahre nicht mehr zur Beichte.«
Bei diesen Worten überlegte der Fürst von Venosa, wenn sie in Sünde stürbe, könnte sie ihm des Nachts erscheinen und ihn mit sich in die Hölle ziehen. Deshalb fragte er: »Wollt Ihr einen Beichtvater?«
Sie überlegte einen Augenblick und meinte dann kopfschüttelnd: »Es ist nicht nötig. Ich kann meine Seele doch nicht retten. Ich bereue nicht. Ich kann und will nicht bereuen! Ich liebe ihn! Ich liebe ihn! Laßt mich in seinen Armen sterben!«
Plötzlich stieß sie den Degen beiseite, warf sich mit einem Satz über den blutenden Leichnam des Herzogs von Andria und umarmte ihn.
Als der Fürst von Venosa sie so sah, verlor er die Geduld, die er gewahrt hatte, da er sie nicht töten wollte, bevor er sie genug gequält hatte, und durchbohrte ihren Leib mit seiner Klinge. »Jesus!« rief sie, wälzte sich auf dem Boden, richtete sich auf und sank nach kurzem Zucken aller Glieder tot zusammen.
Er stach sie mehrmals in den Leib und in die Brust. Dann befahl er den Dienern: »Werft die beiden Kadaver an den Fuß der Ehrentreppe und öffnet ganz weit das Tor des Palastes, daß man die Rache zugleich mit der Schande erfahre!«
Dann ordnete er an, den Leichnam des Liebhabers gleich dem anderen zu entblößen.
Die Diener führten seinen Befehl aus, und den ganzen Tag blieben die Leichname des Herzogs von Andria und der Doña Maria nackt am Fuße der Treppe liegen. Die Vorübergehenden traten heran, um sie zu betrachten. Als sich die Nachricht von dem Mord in der ganzen Stadt verbreitet hatte, drängte sich eine Menge Neugieriger vor dem Palast. Einige meinten: »Das

ist wohlgetan!« Andere, und zwar die Mehrzahl, wurden beim Anblick des jammervollen Schauspiels von Mitleid erfaßt. Doch sie wagten nicht, die Opfer des Fürsten zu beklagen, aus Furcht, von den bewaffneten Knechten mißhandelt zu werden, die bei den Leichen wachten. Junge Männer suchten am Körper der Fürstin nach den Resten der Schönheit, die ihr Verderben gewesen, und die Kinder erklärten einander, was sie sahen.
Doña Maria lag auf dem Rücken ausgestreckt. Ihre Lippen waren geöffnet und ließen die Zähne sehen, so daß es schien, als lache sie. Ihre Augen waren weit aufgerissen und ganz weiß. Man entdeckte an ihr sechs Wunden, drei am Leib, der stark geschwollen war, zwei an der Brust und eine am Hals. Diese hatte eftig geblutet, und die Hunde kamen herbei, sie zu belecken.
Bei Einbruch der Nacht befahl der Fürst, wie an Festtagen Pechfackeln in die Erzringe an den Palastmauern zu stecken und im Hof große Feuer anzuzünden, damit man die Verbrecher sehen könne. Um Mitternacht brachte eine fromme Witwe Tücher herbei und breitete sie über die Leichname. Doch auf Befehl des Fürsten wurden die Tücher sogleich weggerissen.
Der spanische Gesandte, der von der unwürdigen Behandlung einer Dame aus dem spanischen Hause Avalos erfahren hatte, erschien persönlich beim Fürsten von Venosa, um ihn eindringlich zu bitten, mit dem Schimpf einzuhalten, der das Andenken des Herzogs von Pescara, des Onkels der Doña Maria, beleidigte und so viele große Feldherren, von denen diese Dame abstammte, im Grabe erzürnte. Doch er mußte sich entfernen, ohne etwas erreicht zu haben, und schrieb in dieser Angelegenheit an Seine Katholische Majestät. Die Leichen blieben schmählich zur Schau gestellt. Gegen Ende der Nacht, als kein Neugieriger mehr kam, zogen sich die Diener zurück.
Ein Dominikanermönch, der sich den ganzen Tag vorm Tor aufgehalten hatte, schlich beim Schein der nun verlöschenden qualmenden Pechfackeln zur Treppe, kroch bis zu den Stufen, auf denen Doña Maria d'Avalos lag, warf sich auf den Leichnam und schändete ihn.

DIE BEHERZIGTE LEHRE

Zur Zeit Ludwigs XI. lebte in Paris in einem mit Matten ausgelegten Zimmer eine Bürgersfrau namens Violante, die schön und wohlgestaltet war. Sie hatte ein so lichtes Antlitz, daß Magister Jacques Tribouillard, Doktor der Rechte und Kosmograph von Ruf, der sie häufig zu besuchen pflegte, ihr immer wieder erklärte: »Wenn ich Euch sehe, teure Frau, so halte ich es für möglich und sogar für sicher, was Cucurbitus Piger in einer Scholie zu Strabon berichtet, daß nämlich die hervorragende Stadt und Universität Paris einst Lutetia oder Leucetia oder so ähnlich hieß, was auf Leuke, die Weiße, zurückgeht, weil die Damen derselben einen Busen weiß wie Schnee hatten, doch keineswegs so unverhüllt und strahlend weiß wie der Eure, Frau Violante.«

Worauf Violante antwortete: »Es genügt mir, daß mein Busen nicht abstoßend wirkt wie manche, die ich kenne. Und wenn ich ihn zeige, gehorche ich nur der Mode. Es zeugt von allzu großer Unbescheidenheit, sich anders zu verhalten als die andern.«

Nun hatte Frau Violante in ihrer Jugendblüte einen Advokaten beim Parlament geheiratet, einen Griesgram, der nur danach trachtete, die Unglücklichen auszunehmen und zu schröpfen; im übrigen war er schwächlich und von geringen Körperkräften, so daß man ihn für tauglicher hielt, außerhalb seines Hauses Kummer zu bereiten denn Freude darinnen. Dieser Biedermann zog seiner Ehehälfte seine Prozeßakten vor, die ihr keineswegs glichen; denn sie waren dick, plump und unförmig. Über ihnen verbrachte der Advokat seine Nächte. Frau Violante war zu vernünftig, um einen so wenig liebenswürdigen Gatten zu lieben. Magister Jacques Tribouillard versicherte, sie sei ebenso vollkommen tugendhaft, rechtschaffen, verläßlich und unerschütterlich in der ehelichen Treue wie die römische

Lucretia. Das begründete er damit, daß er sie nicht hatte veranlassen können, ihre Pflicht zu verletzen. Die biederen Leute hegten in diesem Punkte gewisse Zweifel angesichts der Tatsache, daß das Verborgene erst beim Jüngsten Gericht zutage tritt. Ihnen fiel zwar auf, daß die Dame Geschmeide und Spitzen allzusehr liebte und bei Geselligkeiten wie auch in der Kirche Kleider aus Samt, golddurchwirkter Seide und mit Pelzbesatz trug; doch sie waren zu redlich, um zu entscheiden, ob die Dame, die Christen durch ihren schönen, wohlgeputzten Anblick in Verdammnis stürzte, sich nicht selbst mit einem von ihnen um die ewige Seligkeit brachte. Kurz, sie hätten um Frau Violantes Tugend Kopf und Schrift geworfen, was der Dame sehr zur Ehre gereicht. In Wahrheit wurde sie ständig von ihrem Beichtvater Jean Turelure ermahnt.

»Glaubt Ihr, die heilige Katharina wäre in den Himmel gekommen, wenn sie ein Leben wie Ihr geführt, ihren Busen gezeigt und Spitzenkrausen aus der Stadt Genua bezogen hätte?« pflegte er zu sagen.

Er war ein großer Sittenprediger, unnachsichtig gegen die menschlichen Schwächen, verzieh nichts und glaubte seiner Pflicht vollauf genügt zu haben, wenn er Furcht einflößte. So drohte er ihr mit der Hölle, weil sie sich das Gesicht mit Eselsmilch gewaschen hatte. Kurz, man wußte nicht, ob sie ihrem alten Gatten gehörig Hörner aufgesetzt hatte, und Herr Philipp von Coetquis sagte scherzend zu dieser ehrenwerten Dame: »Gebt acht, er ist kahl, er wird sich erkälten!«

Herr Philipp von Coetquis war ein gut aussehender Kavalier, schön wie der Bube im edlen Kartenspiel. Er war Frau Violante eines Abends auf einem Ball begegnet, hatte mit ihr bis spät in die Nacht getanzt, sie dann hinter sich auf die Kruppe seines Pferdes gesetzt und nach Hause gebracht, während der Advokat beim tanzenden Schein der von vier betrunkenen Lakaien getragenen Fackeln durch den Kot und das Wasser der Gossen patschte. Auf dem Ball und während des Rittes hatte Herr Philipp von Coetquis den Eindruck gewonnen, daß Frau

Violante rundliche Formen und volles, festes Fleisch hatte. Er hatte sich sogleich in sie verliebt. Da er ohne Falsch war, sagte er, was er von ihr begehrte, nämlich sie völlig unbekleidet in den Armen zu halten.

»Herr Philipp«, antwortete sie darauf, »Ihr wißt nicht, mit wem Ihr sprecht. Ich bin eine tugendhafte Frau.«

Oder auch: »Herr Philipp, kommt morgen wieder.«

Als er dann am nächsten Tage erschien, fragte sie: »Warum habt Ihr es denn so eilig?«

Der Ritter war über diese Verzögerungen höchst beunruhigt und mißmutig. Er war nahe daran, mit Magister Tribouillard zu glauben, Frau Violante sei eine Lucretia, so sehr gleichen sich in Wahrheit alle Männer an Dünkelhaftigkeit! Man muß allerdings sagen, daß sie ihm nicht einmal gestattet hatte, sie auf den Mund zu küssen, was doch nur ein harmloses Vergnügen und eine unverfängliche Liebkosung ist.

So standen die Dinge, als Bruder Jean Turelure von seinem Ordensgeneral nach Venedig gerufen wurde, um dort den kürzlich zum wahren Glauben bekehrten Türken zu predigen.

Vor seinem Aufbruch nahm der gute Bruder Abschied von seinem Beichtkind und warf ihm mit größerer Strenge denn je vor, ein liederliches Leben zu führen. Er ermahnte Frau Violante eindringlich zur Buße und beschwor sie, ein härenes Büßerhemd auf der bloßen Haut zu tragen als unvergleichliches Mittel gegen böse Gelüste und einzigartige Medizin für Kreaturen, die einen Hang zur Fleischessünde haben.

»Guter Bruder, verlangt nicht zuviel von mir«, meinte sie.

Aber er hörte nicht darauf und drohte ihr mit der Hölle, wenn sie sich nicht bessern würde. Dann erbot er sich, Aufträge von ihr zu übernehmen. Er hoffte, sie würde ihn bitten, ihr eine geweihte Münze, einen Rosenkranz oder besser noch etwas Erde vom heiligen Grab zu besorgen, die die Türken nebst getrockneten Rosen aus Jerusalem mitbringen und die italienischen Mönche verkaufen. Doch Frau Violante äußerte folgenden Wunsch: »Guter barmherziger Bruder, da Ihr nach Venedig geht, wo es geschickte Spiegelmacher gibt, wäre ich Euch sehr verbunden, wenn Ihr mir einen Spiegel mitbrächtet, und zwar den klarsten, den Ihr finden könnt.«

Bruder Turelure versprach, sie zufriedenzustellen.

Während der Abwesenheit ihres Beichtvaters führte Frau Violante das gleiche Leben wie zuvor. Und wenn Herr Philipp fragte: »Wäre es nicht gut, uns zu lieben?«, entgegnete sie: »Es ist zu heiß. Seht nach der Wetterfahne, ob der Wind sich nicht dreht!« Die ehrbaren Leute, die sie beobachteten, gaben bereits die Hoffnung auf, daß sie ihrem widerwärtigen Gatten jemals Hörner aufsetzen würde. »Das ist geradezu eine Sünde!« meinten sie.

Nach seiner Rückkehr aus Italien fand sich Bruder Jean Turelure bei Frau Violante ein und erklärte, er hätte, was sie begehrte.

»Betrachtet Euch, Frau Violante!«

Und er zog unter seiner Kutte einen Totenschädel hervor.

»Das ist Euer Spiegel. Dies soll der Kopf der einst hübschesten Frau Venedigs sein. Sie war, was Ihr seid, und Ihr werdet sein wie sie.«

Frau Violante verbarg ihre Bestürzung und ihren Abscheu und erwiderte dem guten Pater mit fester Stimme, sie verstehe die Lehre und werde nicht versäumen, Nutzen daraus zu ziehen.

»Der Spiegel, den Ihr, guter Bruder, mir aus Venedig mitbrachtet, wird mir stets gegenwärtig sein. Ich sehe mich darin allerdings nicht so, wie ich derzeit bin, sondern so, wie ich bald sein werde. Ich verspreche Euch, mich in meinem Verhalten danach zu richten.«

Bruder Jean Turelure war auf so gute Vorsätze gar nicht gefaßt und gab seine Befriedigung darüber zu erkennen.

»Ihr seht also selbst ein, Frau Violante, daß Ihr Eure Gesinnung ändern müßt. Ihr versprecht mir, Euren Lebenswandel hinfort nach der Erkenntnis einzurichten, zu der dieser Totenschädel Euch verholfen hat. Wollt Ihr es nicht auch Gott geloben?«

»Muß das denn sein?« fragte sie.
Es müsse sein, entgegnete er.
»Dann tue ich es«, erwiderte sie.
»Das ist wohlgetan, Frau Violante. Nun könnt Ihr es nicht mehr widerrufen.«
»Ich werde es nicht widerrufen.«
Nachdem Bruder Jean Turelure dieses Gelöbnis vernommen hatte, verließ er wohlgemut das Haus.
Auf der Straße rief er aus: »Es ist mir gelungen! Mit unseres Herrgotts Hilfe habe ich den Sinneswandel einer Dame bewirkt und sie zur Paradiesespforte geleitet; sie hat zwar bisher nicht gerade in der Art Unzucht getrieben, wie der Prophet sie beschreibt – Kapitel 14, 18 –, jedoch den Lehm, aus dem der Schöpfer sie gebildet, damit sie ihm diene und ihn anbete, dazu benutzt, um die Männer in Versuchung zu führen. Dieses Betragen wird sie zugunsten eines besseren ablegen. Ich habe sie völlig verwandelt. Gott sei gelobt!«
Kaum war der gute Bruder die Treppe hinabgestiegen, als Herr Philipp von Coetquis hinaufging und leise an Violantes Tür klopfte. Sie empfing ihn mit heiterer Miene und führte ihn in ein kleines Gemach, das mit Teppichen und Kissen reich ausgestattet war und das er nie zuvor betreten hatte. Er nahm es für ein gutes Zeichen und bot ihr Zuckerwerk an, das er in einer Schachtel bei sich trug. »Nascht nur, Frau Violante, nascht nur! Es ist zuckersüß, doch nicht so süß wie Eure Lippen.«
Darauf erwiderte die Dame, es sei wohl nichtig und ein wenig töricht, eine Frucht zu rühmen, die er noch nicht gekostet habe.
Er gab ihr die passende Antwort, indem er sie auf den Mund küßte.
Sie war nicht ungehalten und erklärte nur, sie sei eine ehrbare Frau. Dessen lobte er sie und riet ihr, die Ehre nicht an einem solchen Ort zu verschließen, wo sie ja erreichbar sei. Denn gewiß würde man sie ihr rauben, und zwar unverzüglich.
»Versucht es!« sagte sie, indem sie ihm mit ihrer rosigen Hand leichte Backenstreiche versetzte.

Doch er war bereits dabei, sich alles zu nehmen, was er begehrte. »Ich will nicht!« rief sie. »Pfui, pfui! Ihr werdet doch das nicht tun, mein Herr! Mein Freund... mein Herz!... Ich sterbe!«
Als sie endlich zu seufzen und zu stöhnen aufhörte, erklärte sie anmutsvoll: »Herr Philipp, schmeichelt Euch nicht, mich durch Gewalt noch List bezwungen zu haben. Wenn Ihr von mir erhieltet, was Ihr begehrt habt, so geschah es freiwillig, und ich habe mich nur so lange zur Wehr gesetzt, wie es nötig war, um ganz nach Wunsch besiegt zu werden. Süßer Freund, ich bin die Eure. Wenn ich Euch trotz Eurer Schönheit, die mich von Anfang an bezauberte, und ungeachtet Eurer anmutigen Freundschaft noch nicht gewährt hatte, was Ihr mir nun mit meiner Einwilligung nahmt, so geschah es aus Gedankenlosigkeit; ich fühlte mich nicht von der Zeit gedrängt, lebte in trägem Gleichmut dahin und nutzte weder meine Jugend noch meine Schönheit. Doch der gute Bruder Jean Turelure hat mir eine heilsame Lehre erteilt. Er hat mich den Wert der Stunden gelehrt. Vorhin zeigte er mir einen Totenkopf und sagte: ›So werdet Ihr bald sein.‹ Daraus habe ich die Einsicht gewonnen, daß man sich mit der Liebe beeilen muß, um die kurze Zeitspanne zu nutzen, die uns dafür bleibt.«
Diese Worte und die Liebkosungen, mit denen Frau Violante sie begleitete, bewogen Herrn Philipp, die Zeit gut anzuwenden und zu seiner Ehre und seinem Gewinn sowie zum Vergnügen und Ruhm seiner Herrin aufs neue zu handeln und die zuverlässigen Beweise zu vervielfältigen, die ein guter und ergebener Diener bei solcher Gelegenheit zu liefern verpflichtet ist.
Danach entließ ihn die Dame. Sie begleitete ihn bis zur Tür, küßte ihn anmutsvoll auf die Augen und sagte: »Freund Philipp, ist es nicht weise, die Lehren des guten Bruders Jean Turelure zu befolgen?«

PUTOIS

I

»Der Garten unserer Kindheit«, meinte Herr Bergeret, »jener Garten, den man mit wenigen Schritten durchquerte, war für uns eine unermeßlich große Welt voller Frohsinn und Schrecken.«
»Entsinnst du dich noch an Putois, Lucien?« fragte Zoë und lächelte ihrer Gewohnheit nach mit geschlossenen Lippen, während sie sich tief über ihre Nadelarbeit neigte.
»Und ob ich mich an Putois entsinne! ... Von allen Gestalten, die in der Kindheit an mir vorübergezogen sind, ist mir keine so lebhaft in Erinnerung geblieben wie er. Alle Züge seines Gesichts und Charakters sind mir noch gegenwärtig. Er hatte einen spitz zulaufenden Schädel ...«
»Eine niedrige Stirn«, fügte Fräulein Zoë hinzu.
Mit gleichförmigem Tonfall und komischem Ernst sagten die Geschwister nun abwechselnd die einzelnen Punkte einer Art Personenbeschreibung her:
»Niedrige Stirn.«
»Schillernde Augen.«
»Unsteter Blick.«
»Krähenfüße an den Schläfen.«
»Rote, glänzende, vorstehende Backenknochen.«
»Ohren ohne Ränder.«
»Sein Gesicht war völlig ausdruckslos.«
»Seine Gedanken verrieten sich nur in den stets ruhelosen Händen.«
»Mager, leicht gebeugt, scheinbar schwächlich ...«
»In Wahrheit war er ungewöhnlich stark.«
»Er verbog mühelos ein Hundertsousstück zwischen Daumen und Zeigefinger ...«
»Der Daumen war riesenhaft.«

»Seine Stimme war schleppend.«
»Seine Ausdrucksweise honigsüß.«
Plötzlich rief Herr Bergeret lebhaft: »Zoë, wir haben die dünnen gelben Haare vergessen! Fangen wir noch mal an!«
Pauline, die verwundert der sonderbaren Aufzählung zugehört hatte, fragte den Vater und die Tante, wie sie dieses Prosastück hatten auswendig behalten können und warum sie es wie eine Litanei hersagten.
Herr Bergeret antwortete würdevoll: »Pauline, was du soeben vernommen hast, ist ein geheiligter, ja, ich kann wohl sagen, liturgischer Text, eigens für den Gebrauch der Familie Bergeret bestimmt. Es geziemt sich, daß er dir überliefert wird, damit er nicht mit deiner Tante und mir verlorengeht. Dein Großvater, mein Kind, dein Großvater Eligius Bergeret, den man mit Albernheiten nicht erfreuen konnte, schätzte dieses Stück vor allem hinsichtlich seiner Entstehung. Er nannte es ›die Anatomie von Putois‹ und pflegte zu sagen, in gewisser Hinsicht ziehe er die Anatomie von Putois der Anatomie von Quaresmeprenant vor. ›Wenn dessen Beschreibung durch Xenomanes auch gelehrter und an seltenen, erlesenen Ausdrücken reicher ist‹, erklärte er, ›so übertrifft die Beschreibung von Putois jene an Verständlichkeit des Gedankenganges und an Klarheit des Stils.‹ Er urteilte so, weil der Doktor Ledouble aus Tours damals noch nicht das 30., 31. und 32. Kapitel des Vierten Buches von Rabelais kommentiert hatte.«
»Ich verstehe überhaupt nichts«, erklärte Pauline.
»Das kommt daher, daß du Putois nicht gekannt hast, mein Kind. Du mußt nämlich wissen, daß Putois die vertrauteste Gestalt meiner und Tante Zoës Kindheit war. Im Hause deines Großvaters Bergeret wurde ständig von Putois gesprochen. Jeder glaubte, ihn gesehen zu haben.«
»Wer war denn Putois?« fragte Pauline.
An Stelle einer Antwort begann Herr Bergeret zu lachen, und auch Fräulein Bergeret lachte mit geschlossenen Lippen.
Pauline blickte von einem zum andern. Sie fand es seltsam, daß

ihre Tante so herzlich lachte und noch seltsamer, daß sie in Übereinstimmung und Sympathie mit ihrem Bruder lachte. Das war in der Tat sonderbar; denn Bruder und Schwester waren von unterschiedlichem Charakter.

»Papa, sag mir, wer war Putois? Da du willst, daß ich es weiß, sag es mir.«

»Putois, mein Kind, war Gärtner, Sohn ehrbarer Landleute aus Artois. Er ließ sich als Baumschulgärtner in Saint-Omer nieder. Doch er leistete den Ansprüchen seiner Kundschaft nicht Genüge und machte schlechte Geschäfte. Deshalb gab er sein Gewerbe auf und ging als Tagelöhner. Seine Arbeitgeber hatten nicht immer Grund, mit ihm zufrieden zu sein.«

Noch immer lachend, warf Fräulein Bergeret ein: »Erinnerst du dich, Lucien: wenn Vater auf seinem Schreibtisch das Tintenfaß, die Federn, den Siegellack oder die Schere vermißte, pflegte er zu sagen: ›Ich habe den Verdacht, daß Putois hier gewesen ist.‹«

»Ja!« sagte Herr Bergeret. »Putois stand in keinem guten Ruf!«

»Ist das alles?« fragte Pauline.

»Nein, mein Kind, das ist nicht alles. Putois hatte das Merkwürdige an sich, daß er, so bekannt und vertraut er uns auch war, dennoch ...«

» ... gar nicht existierte!« fiel Zoë ein.

Herr Bergeret blickte seine Schwester vorwurfsvoll an. »Welches Wort, Zoë! Und weshalb so die Illusion zerstören? Putois soll nicht existiert haben! Das wagst du zu behaupten, Zoë? Kannst du das begründen? Hast du denn auch die Daseinsbedingungen und die vielen Existenzarten des Menschen hinlänglich in Betracht gezogen, um zu beweisen, daß Putois nicht existierte, daß es ihn niemals gegeben hat? Putois hat existiert, liebe Schwester. Aber er führte in der Tat ein seltsames Dasein.«

»Ich verstehe immer weniger«, erklärte Pauline kleinlaut.

»Dir wird gleich alles klar sein, mein Kind. Wisse, daß Putois bereits als reifer Mann geboren wurde. Ich war damals noch ein Kind, deine Tante bereits ein junges Mädchen. Wir wohnten in einem Häuschen in einer Vorstadt von Saint-Omer. Dort führten unsere Eltern ein ruhiges, zurückgezogenes Dasein, bis sie von einer aus Saint-Omer gebürtigen alten Dame namens Frau Cornouiller ausfindig gemacht wurden, die auf ihrem Gut Monplaisir, fünf Meilen von der Stadt, lebte und, wie sich herausstellte, eine Großtante meiner Mutter war. Auf ihre verwandtschaftlichen Rechte pochend, verlangte sie, daß unsere Eltern jeden Sonntag nach Monplaisir zum Essen kamen, wo sie sich außerordentlich langweilten. Sie behauptete, der Anstand erfordere es, daß man sonntags im Familienkreis speise, und nur Menschen niedriger Herkunft würden diesen alten Brauch nicht pflegen. Mein Vater weinte fast vor Langeweile in Monplaisir. Seine Verzweiflung war kaum noch mit anzusehen. Doch Frau Cornouiller merkte es nicht. Sie merkte nichts. Meine Mutter nahm sich mehr zusammen. Sie litt ebenso wie mein Vater, vielleicht sogar noch schlimmer, aber sie lächelte.

»Die Frauen sind zum Leiden geschaffen«, meinte Zoë. »Alles, was auf der Welt lebt, ist zum Leiden bestimmt, Zoë. Vergeblich lehnten unsere Eltern diese unseligen Einladungen ab. Der Wagen von Frau Cornouiller holte sie jeden Sonntagnachmittag. Sie mußten nach Monplaisir fahren; es war eine Verpflichtung, der sie sich keinesfalls entziehen konnten. Es war ein feststehender Brauch, mit dem nur durch offene Auflehnung gebrochen werden konnte. Mein Vater begehrte endlich auf und schwor, keine einzige Einladung von Frau Cornouiller mehr anzunehmen, wobei er meiner Mutter die Sorge überließ, für diese Ablehnung schickliche Vorwände und die verschiedensten Gründe zu finden, obgleich gerade sie dazu am wenigsten fähig war. Unsere Mutter konnte sich nicht verstellen.«

»Sag lieber, Lucien, sie wollte es nicht. Sie hätte ebensogut lügen können wie andere Menschen.«

»Doch eines ist gewiß, wenn sie gute Gründe hatte, gab sie diese lieber an, als daß sie schlechte erfand. Du wirst dich erinnern, Schwester, wie ihr eines Tages unversehens bei Tisch entschlüpfte: ›Zum Glück hat Zoë den Keuchhusten, so brauchen wir lange Zeit nicht nach Monplaisir zu fahren.‹«

»Ja, das stimmt!« rief Zoë.

»Du wurdest gesund, Zoë, und eines Tages erschien Frau Cornouiller und erklärte unserer Mutter: ›Meine Liebe, ich zähle darauf, daß Sie am Sonntag mit Ihrem Gatten nach Monplaisir zum Essen kommen.‹ Unsere Mutter, die von ihrem Mann ausdrücklich beauftragt war, Frau Cornouiller einen einleuchtenden Ablehnungsgrund zu nennen, dachte sich in höchster Not einen Vorwand aus. ›Ich bedaure lebhaft, liebe Frau Cornouiller, aber es wird uns nicht möglich sein. Sonntag erwarte ich den Gärtner.‹

Bei diesen Worten blickte Frau Cornouiller durch die Glastür des Salons auf den verwilderten kleinen Garten, in dem die Spindelbäume und der Flieder ganz so aussahen, als hätten sie das Gartenmesser nie kennengelernt und würden es auch nie tun. ›Sie erwarten also den Gärtner! Wozu?‹

›Er soll im Garten arbeiten.‹

Meine Mutter richtete unwillkürlich den Blick auf dieses Viereck mit Unkraut und halbverwilderten Pflanzen, das sie soeben als Garten bezeichnet hatte, und wurde sich mit Schrekken der Unwahrscheinlichkeit ihrer Erfindung bewußt. ›Der Mann könnte doch ebensogut Montag oder Dienstag in Ihrem ... Garten arbeiten‹, meinte Frau Cornouiller. ›Das wäre übrigens viel besser. Sonntags soll man nicht arbeiten.‹ – ›In der Woche ist er beschäftigt.‹

Ich habe oft beobachtet, daß gerade die widersinnigsten, abwegigsten Gründe am wenigsten angezweifelt werden. Sie beirren den Gegenspieler. So zeigte sich denn auch Frau Cornouiller nicht so hartnäckig, wie man es von einer Person erwartet hätte, die so wenig wie sie zum Nachgeben geneigt war. Während sie sich vom Sessel erhob, fragte sie: ›Wie heißt

denn Ihr Gärtner, meine Liebe?‹ – ›Putois‹, erwiderte meine Mutter ohne Zögern.
Nun hatte Putois seinen Namen. Hinfort existierte er. Als Frau Cornouiller ging, murmelte sie: ›Putois! Das kommt mir bekannt vor. Putois? Putois! Ich muß ihn kennen. Aber ich kann mich nicht erinnern ... Wo wohnt er?‹ – ›Er arbeitet auf Tagelohn. Wenn man ihn braucht, hinterläßt man bei dem einen oder andern Nachricht.‹ – ›Ach, dachte ich's mir doch: ein Faulpelz und Landstreicher ... ein Taugenichts. Nehmen Sie sich vor ihm in acht, meine Liebe!‹
Von nun an hatte Putois einen Charakter.«

2

Die Herren Goubin und Jean Marteau waren überraschend gekommen, und Herr Bergeret unterrichtete sie über den Gegenstand der Unterhaltung. »Wir sprachen gerade von jemandem, den meine Mutter eines Tages als Gärtner in Saint-Omer ins Leben rief und dem sie einen Namen gab. Von da an trat er in Aktion.«
»Würden Sie uns das wiederholen, teurer Meister?« fragte Herr Goubin, während er die Gläser seines Kneifers putzte.
»Gern«, erwiderte Herr Bergeret. »Es gab gar keinen Gärtner. Der Gärtner existierte nicht. Meine Mutter sagte: ›Ich erwarte den Gärtner‹, und sogleich gab es einen Gärtner. Und dann trat er in Aktion.«
»Teurer Meister, wie konnte er in Aktion treten, da er doch nicht existierte?« fragte Herr Goubin.
»Nun, er hatte eine Art von Existenz«, entgegnete Herr Bergeret.
»Sie wollen sagen, eine imaginäre Existenz«, antwortete Herr Goubin geringschätzig.
»Ist denn eine imaginäre Existenz nichts?« rief der Meister. »Und haben die mythischen Gestalten nicht auf die Mensch-

heit einzuwirken vermocht? Denken Sie an die Mythologie, Herr Goubin, und Sie werden feststellen, daß es nicht leibhaftige, sondern eben imaginäre Wesen waren, die die tiefste und nachhaltigste Wirkung auf die Seele ausübten. Überall und immer haben Wesen, die nicht mehr Realität als Putois besaßen, den Völkern Haß und Liebe, Furcht und Hoffnung eingeflößt, sie zu Verbrechen angestiftet, Opfergaben empfangen, Sitten und Gesetze geschaffen. Denken Sie an die ewige Mythologie, Herr Goubin! Putois ist eine mythische Gestalt, eine der obskursten, das gebe ich zu, und von der niedrigsten Sorte. Der grobschlächtige Satyr, der einst am Tisch unserer Bauern im Norden saß, wurde für würdig befunden, auf einem Gemälde von Jordaens und in einer Fabel von La Fontaine in Erscheinung zu treten. Der behaarte Sohn der Sycorax fand Eingang in die erhabene Welt Shakespeares. Putois ist weniger glücklich, er wird von Künstlern und Dichtern stets unbeachtet bleiben. Es fehlt ihm an Größe und Absonderlichkeit, an Stil und Charakter. Er war allzu vernünftigen Köpfen entsprungen, unter Leuten, die lesen und schreiben konnten und nicht jene bezaubernde Phantasie besaßen, die Fabeln dichtet. Ich denke, meine Herren, nun habe ich genug gesagt, um Sie mit der wahren Natur von Putois bekannt zu machen.«

»Jetzt verstehe ich sie«, erklärte Herr Goubin.

»Putois hat existiert«, fuhr Herr Bergeret in seiner Erzählung fort. »Ich kann Ihnen versichern: er war. Überlegen Sie, meine Herren, und seien Sie überzeugt, das Sein muß keineswegs Substanz beinhalten und bedeutet nur, daß die Verbindung zwischen Eigenschaft und Person eben nur eine Beziehung darstellt.«

»Zweifellos«, meinte Jean Marteau, »aber Sein ohne Eigenschaften heißt soviel wie Nichtsein. Ich weiß nicht mehr, wer einmal gesagt hat: ›Ich bin derjenige, der ist.‹ Entschuldigen Sie mein schlechtes Gedächtnis. Man kann nicht alles behalten. Doch der Unbekannte, der sich so äußerte, beging eine außerordentliche Unvorsichtigkeit. Indem er durch die unbedachte

Feststellung zu verstehen gab, daß er ohne Merkmale und völlig beziehungslos sei, verkündete er, daß er nicht existiere, und brachte sich unbesonnenerweise selbst um. Ich wette, daß man nicht mehr von ihm sprechen hörte.«

»Sie haben die Wette verloren«, entgegnete Herr Bergeret. »Er hat die nachteilige Wirkung dieses egoistischen Ausspruchs wiedergutgemacht, indem er sich eine Menge Eigenschaften beilegte, und man hat viel von ihm gesprochen, meistens unvernünftiges Zeug.«

»Das verstehe ich nicht«, erklärte Herr Goubin.

»Man braucht es nicht zu verstehen«, erwiderte Jean Marteau.

Und er bat Herrn Bergeret, von Putois zu erzählen.

»Es ist sehr liebenswürdig von Ihnen, mich darum zu bitten«, meinte der Meister.

»Putois wurde in der zweiten Hälfte des neunzehnten Jahrhunderts in Saint-Omer geboren. Es wäre besser für ihn gewesen, einige Jahrhunderte früher im Ardenner Wald oder im Wald von Brocéliande zur Welt zu kommen. Dann wäre er ein böser Geist von ungewöhnlicher Geschicklichkeit geworden.«

»Eine Tasse Tee gefällig, Herr Goubin?« fragte Pauline.

»War denn Putois ein böser Geist?« erkundigte sich Jean Marteau.

»Er war böse«, erwiderte Herr Bergeret, »er war es in gewisser Weise, aber er war nicht absolut böse. Es ist bei ihm wie bei den Teufeln, die man für sehr schlecht hält, bei denen man aber auch gute Eigenschaften entdeckt, wenn man häufig Umgang mit ihnen pflegt. Ich möchte fast glauben, daß man Putois unrecht getan hat. Frau Cornouiller, die voreingenommen war und ihn sogleich verdächtigt hatte, ein Faulpelz, Trunkenbold und Dieb zu sein, überlegte, wenn meine Mutter, die nicht reich war, ihn beschäftigte, so müsse er wohl bescheiden sein, und sie fragte sich, ob es nicht vorteilhaft für sie wäre, ihn an Stelle ihres Gärtners bei sich arbeiten zu lassen, dessen Ruf zwar besser, dessen Ansprüche jedoch höher waren. Es begann gerade die

Zeit, da die Taxushecken beschnitten werden mußten. Wenn Frau Eligius Bergeret, die arm war, Putois nicht viel zahlte, dachte Frau Cornouiller, so würde sie selbst, die reich war, ihm noch weniger zahlen, denn es ist nun mal üblich, daß die Reichen weniger als die Armen zahlen. So sah sie bereits ihren Taxus in Form von Wänden, Kugeln und Pyramiden verschnitten, ohne daß sie große Ausgaben dadurch hätte. ›Ich werde die Augen offenhalten, damit Putois nicht bummelt und mir nichts stiehlt‹, sagte sie sich. ›Ich riskiere nichts und habe nur Vorteile dabei. Diese Landstreicher sind manchmal geschicktere Arbeiter als die ehrbaren Leute.‹ Sie beschloß, es mit ihm zu versuchen, und sagte zu meiner Mutter: ›Meine Liebe, schicken Sie mir doch Putois nach Monplaisir. Ich habe Arbeit für ihn.‹ Meine Mutter versprach es. Sie hätte es auch gern getan; aber es war ihr wahrhaftig nicht möglich. Frau Cornouiller wartete in Monplaisir auf Putois, doch sie wartete vergeblich. Einen einmal gefaßten Vorsatz gab sie nicht auf und führte ihre Pläne beharrlich durch. Als sie meine Mutter wiedersah, beklagte sie sich, daß sie nichts von Putois gehört habe. ›Meine Liebe, haben Sie ihm denn nicht gesagt, daß ich ihn erwarte?‹ – ›Doch! Aber er ist ein sonderbarer Kauz . . .‹ – ›Oh, diese Sorte kenne ich! Ich kenne Ihren Putois ganz genau! Doch niemand wird so verrückt sein, es abzulehnen, in Monplaisir zu arbeiten. Mein Haus ist bekannt, denke ich. Putois wird meiner Aufforderung Folge leisten, und zwar bereitwillig, meine Liebe. Sagen Sie mir nur, wo er wohnt. Ich gehe dann selbst zu ihm.‹ Meine Mutter entgegnete, sie wisse nicht, wo Putois sich aufhalte, sein Wohnsitz sei unbekannt, er habe keine feste Bleibe. ›Ich habe ihn nicht wiedergesehen, Frau Cornouiller. Ich glaube, er hält sich versteckt.‹ Hätte sie eine bessere Antwort geben können?
Doch Frau Cornouiller nahm dies nicht ohne Argwohn zur Kenntnis; sie hatte meine Mutter im Verdacht, Putois selbst mit Beschlag zu belegen und ihn allen Nachforschungen zu entziehen aus Furcht, ihn zu verlieren oder daß er anspruchsvoller werde. Sie schätzte sie wirklich zu egoistisch ein. Viele

von der ganzen Welt anerkannten Urteile, die von der Geschichte geheiligt wurden, sind wohl ebensowenig begründet wie dieses.«

»Das ist wahr«, meinte Pauline.

»Was ist wahr?« fragte Zoë halb im Schlaf.

»Daß die Urteile der Geschichte oft falsch sind. Ich entsinne mich, Papa, daß du eines Tages gesagt hast: ›Frau Roland war reichlich naiv, an eine unparteiische Nachwelt zu appellieren, denn sie mußte sich darüber klar sein, wenn ihre Zeitgenossen bösartige Affen waren, würde die Nachwelt ebenfalls aus bösartigen Affen bestehen.‹«

»Pauline, welche Beziehung gibt es denn zwischen der Geschichte von Putois und dem, was du uns da erzählst?« fragte Fräulein Zoë streng.

»Eine sehr enge, liebe Tante.«

»Das verstehe ich nicht.«

Herr Bergeret, der Abschweifungen ganz gern mochte, antwortete seiner Tochter: »Wenn alle Ungerechtigkeiten bereits auf dieser Welt wiedergutgemacht würden, so wäre man nicht auf den Gedanken gekommen, daß dies in einer anderen Welt geschehen müsse. Wie, meint ihr, sollte die Nachwelt alle Verstorbenen gerecht beurteilen? Wie sollte man sie befragen im Reich der Schatten, in das sie entflohen? Sobald man gerecht gegen sie sein könnte, würde man sie vergessen. Aber kann man je gerecht sein? Und was ist Gerechtigkeit? Frau Cornouiller wenigstens war schließlich genötigt, anzuerkennen, daß meine Mutter sie nicht getäuscht hatte und Putois tatsächlich unauffindbar war.

Sie gab die Suche nach ihm jedoch nicht auf und fragte alle Verwandten, Freunde, Nachbarn, Dienstboten und Lieferanten, ob sie Putois kannten. Nur zwei oder drei antworteten, sie hätten nie von ihm gehört. Die meisten jedoch glaubten, ihn schon einmal gesehen zu haben. ›Den Namen habe ich bereits gehört‹, meinte die Köchin, ›aber ich kann mir kein Gesicht dazu vorstellen.‹ – ›Putois! Ja, den kenne ich!‹ sagte der

Chausseewärter und kratzte sich hinterm Ohr. ›Aber wer das ist, kann ich Ihnen im Augenblick auch nicht sagen.‹ Die genaueste Auskunft gab der Steuerbeamte, Herr Blaise, der erklärte, Putois auf seinem Hof mit Holzspalten beschäftigt zu haben, und zwar im Jahre des Kometen vom 19. bis zum 23. Oktober.

Eines Morgens stürzte Frau Cornouiller atemlos in das Arbeitszimmer meines Vaters und rief: ›Ich habe soeben Putois gesehen!‹ – ›Ach!‹ – ›Ja, ich habe ihn gesehen!‹ – ›Sind Sie sicher?‹ – ›Ganz sicher! Er strich an der Mauer von Herrn Tenchant entlang. Dann bog er in die Rue des Abbesses ein. Er ging sehr schnell, und ich verlor ihn aus den Augen.‹ – ›War er es bestimmt?‹ – ›Kein Zweifel! Ein Mann von etwa fünfzig Jahren, mager, leicht gebeugt, der mit seiner schmutzigen Bluse wie ein Landstreicher aussah.‹ – ›Diese Beschreibung paßt tatsächlich auf Putois‹, bestätigte mein Vater – ›Da sehen Sie! Ich habe ihn übrigens gerufen. Ich rief: Putois!, und er hat sich umgedreht.‹ – ›Dieses Mittel wendet die Geheimpolizei an, um die Identität der Übeltäter festzustellen, nach denen sie fahndet‹, meinte mein Vater. – ›Wenn ich Ihnen doch sage, daß er es war! … Ich wußte, daß ich Ihren Putois finden würde! Nun ja, der Mann sieht nicht vertrauenerweckend aus. Sie waren ziemlich unvorsichtig, Sie und Ihre Frau, ihn bei sich zu beschäftigen. Ich verstehe mich auf Physiognomien, und obgleich ich ihn nur von hinten gesehen habe, möchte ich schwören, daß er ein Dieb, vielleicht sogar ein Mörder ist. Seine Ohren haben keine Ränder, und das ist ein untrügliches Zeichen dafür.‹ – ›Ach, Sie haben bemerkt, daß seine Ohren keine Ränder haben?‹ – ›Mir entgeht nichts. Mein lieber Herr Bergeret, wenn Sie mit Frau und Kindern nicht ermordet werden wollen, lassen Sie diesen Putois nicht mehr ins Haus. Und noch einen Rat: Lassen Sie alle Schlösser auswechseln!‹«

Einige Tage später nun wurden Frau Cornouiller drei Melonen aus dem Gemüsegarten gestohlen. Da es nicht gelang, den Dieb zu fassen, verdächtigte sie Putois. Die Gendarmen wurden nach

Monplaisier gerufen, und ihre Nachforschungen bestätigten Frau Cornouillers Verdacht. Banden von Obstdieben richteten damals großen Schaden in den Gärten der Umgebung an. Diesmal schien der Diebstahl jedoch von einem einzelnen begangen zu sein, und zwar mit ganz besonderer Geschicklichkeit. Keine Spur vom Einbruch, keine Fußabdrücke im feuchten Sand. Nur Putois konnte der Dieb gewesen sein. Das war die feste Überzeugung des Wachtmeisters, der über Putois genau Bescheid wußte und sich anheischig machte, den Vogel zu fangen.

Das Saint-Omerer Tageblatt widmete den drei Melonen der Frau Cornouiller einen Artikel und brachte nach Erkundigungen, die man in der Stadt eingezogen hatte, eine Beschreibung von Putois. Darin behauptete das Blatt: Er hat eine niedrige Stirn, schillernde Augen, einen unsteten Blick, Krähenfüße an den Schläfen und rote, glänzende, vorstehende Backenknochen. Die Ohren haben keine Ränder. Er ist mager, leicht gebeugt, scheinbar schwächlich, aber in Wahrheit ungewöhnlich stark. Er verbiegt mühelos ein Hundertsousstück zwischen Daumen und Zeigefinger.

Man hat guten Grund, versicherte das Blatt, ihm eine lange Reihe von Diebstählen anzulasten, die mit erstaunlicher Geschicklichkeit ausgeführt wurden. –

Die ganze Stadt beschäftigte sich mit Putois. Eines Tages hieß es, er sei festgenommen und ins Gefängnis gesperrt. Aber bald stellte sich heraus, daß der Mann, den man für Putois gehalten hatte, ein Almanachhändler namens Rigobert war. Da man ihm nichts anlasten konnte, schickte man ihn nach vierzehn Monaten Untersuchungshaft nach Hause. Putois aber blieb unauffindbar. Frau Cornouiller wurde erneut Opfer eines Diebstahls, der noch verwegener als der erste war. Aus ihrem Büfett wurden drei kleine Silberlöffel entwendet.

Sie erkannte die Hand von Putois, ließ an ihrer Zimmertür eine Kette anbringen und fand keinen Schlaf mehr.«

3

Gegen zehn Uhr abends, als Pauline in ihr Zimmer gegangen war, sagte Fräulein Bergeret zu ihrem Bruder: »Vergiß nicht zu erzählen, wie Putois die Köchin von Frau Cornouiller verführte.«

»Ich habe schon daran gedacht, liebe Schwester«, erwiderte Herr Bergeret. »Das wegzulassen hieße das Schönste der Geschichte unterschlagen. Aber alles der Reihe nach! Putois wurde eifrig von der Polizei gesucht, doch nicht gefunden. Sobald bekannt wurde, er sei unauffindbar, setzte jeder seinen Ehrgeiz darein, ihn aufzuspüren; den Schlauköpfen gelang es auch. Und da es viele Schlauköpfe in Saint-Omer und Umgebung gab, wurde Putois gleichzeitig in den Straßen, auf den Feldern und in den Wäldern gesehen. Ein neuer Zug wurde seinem Charakter beigefügt. Man schrieb ihm die Gabe der Allgegenwart zu, die so viele Volkshelden besitzen. Ein Geschöpf, das die Fähigkeit hat, in einem Augenblick weite Strecken zurückzulegen, und sich plötzlich an dem Ort zeigt, wo man es am wenigsten erwartet, jagt natürlich Schrecken ein. Putois wurde zum Schrecken von Saint-Omer. Frau Cornouiller, die überzeugt war, daß Putois ihr drei Melonen und drei Löffelchen gestohlen hatte, lebte in panischer Angst und verbarrikadierte sich in Monplaisir. Die Riegel, Gitter und Schlösser verliehen ihr kein Gefühl der Sicherheit. Putois war für sie ein Wesen von furchterregender Geschicklichkeit, das durch Türen dringen konnte. Ein häusliches Ereignis verdoppelte zudem ihre Angst. Ihre Köchin war verführt worden, und es kam der Augenblick, da sie ihren Fehltritt nicht mehr verbergen konnte. Aber sie weigerte sich eigensinnig, ihren Verführer zu nennen.«

»Sie hieß Gudula«, warf Fräulein Zoë ein.

»Ja, sie hieß Gudula, und man hielt sie gegen die Gefahren der Liebe wegen eines langen, zweizipfligen Bartes am Kinn gefeit. Ein plötzlich sprießender Bart beschützte einst die Jungfräulichkeit jener heiligen Königstochter, die in Prag verehrt wird. Ein Bart, der nicht mehr im Anfangsstadium war, genügte nicht, Gudulas Tugend zu schützen. Frau Cornouiller drang in Gudula, den Mann zu nennen, der sie verführt und dann sitzengelassen hatte. Gudula zerfloß in Tränen und schwieg. Alle Bitten und Drohungen blieben erfolglos. Frau Cornouiller stellte eine lange, sorgfältige Untersuchung an. Sie fragte geschickt die Nachbarn und Nachbarinnen aus sowie die Lieferanten, den Gärtner, den Chausseewärter, die Gendarmen; doch nichts führte sie auf die Spur des Schuldigen. Dann versuchte sie aufs neue, Gudula zu einem offenen Geständnis zu bringen. ›Sagen Sie mir, wer es ist, Gudula, in Ihrem eigenen Interesse!‹ Doch Gudula blieb stumm. Plötzlich ging Frau Cornouiller ein Licht auf. ›Es ist Putois!‹ Die Köchin weinte und erwiderte nichts. ›Es ist Putois! Warum bin ich nicht früher darauf gekommen? Putois ist es! Unglückliche! Unglückliche! Unglückliche!‹

Und Frau Cornouiller blieb überzeugt, daß Putois ihre Köchin geschwängert hatte. Alle Welt in Saint-Omer vom Gerichtspräsidenten bis zum Köter des Laternenanzünders kannte Gudula und ihren Korb. Die Neuigkeit, daß Putois Gudula verführt hatte, überraschte, verwunderte und erheiterte die ganze Stadt. Putois stand hinfort im Ruf, ein Mordskerl und Schürzenjäger zu sein. Auf leichtfertige Indizien hin schrieb man ihm die Vaterschaft von fünf oder sechs anderen Kindern zu, die in diesem Jahr zur Welt kamen und besser daran getan hätten, nicht zu kommen mit Rücksicht auf das Vergnügen, das sie dort erwartete, und der Freude, die sie ihrer Mutter bereiteten. Man nannte unter anderem das Dienstmädchen von Herrn Maréchal, des Schenkwirts vom ›Treffpunkt der Fischer‹, eine Brotausträgerin und die kleine Bucklige vom Pont-Biquet, die, da sie Putois erhört hatten, niedergekommen waren. ›Dieses Ungeheuer!‹ riefen die Klatschbasen.

So bedrohte Putois, der unsichtbare Satyr, mit nicht wiedergutzumachendem Unheil die ganze weibliche Jugend der Stadt, in

der, wie die alten Leute versicherten, die jungen Mädchen seit Menschengedenken unbehelligt geblieben waren.
Während er so in Stadt und Umgebung sein Unwesen trieb, blieb er mit unserem Hause durch zahlreiche feine Fäden verbunden. Er ging an unserer Tür vorbei, und man glaubte, er steige zuweilen über die Gartenmauer. Nie sahen wir sein Gesicht; aber wir erkannten ständig seinen Schatten, seine Stimme, seine Fußspuren. Mehrmals glaubten wir in der Dämmerung an einer Wegbiegung seinen Rücken zu sehen. Für meine Schwester und mich veränderte sich sein Charakter etwas. Er blieb schlecht und bösartig, war aber dabei kindlich und naiv. Er erschien uns weniger realistisch und, ich möchte fast sagen, poetischer, fand Eingang in den unschuldigen Kreis kindlicher Traditionen, wurde zum Schwarzen Mann, zum Mann mit der Rute und zum Sandmann, der abends den kleinen Kindern die Augen schließt. Er war nicht der Kobold, der nachts im Stall die Schwänze der Fohlen verwirrte, war weniger rustikal und liebenswürdig, aber ebenfalls ein treuherziger Schelm, der den Puppen meiner Schwester mit Tinte Schnurrbärte anmalte. In unserm Bett hörten wir ihn vor dem Einschlafen: er heulte auf den Dächern mit den Katzen, bellte mit den Hunden, ächzte im Kamin und ahmte auf der Straße den Gesang der verspäteten Zecher nach.
Alles, was uns umgab, erinnerte uns an Putois, so daß er uns stets gegenwärtig und vertraut war und wir an ihm Anteil nahmen. Zoës Puppen, meine Schulhefte, deren Seiten er so oft zerknitterte und beschmutzte, die Gartenmauer, über der wir im Dunkel seine roten Augen funkeln sahen, der blaue Steinguttopf, den er in einer Winternacht zerbrach, wofern es nicht der Frost gewesen war, die Bäume, Straßen, Bänke, alles erinnerte uns an Putois, unseren Putois, den Putois der Kinder, ein ortsansässiges, mythisches Wesen. An Poesie und Anmut glich er keineswegs dem plumpen, ziegenfüßigen Pan, dem dicken Faun von Sizilien oder Thessalien. Aber er war doch ein Halbgott.

Für unsern Vater besaß er einen ganz andern Charakter: er war für ihn ein philosophisches Sinnbild. Unser Vater empfand großes Mitleid für die Menschen. Er hielt sie für ziemlich unvernünftig; ihre Irrtümer, wenn sie nicht in Grausamkeit ausarteten, amüsierten ihn und entlockten ihm ein Lächeln. Der Glaube an Putois interessierte ihn wie ein Abriß oder ein Kompendium allen menschlichen Glaubens. Da er ironisch und spottlustig war, sprach er von Putois wie von einem wirklichen Wesen. Er legte manchmal so viel Gewicht darauf und beschrieb die Umstände mit solcher Genauigkeit, daß meine Mutter ganz überrascht war und in ihrer Arglosigkeit sagte: ›Man könnte meinen, du redetest im Ernst so, mein Freund; aber du weißt doch ...‹

Darauf antwortete er in würdevollem Ton: ›Ganz Saint-Omer glaubt an die Existenz von Putois. Wie könnte ich ein guter Bürger sein, wenn ich sie in Abrede stellte? Man muß es sich schon zweimal überlegen, bevor man einen allgemeinen Glaubensartikel anzweifelt.‹

Nur ein völlig ehrenhafter Charakter trägt solche Bedenken. Mein Vater war im Grunde Gassendist. Da er seine eigenen Ansichten mit denen der Allgemeinheit in Übereinstimmung zu bringen pflegte, glaubte er wie die Einwohner von Saint-Omer an die Existenz von Putois, ohne jedoch seine direkte Beteiligung am Melonendiebstahl und an der Verführung der Köchinnen gelten zu lassen. Kurz, er bekannte sich zum Glauben an die Existenz eines Putois, um ein guter Saint-Omerer zu sein; aber er brauchte Putois nicht, um Vorfälle zu erklären, die sich in der Stadt ereigneten. In dieser Beziehung war er wie in jeder andern ein Ehrenmann und trefflicher Charakter.

Was unsere Mutter betrifft, so machte sie sich Vorwürfe, Putois in die Welt gesetzt zu haben, und nicht ohne Grund. Denn schließlich war Putois aus einer Lüge unserer Mutter geboren wie Caliban aus der Lüge des Dichters. Allerdings war ihr Vergehen nicht ebenso schwer, und meine Mutter war unschul-

diger als Shakespeare. Sie war jedoch erschrocken und verwirrt, zu sehen, wie ihre geringfügige Lüge gewaltige Ausmaße annahm und ihre leichtfertige Schwindelei so erstaunliche Folgen nach sich zog, deren Ende nicht abzusehen war und die sich bereits über die ganze Stadt ausbreiteten, ja, sich über die ganze Welt auszubreiten drohten. Eines Tages nun erbleichte sie, da sie glaubte, ihre Erfindung vor ihren Augen lebendige Gestalt annehmen zu sehen. An jenem Tage meldete ein in unserm Hause und der Gegend noch neues Dienstmädchen meiner Mutter, ein Mann sei gekommen und habe erklärt, er wolle unbedingt Madame sprechen. ›Was für ein Mann?‹ – ›Ein Mann in einer Bluse. Er sieht wie ein Landarbeiter aus.‹ – ›Hat er seinen Namen genannt?‹ – ›Ja, Madame.‹ – ›Und wie heißt er?‹ – ›Putois.‹ – ›Er hat Ihnen gesagt, er heißt ...‹ ›Putois, ja, Madame.‹ – ›Und er ist hier?‹ – ›Ja, Madame. Er wartet in der Küche.‹ – ›Und Sie haben ihn gesehen?‹ – ›Ja, Madame.‹ – ›Was will er denn?‹ – ›Das hat er mir nicht gesagt. Er will es nur Madame selbst sagen.‹ – ›Gehen Sie und fragen Sie ihn.‹
Als das Mädchen wieder in die Küche kam, war Putois nicht mehr da. Diese Begegnung des fremden Dienstmädchens mit Putois wurde nie aufgeklärt; aber ich vermute, meine Mutter begann von jenem Tage an zu glauben, Putois könne wirklich existieren und sie habe vielleicht doch nicht gelogen.«

DIE AFFÄRE CRAINQUEBILLE

I

In jedem Urteil, das im Namen des souveränen Volkes vom Richter verkündet wird, thront die ganze Würde der Justiz. Der ambulante Händler Jérôme Crainquebille war sich der Glorie des Gesetzes voll bewußt, als er wegen Beleidigung eines Ordnungshüters ins Gefängnis eingeliefert wurde. Als er in dem düster-prächtigen Saal auf der Anklagebank Platz genommen hatte, sah er die Richter, Gerichtsschreiber und Rechtsanwälte in ihrer Amtsrobe, den Gerichtsdiener mit der Kette, die Gendarmen – und hinter einer Schranke die bloßen Köpfe der stummen Zuschauer. Und er sah sich selbst auf erhöhtem Sitz, als würde sogar dem Angeklagten durch sein Erscheinen vor Gericht eine traurige Ehrung zuteil. Im Hintergrund des Saales saß zwischen den zwei Beisitzern der Gerichtsvorsitzende Bourriche, dessen Brust die Palmen der Akademie zierten. Eine Büste der Republik und ein gekreuzigter Christus blickten von der Wand herab, so daß alle göttlichen und menschlichen Gesetze über dem Haupte Crainquebilles hingen. Darüber durchfuhr ihn ein wahrer Schrecken. Da er nicht den Verstand der Philosophen besaß, fragte er nicht nach der Bedeutung von Büste und Kruzifix; auch suchte er nicht zu ergründen, ob sich Jesus und Marianne im Justizpalast vertragen könnten. Und doch hätte dies Stoff zum Nachdenken gegeben! Denn die päpstliche Lehre und das Kirchenrecht stehen in vielen Punkten in Gegensatz zu der republikanischen Verfassung und den bürgerlichen Gesetzbüchern. Die Dekretalen sind bekanntlich keineswegs außer Kraft gesetzt. Wie vormals lehrt die Kirche, daß lediglich die durch sie investierten Mächte Gesetzesgewalt haben. Dagegen bestreitet die französische Republik, der päpstlichen Macht unterstellt zu sein. Mit einigem Recht hätte Crainquebille daher folgendermaßen argumentieren können:

»Meine Herren Richter, da der Präsident Loubet nicht von der Kirche gesalbt ist, bestreitet der zu Ihren Häupten hängende Christus Ihre Zuständigkeit vermittels der Konzilien und Päpste. Der Grund seiner Anwesenheit kann nur der sein, Sie auf die Rechte der Kirche zu verweisen, die die Ihren außer Kraft setzen; sonst hätte er gar keinen vernünftigen Sinn.«
Darauf hätte der Vorsitzende Bourriche mutmaßlich geantwortet: »Angeklagter Crainquebille, die französischen Könige sind mit den Päpsten immer uneins gewesen. Guilleaume von Nogaret wurde exkommuniziert; wegen eines so nichtigen Anlasses verzichtete er jedoch nicht auf seine Ämter. Der Christus des Gerichtssaales ist nicht der Christus Gregors VII. oder Bonifaz' VIII. Er ist, mit Ihrer Erlaubnis, der Christus des Evangeliums der weder vom kanonischen Recht noch von den vermaledeiten Dekretalen auch nur eine Silbe wußte.«
Darauf hätte Crainquebille mit Fug entgegnen können: »Der Christus des Evangeliums war ein Revoluzzer. Außerdem erlitt er ein Urteil, das noch heute, nach neunzehnhundert Jahren, bei allen christlichen Völkern als schwerer Justizirrtum gilt. Daher rate ich Ihnen, Herr Vorsitzender, mich in seinem Namen nicht einmal mit einer achtundvierzigstündigen Haft zu bestrafen.«
Aber Crainquebille war weder historischer noch politischer oder sozialer Studien beflissen. Er tat nichts als staunen. Die gesamte Aufmachung seiner Umgebung flößte ihm eine hohe Meinung von der Justiz ein. In Ehrfurcht und Schrecken war er bereit, den Richtern die Entscheidung über seine Schuld anheimzustellen. In seinem Gewissen hielt er sich zwar für unschuldig, aber er empfand, wie belanglos das Gewissen eines Gemüsehändlers vor den Symbolen des Gesetzes und den Dienern der sozialen Rechtspflege war. Sein Verteidiger hatte ihn bereits halb davon überzeugt, daß er nicht unschuldig war.
Eine knappe und übereilte Beweisaufnahme hatte die ihm zur Last gelegten Anklagepunkte ergeben.

2
Crainquebilles Abenteuer

Der »fliegende« Gemüsehändler Jérôme Crainquebille durchzog die Stadt, indem er sein Wägelchen vor sich herschob und rief: »Rüben! – Möhren! – Kohl!« Wenn er Porree hatte, so rief er »Bundspargel!« Denn der Porree ist der Spargel der Armen. Als er um die Mittagsstunde des 20. Oktobers in der Rue Montmartre weilte, kam die Frau des Schusters Bayard aus ihrem Laden und trat an seinen Wagen. Sie hob geringschätzig ein Bund Porree auf und sagte: »Ihr Porree taugt aber nicht viel ... Was kostet ein Bund?«

»Fünfzehn Sous, Bürgerin. Prima Ware!«

»Fünfzehn Sous für drei schäbige Porreestangen?«

Und mit einer Gebärde des Abscheus warf sie das Bund auf den Karren zurück.

Da näherte sich der Polizist 64 und sagte zu Crainquebille: »Weitergehn!«

Seit fünfzig Jahren war Crainquebille von früh bis spät mit seinem Wagen unterwegs. Die Aufforderung schien ihm daher gerecht zu sein und mit der Natur der Dinge übereinzustimmen. Durchaus gewillt zu gehorchen, drängte er die Bürgerin, sich zu nehmen, was ihr zusage.

»Das hat mir noch gefehlt, daß ich mich drängen lasse, mir die Ware auszusuchen«, antwortete die Schustersfrau giftig.

Abermals untersuchte sie alle Porreebunde und nahm sich dann schließlich das, was sie für das beste hielt. Sie drückte es gegen ihren Busen, wie die Heiligen auf den Bildern in der Kirche die Siegespalmen an die Brust pressen.

»Sie kriegen bloß vierzehn Sous, das ist bestimmt genug. Ich muß das Geld aber erst aus dem Laden holen; denn ich habe keins bei mir.«

Ihren Porree im Arm, kehrte sie in den Laden zurück, in den vor ihr eine Kundin, die ein Kind auf dem Arm trug, eingetreten war.

In diesem Augenblick sagte Polizist 64 zum zweitenmal zu Crainquebille: »Weitergehn!«
»Ich wart' ja man bloß auf mein Geld«, antwortete Crainquebille.
»Ich habe Ihnen nicht gesagt, daß Sie auf Ihr Geld warten, sondern daß Sie weitergehen sollen!« versetzte der Beamte barsch.
Inzwischen probierte die Schusterin in ihrem Laden einem anderthalbjährigen Kind, dessen Mutter in Eile war, blaue Schuhe an. Die grünen Schöpfe des Porrees lagen auf dem Ladentisch.
Seit einem halben Jahrhundert schob Crainquebille seinen Wagen durch die Straßen und hatte folglich gelernt, den Dienern der Obrigkeit zu gehorchen. Diesmal befand er sich jedoch in einer besonders kitzligen Lage: zwischen Recht und Pflicht. Juristenverstand besaß er nicht. Er sah nicht ein, daß die Nutznießung eines individuellen Rechts keineswegs von der Erfüllung einer sozialen Pflicht entbindet. Sein Augenmerk galt zu sehr dem Recht, nämlich daß er seine vierzehn Sous bekam, und er vernachlässigte seine Pflicht, die ihm vorschrieb, seinen Wagen weiter und immer weiter zu schieben. Er blieb also stehen.
Zum drittenmal forderte ihn Polizist 64 sachlich und ruhig auf, sich in Bewegung zu setzen. Anders als Wachtmeister Montauciel, der stets droht und niemals Ernst macht, ist Polizist 64 sparsam mit Ermahnungen, jedoch immer bereit, ein Protokoll aufzunehmen. Das ist sein Charakter. Wenn auch etwas duckmäuserisch veranlagt, ist er ein ausgezeichneter Diener des Gesetzes und ein aufrechter Soldat. Der Mut eines Löwen, gepaart mit der Sanftmut eines Kindes. Er kennt nichts als seinen Befehl.
»Also wollen Sie nicht hören, wenn ich Ihnen sage, Sie sollen weitergehn?«
Crainquebille hatte seiner Meinung nach einen viel zu wichtigen Grund zu Bleiben, als daß er ihn nicht für ausreichend

angesehen hätte. Dies legte er schlicht und kunstlos so dar: »Du himmlische Güte! ... Ich sage Ihnen doch, ich wart' man bloß auf mein Geld!«
Polizist 64 antwortete kurz: »Soll ich Ihnen ein Polizeiverfahren anhängen? Wenn Sie das wollen, brauchen Sie es nur zu sagen.«
Als Crainquebille dies hörte, hob er langsam die Schultern und richtete zuerst auf den Beamten, dann gen Himmel einen kummervollen Blick. Dieser Blick besagte »Gott sei mir gnädig! Bin ich ein Verächter der Gesetze? Verhöhne ich die Verfügungen, die mein ambulantes Gewerbe regeln? Um fünf Uhr früh stand ich schon auf dem Pflaster der Markthalle. Seit sieben Uhr schinde ich mir die Hände an den Griffen meines Wagens wund und rufe: Rüben! – Möhren! – Kohl! Ich bin sechzig Jahre gewesen. Ich bin müde. Und nun fragen Sie mich, ob ich die schwarze Fahne des Aufruhrs hissen will? Sie lachen mich aus; das ist grausam von Ihnen.«
Ob dem Beamten der Ausdruck dieses Blickes entging oder ob er die Widersetzlichkeit des Händlers unentschuldbar fand: jedenfalls fragte er unwirsch, ob Crainquebille ihn verstanden habe.
In diesem Augenblick hatte die Verkehrsstörung in der Rue Montmartre ihren Höhepunkt erreicht. Droschken, Rollkarren, Möbelwagen, Omnibusse und Lastfuhrwerke waren schier unauflöslich ineinander verstrickt. Über ihre erzwungene Rast erhoben sich Flüche und Geschrei. Droschkenkutscher und Fleischergesellen wechselten aus der Entfernung homerische Schimpfwörter. Omnibusschaffner, die in Crainquebille die Ursache des Wirrwarrs erblickten, schalten ihn eine »dreckige Zwiebel«.
Inzwischen hatte sich auf dem Bürgersteig ein Auflauf Neugieriger gebildet, die den Streit mit Spannung verfolgten. Der Polizist, nunmehr in den Brennpunkt der Aufmerksamkeit gestellt, dachte nur noch daran, seine Autorität zu zeigen.
»Es ist gut«, sagte er.

Dann zog er ein schmieriges Notizbuch und einen Bleistiftstummel aus der Tasche.
Crainquebille war seinen Gedankengängen gefolgt und gehorchte einer inneren Stimme. Übrigens wäre er jetzt außerstande gewesen, nach irgendeiner Richtung hin auszuweichen. Ein Rad seiner Karre war unglücklicherweise mit dem eines Milchwagens fest verkeilt.
Er raufte sich das Haar unter seiner Mütze und schrie: »Wenn ich Ihnen doch sage, daß ich man bloß auf mein Geld warte! Warum muß ich auch so ein Pech haben! Was ist das für ein Jammer! Gott, o Gott, o Gott!«
Durch diese Äußerungen, die jedoch weniger seine Auflehnung als seine Verzweiflung zum Ausdruck brachten, fühlte sich Polizist 64 beleidigt. Und da jede Beleidigung für ihn unweigerlich die überlieferte, genormte, rituelle und sozusagen liturgische Formel »Bulle verrecke!« annahm, bildeten sich die Worte des Delinquenten in seinem Ohr auf diese Art um.
»Ha! Sie haben ›Bulle verrecke‹ gesagt! Es ist gut. Kommen Sie mit!«
Crainquebille stierte bestürtzt und verzweifelt mit seinen von der Sonne entzündeten Glotzaugen den Polizisten 64 an und stieß mit gebrochener und in den höchsten und tiefsten Lagen wechselnder Stimme hervor: »Ich soll ›Bulle verrecke‹ gesagt haben? Ich? ... Herrjemine!«
Die Verhaftung wurde von den Ladenschwengeln und Gassenbuben mit Gewieher begrüßt. Sie entsprach dem Geschmack der Menge, die an rohen und gemeinen Auftritten Gefallen findet. Jetzt bahnte sich jedoch ein trauriger alter Herr in Schwarz mit einem Zylinder auf dem Kopf einen Weg durch die Menge und wandte sich leise, aber eindringlich an den Polizisten: »Sie haben sich geirrt. Dieser Mann hat Sie nämlich gar nicht beleidigt.«
»Kümmern Sie sich nicht um Dinge, die Sie nichts angehn«, antwortete der Polizist, allerdings nicht drohend, weil er es mit einem gutgekleideten Herrn zu tun hatte.

Der Greis ließ sich nicht abweisen; er blieb ruhig und fest. Der Polizist stellte ihm anheim, seine Erklärungen vor dem Kommissar abzugeben.
Crainquebille aber schrie: »Ich soll gesagt haben ›Bulle verrecke!‹ ... Ach, du liebe Zeit!«
Diese entgeisterten Worte stieß er gerade hervor, als die Schusterin Frau Bayard auf ihn zuging, um ihm seine vierzehn Sous zu bringen. Als sie jedoch bemerkte, daß er bereits von Polizist 64 am Kragen genommen war, meinte sie, einem Verbrecher nichts schuldig zu sein, und steckte das Geld in ihre Schürzentasche.
Als nun Crainquebille seinen Wagen beschlagnahmt, seine Freiheit verloren, einen Abgrund vor seinen Füßen aufgetan und die Sonne ausgelöscht sah, brummte er vor sich hin: »Na so was!«
Vor dem Kommissar erklärte der alte Herr, er sei, durch eine Verkehrsstörung aufgehalten, Zeuge der Verhaftung geworden. Er versicherte, Crainquebille habe den Beamten nicht beleidigt, sondern dieser sich verhört. Dann gab er seinen Namen und seinen Stand an: Doktor David Matthieu. Chefarzt am Ambroise-Paré-Krankenhaus. Offizier der Ehrenlegion. Zu anderer Zeit hätte sich der Kommissar mit der Aussage eines solchen Zeugen begnügt; damals galten jedoch in Frankreich die Gelehrten als verdächtig.
Crainquebille blieb also in Haft und mußte die Nacht im Arrestlokal zubringen; am andern Morgen wurde er in der »Grünen Minna« ins Polizeigefängnis überführt.
Das Gefängnis kam ihm weder furchtbar noch demütigend vor. Er hielt es für ein notwendiges Übel. Besonders fielen ihm beim Eintritt die Sauberkeit der Wände und des Fliesenbodens auf. Er sagte: »Was für ein sauberer Ort das ist... Was wahr ist, muß wahr bleiben. Man könnte rein vom Fußboden essen!«
In der Zelle allein gelassen, wollte er sich den Schemel heranziehen. Da erst merkte er, daß dieser an der Wand befestigt war.

Völlig verdutzt sagte er laut: »Ist ja spaßig! ... Auf so was wär' ich aber nie gekommen ...«
Dann saß er da, drehte die Daumen und verharrte in einem Zustand des Staunens. Die Stille und das Alleinsein bedrückten ihn. Er langweilte sich und dachte voll Unruhe an seinen beschlagnahmten Wagen, der noch ganz mit Kohlköpfen, Möhren, Sellerie, Rapünzchen und Löwenzahn beladen war. Und ängstlich fragte er sich: »Wo mögen sie ihn gelassen haben?«
Am dritten Tag besuchte ihn sein Verteidiger, Maître Lemerle; er war eins der jüngsten Mitglieder der Pariser Anwaltschaft und Vorsitzender einer Abteilung der »Liga vaterlandstreuer Franzosen«.
Crainquebille versuchte, ihm seinen Fall darzustellen. Das fiel ihm nicht leicht, weil er kein Meister des Wortes war. Trotzdem hätte er sich vielleicht mit einiger Hilfe aus der Verlegenheit gezogen. Sein Anwalt schüttelte jedoch mißtrauisch den Kopf zu allem, was er vorbrachte. In Papieren blätternd, murmelte er: »Hm ... hm ... Davon seh' ich gar nichts in den Akten ...«
Etwas angeödet sagte er dann, seinen blonden Schnurrbart zwirbelnd: »In Ihrem eigenen Interesse rate ich Ihnen, alles einzugestehen. Jedenfalls halte ich Ihr System des Ableugnens für höchst ungeschickt.«
Von dieser Minute an hätte Crainquebille alles getan, wenn er nur gewußt hätte, was er gestehen sollte.

3
Crainquebille vor Gericht

Der Vorsitzende Bourriche widmete dem Verhör Crainquebilles volle sechs Minuten. Das Verhör hätte den Sachverhalt besser geklärt, wenn Crainquebille auf die ihm gestellten Fragen eingegangen wäre. An Diskussionen war er jedoch nicht gewöhnt, und außerdem versiegelten ihm in dieser Umgebung

Ehrfurcht und Schrecken den Mund. Er bewahrte daher Schweigen, und der Vorsitzende gab selbst die Antworten, sie waren niederschmetternd. Er schloß: »Sie geben also zu, daß Sie ›Bulle verrecke‹ gesagt haben?«
»Ich hab' ›Bulle verrecke‹ gesagt, weil der Schutzmann ›Bulle verrecke‹ gesagt hat. Und da hab' ich gesagt: ›Bulle verrecke‹.«
Hiermit wollte er zu verstehen geben, er habe, erstaunt über eine so unerwartete Bezichtigung, das merkwürdige Wort, das ihm fälschlich untergeschoben wurde, lediglich wiederholt. Er hatte »Bulle verrecke« gesagt, wie er ebenso hätte sagen können: »Ich – beleidigende Worte aussprechen? Halten Sie das für möglich?«
Der Vorsitzende Bourriche faßte es anders auf.
»Sie wollen also behaupten, der Beamte hat diesen Ausdruck zuerst gebraucht?«
Crainquebille unterließ es, die Frage zu beantworten; es war zu schwer.
»Sie bestehen also nicht darauf. Es ist in Ordnung«, sagte der Vorsitzende.
Dann ließ er die Zeugen aufrufen.
Polizist Nr. 64, mit bürgerlichem Namen Bastien Matra, schwor, er wolle die Wahrheit, einzig und allein die Wahrheit sagen. Dann gab er folgende Aussage zu Protokoll: »Als ich am 20. Oktober meinen Revierdienst versah, bemerkte ich in der Mittagsstunde in der Rue Montmartre ein Individuum, das mir ein fliegender Händler zu sein schien, der seinen Karren unerlaubt vor der Hausnummer 328 hatte stehenlassen, wodurch eine Verkehrsstörung hervorgerufen wurde. Ich forderte ihn dreimal auf, weiterzugehen, doch leistete er meinem Befehl nicht Folge. Daraufhin gab ich ihm zu verstehen, daß ich ihn aufschreiben würde, und er schrie mich an: ›Bulle verrecke!‹ Dies schien mir eine Beleidigung zu sein.«
Die selbstsichere und gemessene Aussage wurde vom Gericht mit sichtlichem Beifall aufgenommen. Die Verteidigung hatte Frau Bayard, Schustersfrau, und Herrn David Matthieu, Chef-

arzt am Ambroise-Paré-Krankenhaus und Ritter der Ehrenlegion, geladen. Frau Bayard hatte nichts gehört und gesehen. Doktor Matthieu befand sich in der um den Polizisten versammelten Menge, als dieser den Händler aufforderte weiterzugehen. Seine Aussage führte einen Zwischenfall herbei.

»Ich war Zeuge des Auftritts«, sagte er. »Ich bemerkte, daß sich der Polizist getäuscht hatte; er war nicht beschimpft worden. Ich trat an ihn heran und sagte ihm das. Er beließ es jedoch bei der Festnahme des Händlers und riet mir, ihm in das Kommissariat zu folgen. Dies geschah. Vor dem Kommissar wiederholte ich meine Aussage.«

»Sie können sich setzen«, sagte der Vorsitzende. »Gerichtsdiener, rufen Sie den Zeugen Matra! – Matra, wann sind Sie zur Verhaftung des Angeklagten geschritten? Hatte Ihnen Doktor Matthieu nicht mitgeteilt, daß Sie sich im Irrtum befanden?«

»Das heißt, Herr Vorsitzender, er hat mich beleidigt.«

»Was hat er denn zu Ihnen gesagt?«

»Er hat ›Bulle verrecke‹ gesagt.«

Gemurmel und Lachen erschollen aus dem Zuschauerraum.

»Sie können abtreten«, sagte der Vorsitzende schleunigst.

Dann verwarnte er das Publikum, daß er im Wiederholungsfall so ungebührlicher Meinungsäußerungen den Saal würde räumen lassen. Unterdessen schwenkte die Verteidigung triumphierend die Ärmel ihrer Robe, und man glaubte in diesem Augenblick, Crainquebille würde freigesprochen.

Nach Wiederherstellung der Ruhe erhob sich Maître Lemerle. Er begann seine Verteidigung mit einem Preislied auf die Beamten der Präfektur, »diese bescheidenen Diener der Gesellschaft, die bei lächerlicher Besoldung Mühsal ertragen, steten Gefahren ausgesetzt sind und in der Ausübung ihres täglichen Dienstes ihr Heldentum beweisen. Sie sind altgediente Soldaten und bleiben Soldaten. Soldaten – dieses Wort sagt alles ...«

Und mühelos schwang sich Maître Lemerle zu hochfliegenden Betrachtungen über die militärischen Tugenden auf. Er gehörte zu denen, sagte er, die es nicht dulden, daß die Armee angetastet werde: die nationale Armee, zu der auch er voller Stolz sich zähle.

Der Vorsitzende neigte das Haupt.

In der Tat war Maître Lemerle Reserveleutnant und überdies noch Kandidat der Nationalisten im Bezirk Vieilles-Haudriettes.

Er fuhr fort: »Ich verkenne gewiß nicht die schlichten und wertvollen Dienste, die die Hüter der Ordnung der wackeren Bevölkerung von Paris täglich erweisen. Und nie, meine Herren, hätte ich mich bereit erklärt, die Verteidigung Crainquebilles zu übernehmen, wenn ich ihn für fähig gehalten hätte, einen alten Soldaten zu verhöhnen. Mein Klient wird beschuldigt, ›Bulle verrecke‹ gesagt zu haben. Über den Sinn dieses Ausrufs kann man nicht zweifeln. Wenn Sie im Wörterbuch der Gaunersprache nachschlagen, lesen Sie dort: Bulle, jemand, der sich der Polizei verkauft, Spitzel ... ›Bulle verrecke!‹, so sagt man in bestimmten Kreisen. Aber die ganze Frage ist ja die: Wie hat Crainquebille es gesagt? Ja, hat er es überhaupt gesagt? Meine Herren, gestatten Sie mir, daran zu zweifeln.

Ich verdächtige den Polizisten nicht, ein Mensch von niedriger Gesinnung zu sein. Er hat jedoch, wie schon gesagt, eine heikle Aufgabe zu erfüllen. Er ist mitunter übermüdet, überbürdet, überanstrengt. Unter diesen Umständen kann er das Opfer einer akustischen Täuschung geworden sein. Und wenn er Ihnen, meine Herren, nun sagt, Doktor David Matthieu, Offizier der Ehrenlegion und Chefarzt am Ambroise-Paré-Krankenhaus, eine Leuchte der Wissenschaft und ein Mann von Welt, habe ›Bulle verrecke‹ gerufen, so zeigt sich uns wohl, daß Matra an einer fixen Idee, ja, wenn das Wort nicht zu stark ist, an Verfolgungswahn leidet.

Weiter. Wenn Crainquebille wirklich ›Bulle verrecke‹ gesagt hat, so müßte man untersuchen, ob dieses Wort in seinem Munde als Vergehen gegen die Staatsgewalt angesehen werden darf. Crainquebille ist der uneheliche Sohn einer fliegenden Händlerin, ist verwahrlost und ein Trinker; er ist sozusagen schon als Alkoholiker geboren. Sie sehen ihn hier, abgestumpft von sechzig Elendsjahren. Meine Herren, gestehen Sie es: er ist nicht verantwortlich für seine Handlungsweise!«

Maître Lemerle nahm Platz, und der Vorsitzende Bourriche verlas zwischen den Zähnen das Urteil, welches auf vierzehn Tage Gefängnis und fünfzig Francs Geldstrafe für Jérôme Crainquebille lautete. Das Gericht hatte seinem Beweis die Aussage des Polizisten Matra zugrunde gelegt.

Durch die langen, düsteren Korridore des Justizpalastes geführt, empfand Crainquebille ein ungeheures Bedürfnis nach Mitgefühl. Er wandte sich an den Stadtgardisten, der ihn führte, indem er ihn dreimal anrief:

»Wachtmeister! – Wachtmeister! – He, Wachtmeister!«

Und er seufzte: »Wenn mir jemand vor vierzehn Tagen gesagt hätte, daß mir das passieren würde ...«

Dann spintisierte er weiter: »Sie sprechen viel zu schnell, die Herren ... Sie sprechen gut, aber viel zu schnell ... Man kann sie gar nicht verstehen ... Finden Sie das nicht auch, Wachtmeister?«

Allein der Soldat marschierte weiter, ohne ihn einer Antwort zu würdigen oder auch nur den Kopf nach ihm zu wenden.

Crainquebille fragte: »Warum sagen Sie denn gar nichts zu mir?«

Der Soldat blieb stumm. Da sagte Crainquebille bitter: »Auch Hunden gibt man ein freundliches Wort. Warum sprechen Sie nicht mit mir? Sie tun überhaupt nicht den Mund auf ... Haben Sie Angst, daß er stinkt?«

4
Rechtfertigung des Vorsitzenden Bourriche

Einige Neugierige und zwei oder drei Anwälte verließen nach der Urteilsverkündung den Sitzungssaal, als der Protokollführer bereits eine andere Sache aufrief. Die Hinausgehenden

hingen dem Fall Crainquebille, den sie zum Teil schon vergessen hatten, nicht nach. Nur Herr Jean Lermite, seines Zeichens Kupferstecher, der durch Zufall in den Justizpalast gekommen war, erwog, was er gehört und gesehen hatte.
Er legte Maître Joseph Aubarrée den Arm um die Schulter und sprach zu ihm: »Man muß den Vorsitzenden Bourriche loben, weil er sich der müßigen Neugierde des Verstandes zu enthalten und sich vor dem geistigen Dünkel, der alles ergründen will, zu hüten wußte. Hätte der Richter die sich widersprechenden Aussagen des Polizisten Matra und des Doktors David Matthieu miteinander verglichen, so wäre er auf eine Bahn gelangt, die voll Ungewißheit und Zweifel ist. Die Methode, die Tatsachen nach den Regeln der Kunst zu prüfen, ist mit einer guten Rechtsprechung nicht zu vereinbaren. Wenn die Behörde so töricht wäre, diese Methode anzuwenden, so würden ihre Urteile vom persönlichen Scharfsinn abhängen, der oft gering ist, und von der menschlichen Unsicherheit, die ewig währt. Wo bliebe dann aber die Autorität? Zweifellos ist die historische Methode völlig ungeeignet, die Gewißheit zu ermitteln, die sie braucht. Es genüge, sich hier des Erlebnisses Sir Walter Raleighs zu erinnern.
Im Londoner Tower eingekerkert, arbeitete Sir Walter Raleigh wie üblich am zweiten Band seiner ›Weltgeschichte‹, als sich unter seinem Fenster ein Streit entspann. Er nahm die Streitenden in Augenschein und kehrte, als er sie richtig beobachtet zu haben meinte, zu seiner Arbeit zurück. Am nächsten Tag unterhielt er sich mit einem Freund, der zugegen und selbst an dem Zerwürfnis beteiligt gewesen war, über den Vorfall. Dieser widerlegte Sir Walter in fast allen Punkten. Sir Walter, der einsah, wie schwierig es sei, die Wahrheit in fernliegenden Ereignissen zu erkennen, wenn er sich in einer Sache täuschen konnte, die sich vor seinen eigenen Augen abspielte, warf die Handschrift seiner ›Weltgeschichte‹ ins Feuer.
Wenn die Richter die Skrupel Sir Walter Raleighs teilten, so müßten sie ihre sämtlichen Vorschriften ins Feuer werfen.

Dazu sind sie jedoch nicht berechtigt. Sie würden damit die Justiz ableugnen, folglich ein Verbrechen begehen. Man kann wohl darauf verzichten, alles zu wissen; man kann aber nicht darauf verzichten, Recht zu sprechen. Wer den richterlichen Entscheidungen die methodische Tatsachenerforschung zugrunde legen wollte, wäre ein gefährlicher Sophist und ein heimtückischer Feind der bürgerlichen und militärischen Rechtspflege. Der Vorsitzende Bourriche denkt zu juristisch, um seine Urteilssprüche auf die Vernunft und die Wissenschaft zu stützen, die ewigen Auseinandersetzungen unterliegen. Er gründet sie auf Dogmen und Tradition, so daß seine Urteile an Autorität den Verfügungen der Kirche gleichen. Seine Urteile sind kanonisch. Damit meine ich, daß er sie einer bestimmten Sammlung heiliger Satzungen entnimmt. Sie sehen zum Beispiel, daß er seine Zeugen nicht nach unbestimmten und trügerischen Merkmalen der Wahrscheinlichkeit und nach menschlichen Gegebenheiten einstuft, sondern nach ihnen innewohnenden, unverrückbaren und offenkundigen Gesetzen. Er wägt sie nach dem Gewicht der Waffen. Was wäre einfacher und zugleich weiser? Die Aussage eines Hüters der Ordnung dünkt ihn unwiderleglich; dabei sieht er vom Menschlichen ab und begreift ihn sozusagen metaphysisch als Matrikelnummer einer Idealpolizei. Nicht, daß nach seiner Meinung Matra, Bastien, aus Cintomonte, Korsika, unfähig wäre, sich zu täuschen. Er war nie davon überzeugt, daß Bastien Matra ein besonders guter Beobachter sei oder die Tatsachen nach strengen und exakten Methoden prüfe. Tatsächlich sieht er nicht Bastien Matra, sondern den Polizisten Nr. 64! – Ein Mensch ist fehlbar, denkt er; Peter und Paul können sich täuschen. Auch Descartes und Gassendi, Leibniz und Newton, Bichat und Claude Bernard konnten sich täuschen. Wir alle täuschen uns alle Augenblicke. Zahllos sind die Anlässe zu Irrtümern. Die Sinneswahrnehmungen und die Urteile des Verstandes sind Täuschungsquellen und Ursachen der Unsicherheit. Dem Zeugnis eines Menschen ist nicht zu trauen: Testis unus, testis nullus. Hingegen darf man einer Nummer trauen. Bastien Matra aus Cintomonte ist fehlbar; aber Polizist Nr. 64, sieht man von seinem Menschentum ab, täuscht sich nicht. Er ist eine Wesenheit. Eine Wesenheit ist frei von dem, was den Menschen ausmacht und ihn verwirrt, verdirbt, mißbraucht. Sie ist rein, unabänderlich und unvermischt. Daher hat das Gericht nicht gezögert, die Aussage des Doktor Matthieu, der nur Mensch ist, abzulehnen und die des Polizisten Nr. 64 zuzulassen, da er eine reine Idee ist und wie ein Strahl des Göttlichen auf die Schranke des Gerichts gefallen zu sein scheint.

So vorgehend, sichert sich der Vorsitzende Bourriche eine gewisse Unfehlbarkeit: die einzige, auf die der Richter Anspruch erheben darf. Wenn der Zeuge einen Säbel trägt, so muß man den Säbel hören, nicht den Mann. Der Mann ist verächtlich und kann unrecht haben. Der Säbel ist es nicht und hat immer recht. Der Vorsitzende Bourriche ist tief in den Geist der Gesetze eingedrungen. Die Gesellschaft beruht auf der Macht; folglich gebührt ihr Ehrung als dem heiligen Fundament der Gesellschaft. Die Rechtspflege ist die Verwaltung der Macht. Der Vorsitzende Bourriche weiß, daß Polizist Nr. 64 ein Atom des Fürsten ist. Der Fürst lebt in jedem seiner Beamten. Zerstört man die Autorität des Polizisten Nr. 64, so unterwühlt man den Staat. ›Ein Blatt der Artischocke essen heißt die ganze Artischocke essen‹, sagt Bossuet in seiner erhabenen Sprache (›Politik, geschöpft aus der Heiligen Schrift‹, passim).

Alle Schwerter des Staates zeigen in eine Richtung. Sie gegeneinander zu lenken hieße die Republik stürzen. Deshalb wurde der Angeklagte Crainquebille auf die Aussage des Polizisten Nr. 64 hin mit vollem Recht zu vierzehn Tagen Gefängnis und fünfzig Francs Geldstrafe verurteilt. Mir ist, als hörte ich den Vorsitzenden Bourriche selbst die edlen und erlauchten Beweggründe seines Urteils erläutern. Ich glaube, ihn folgendermaßen zu vernehmen: ›Dieses Individuum wurde von mir in

Übereinstimmung mit dem Polizisten Nr. 64 verurteilt, weil dieser das Symbol der öffentlichen Macht ist. Um meine Weisheit zu verstehen, braucht man sich nur vorzustellen, was geschähe, wenn ich anders gehandelt hätte. Sie werden sofort einsehen, daß dies verrückt gewesen wäre. Wenn sich meine Urteile gegen die Macht richten würden, so würden sie nicht vollstreckt werden. Bedenken Sie, meine Herren, man gehorcht den Richtern nur, solange sie auf seiten der Macht stehen. Ohne die Gendarmen wäre der Richter nur ein armseliger Träumer. Gäbe ich einem Gendarmen unrecht, so schädigte ich mich selbst. Auch widerspräche es dem Geist der Gesetze. Wenn man den Starken die Waffen nähme, um sie den Schwachen zu geben, so entstünde eine Veränderung der sozialen Ordnung, die zu erhalten ja gerade meines Amtes ist. Die Justiz bekräftigt das bestehende Unrecht. Richtet sie sich je gegen die Eroberer, durchkreuzt sie die Pläne der Gewalthaber? Wenn sich eine ungesetzliche Macht auf den Thron setzt, so braucht sie nur von der Justiz anerkannt zu werden, um Gesetzmäßigkeit zu erlangen. Alles beruht auf der Form, und zwischen Unschuld und Verbrechen schwebt nur ein dünnes Blatt Stempelpapier. – Es stand Ihnen frei, Crainquebille, der Stärkere zu sein! Wenn Sie sich nach dem Schrei: Bulle verrecke, zum Kaiser, zum Diktator, zum Präsidenten der Republik oder auch nur zum Stadtrat erhoben hätten, so wären Sie von mir bestimmt nicht zu vierzehn Tagen Gefängnis und fünfzig Francs Geldstrafe verurteilt worden. Sie wären freigesprochen worden; das können Sie mir glauben.‹

Zweifellos hätte der Vorsitzende Bourriche so gesprochen; denn er besitzt den Geist des Jus und weiß, was die Behörde der Gesellschaft schuldet. Er verteidigt ihre Grundsätze nach Ordnung und Regel. Die Justiz ist sozial. Nur ruchlose Geister können sie menschlich und gefühlvoll wünschen. Sie wird nach festen Regeln, nicht aber mit den Schauern des Fleisches und den Glanzlichtern der Intelligenz verwaltet. Vor allem dürft ihr nicht von ihr fordern, daß sie gerecht sei! Sie braucht nicht

gerecht zu sein, weil sie ja die Justiz ist, und nur das Hirn des Anarchisten konnte die Idee von einer gerechten Justiz aushekken. Freilich sind die Urteile des Vorsitzenden Magnaud billig; doch werden sie ihm kassiert, und das ist Justiz!
Der echte Richter wägt die Zeugenaussagen nach dem Gewicht der Waffen. Das hat man im Fall Crainquebille wie in anderen berühmteren Strafsachen erlebt.«
So redete Herr Jean Lermite, während er den Vorsaal von einem bis zum anderen Ende durchmaß.
Maître Joseph Aubarrée, der im Justizpalast Bescheid wußte, antwortete, indem er sich die Nasenspitze kratzte: »Wenn meine Ansicht Sie interessiert, so glaube ich nicht, daß sich der Vorsitzende Bourriche in solche Höhen der Metaphysik versteigen würde. Eher denke ich, daß er, als er das Zeugnis des Polizisten Nr. 64 als Wahrheitsbeweis gelten ließ, nur das tat, was er stets hatte tun sehen. Die Triebfeder der menschlichen Handlungen scheint mir die Nachahmung zu sein. Wenn man sich dem Herkommen fügt, so wird man immer als ein Mann von Ehre gelten. Brave Männer sind die, die so handeln wie die andern.«

5
Die Unterwerfung Crainquebilles unter die Gesetze der Republik

Crainquebille setzte sich, in seine Zelle zurückgekehrt, voll Staunen und Bewunderung auf seinen angeschmiedeten Schemel. Er selbst wußte kaum, ob sich die Richter geirrt hätten. Das Gericht hatte ihm seine innere Schwäche unter dem Prunk der Aufmachung verhüllt. Er wußte nicht zu sagen, ob er gegen eine Behörde, deren Gründe er nicht begriff, im Recht war; er war außerstande zu verstehen, daß eine so schöne Zeremonie innerlich wurmstichig sei. Da er weder die Messe noch das Elysée besuchte, hatte er sein Lebtag nichts so Herrliches wie

das Strafgericht gesehen. Er wußte allerdings, daß er nicht »Bulle verrecke« gerufen hatte. Daß er zu einer Gefängnisstrafe von vierzehn Tagen verurteilt war, erschien ihm als erhabenes Mysterium, als einer jener Glaubensartikel, an welche die Gläubigen sich klammern, ohne zu verstehen – als dunkle, überwältigende und schauerlich-ehrwürdige Offenbarung.
Der arme Alte sah sich schuldig, den Polizisten Nr. 64 auf mystische Art beschimpft zu haben, wie der kleine Bub in der Glaubenslehre seine Mitschuld an Evas Sünde einsieht. Seine Verurteilung hatte ihn gelehrt, daß er »Bulle verrecke« gerufen habe. Auf geheimnisvolle und ihm selbst unergündliche Weise hatte er »Bulle verrecke« gerufen! Er war in eine übernatürliche Welt entrückt, und sein Urteil bildete seine Apokalypse.
Wenn er sich auch seines Vergehens nicht bewußt war, so verstand er dafür seine Strafe um so besser. Seine Verurteilung war ihm als etwas Feierliches, Rituelles und Bedeutungsvolles erschienen – als etwas Blendendes, das man nicht begreift, das keine Erörterung zuläßt und das man weder loben noch beklagen darf. Hätte er jetzt den Vorsitzenden Bourriche mit einem Heiligenschein und weißen Flügeln aus der geöffneten Decke herabschweben sehen, so wäre er durch diese neue Offenbarung richterlicher Glorie nicht erschüttert worden. Er hätte sich nur gesagt: »Deine Sache nimmt ihren Lauf.«
Am nächsten Tag besuchte ihn sein Anwalt.
»Nun, mein Lieber, Sie befinden sich wohl nicht allzuschlecht? Mut! Zwei Wochen sind bald überstanden. Wir brauchen uns nicht gar so sehr zu beklagen.«
»Na ja, die Herren waren ganz nett und höflich. Kein einziges grobes Wort ... Hätt' ich eigentlich gar nicht gedacht. Und der Wachtmeister hatte weiße Handschuhe an – haben Sie es gesehen?«
»Alles in allem war es schon das gescheiteste, zu gestehen.«
»Kann sein ...«
»Crainquebille, ich habe eine gute Nachricht für Sie. Eine mildtätige Person, die ich für Ihre Lage zu interessieren wußte,

hat mir einen Betrag von fünfzig Francs für Sie anvertraut, wovon Ihre Geldstrafe bezahlt werden soll.«
»Und wann kann ich die fünfzig Francs kriegen?«
»Sie werden an die Gerichtskanzlei gezahlt. Machen Sie sich keine Sorgen darum!«
»Ganz egal . . . Schönen Dank auch . . .«
Und nachdenklich murmelte Crainquebille: »Es ist nicht geheuer, was mir alles geschieht.«
»Übertreiben Sie nicht, Crainquebille. Ihr Fall ist nicht einmal selten: im Gegenteil.«
»Können Sie mir vielleicht sagen, wo mein Wagen hingekommen ist?«

6

Crainquebille vor der öffentlichen Meinung

Nach seiner Entlassung aus dem Gefängnis schob Crainquebille seinen Wagen durch die Rue Montmartre und rief: »Rüben! – Möhren! – Kohl!« Sein Abenteuer erregte ihm weder Stolz noch Scham. Die Erinnerung daran barg nichts Peinliches für ihn. Es war wie Theater, Reise oder Traum. Er war es ganz zufrieden, das kotige Pflaster zu treten, den wie Rinnsale schmutzigwässerigen Himmel, den guten Himmel seiner Stadt, zu Häupten. An allen Ecken machte er halt, um sich ein Gläschen hinter die Binde zu gießen. Dann spuckte er sich, leicht und befreit, in die Hände, um die schwieligen Handflächen zu schmieren, packte die Griffe seines Wagens und schob ihn weiter, wobei er den gewohnten Ruf erschallen ließ: »Rüben! – Möhren! – Kohl!« Und die Spatzen, die wie er Frühaufsteher waren und ihren Unterhalt auf der Gasse suchten, flogen in Schwärmen vor ihm auf. Eine alte Wirtschafterin, die herangetreten war und den Sellerie prüfte, fragte ihn: »Was war denn mit Ihnen los, Vater Crainquebille? Man hat Sie ja fast drei Wochen lang nicht gesehen. Waren Sie krank? Sie sind etwas blaß um die Nase.«

»Das will ich Ihnen sagen, Frau Mailloche: ich hab' den Rentier gespielt.«

In seinem Leben hatte sich nichts verändert; höchstens kehrte er jetzt öfter beim Kneipwirt ein, weil ihm feierlich zumute war und er mildtätige Menschen kennengelernt hatte. Ziemlich angeheitert ging er nach Hause auf seinen Hängeboden. Im Bett ausgestreckt, breitete er die Säcke, die ihm der Kastanienverkäufer an der Ecke geliehen, als Decke über sich aus und sann: »Im Gefängnis, nun ja, da gibt's nichts zu klagen ... Man hat, was man braucht ... und doch ist's besser zu Hause.«

Seine Zufriedenheit war nur von kurzer Dauer. Bald merkte er, daß ihn seine Kundinnen schnitten.

»Schöner Sellerie, Frau Cointreau!«

»Brauche nichts.«

»Nanu, Sie brauchen nichts? Sie können doch nicht von der Luft leben.«

Und Frau Cointreau ging stolz, ohne ihn einer Antwort zu würdigen, in ihren großen Bäckerladen zurück. Die Ladnerinnen und Hausbesorgerinnen, die einst emsig seinen grünen und blühenden Wagen umdrängt hatten, wandten sich nunmehr von ihm ab. Vor dem Schuhladen »Zum Schutzengel«, wo sein juristisches Abenteuer seinen Anfang genommen, rief er: »Frau Bayard! Frau Bayard! Sie schulden mir von neulich noch fünfzehn Sous!«

Aber Frau Bayard, die hinter ihrem Ladentisch saß, wandte nicht einmal den Kopf zu ihm hin.

Die ganze Rue Montmartre wußte, daß Crainquebille »gesessen« hatte, und infolgedessen kannte ihn die ganze Rue Montmartre nicht mehr. Das Gerücht von seiner Verurteilung war bis in die Vorstadt und zur stürmischen Ecke der Rue Richer gedrungen. Gegen Mittag sah er dort, wie sich Frau Laure, seine alte und treue Kundin, über den Wagen des kleinen Martin beugte. Sie tastete gerade an einem großen Kohlkopf herum. Ihr wie aus üppigen Goldfäden geflochtenes Haar flammte in der Sonne. Und der kleine Martin, der schmuddelige Wicht, schwor, die Hand auf dem Herzen, daß seine Ware die beste sei. Dieser Anblick brach Crainquebille das Herz. Er schob seinen Wagen an dem des kleinen Martin vorbei und redete Frau Laure mit kläglich zerbrochener Stimme an: »Das find' ich nicht nett von Ihnen, daß Sie mir untreu geworden sind.«

Frau Laure wußte selbst, daß sie keine Herzogin war. Ihre Meinung über die »Grüne Minna« und das »Kittchen« war nicht in der feinen Gesellschaft entstanden. Aber ehrbar kann man doch wohl in allen Ständen sein, nicht wahr? Ein jeder hat seinen Stolz, und mit einem Geschöpf, das »gesessen« hat, tätigt man nicht gern Geschäfte. Daher antwortete sie Crainquebille nicht, sondern tat nur, als räuspere sie sich. Der alte Händler, der den Schimpf fühlte, heulte auf: »Saumensch du ... elendiges ...«

Frau Laure ließ den Kohl zur Erde fallen und keifte: »Ei, scher dich weg, du rückfälliger Verbrecher! Das kommt aus dem ›Loch‹ und untersteht sich, die Leute zu beleidigen!«

Hätte Crainquebille sein kaltes Blut bewahrt, so würde er Frau Laure aus ihrem Gewerbe nie einen Vorwurf gemacht haben. Er wußte wohl, daß man im Leben nicht immer tun kann, was man möchte, daß man sich seinen Beruf nicht selbst wählt und daß es überall gute Menschen gibt. Für gewöhnlich sah er darüber hinweg, was seine Kundinnen in ihren vier Wänden trieben, und verachtete niemand. Jetzt aber war er außer sich geraten. Dreimal nannte er Frau Laure ein »Saumensch«, ein »Luder« und eine »alte Schneppe«. Ein Kreis Neugieriger bildete sich um Frau Laure und Crainquebille, die weitere, ebenso herrliche Schimpfwörter tauschten und womöglich ihren ganzen Rosenkranz abgebetet hätten, wenn sich nicht plötzlich stumm und feierlich ein Polizist vor ihnen aufgepflanzt hätte. Daraufhin verstummten auch sie. Dann schieden sie voneinander. Durch diesen Auftritt waren jedoch Crainquebille der Faubourg Montmartre und die Rue Richer für immer verleidet.

7
Die Folgen

Der alte Mann ging weiter, vor sich hin brummend: »Das elendige alte Saumensch ... Die Schlimmste von allen ...«
Im Grunde seines Herzens machte er ihr aus ihrem Gewerbe keinen Vorwurf. Er verachtete sie deswegen nicht. Er schätzte sie sogar sehr, weil er wußte, daß sie sparsam und ordentlich war. Ehemals hatten beide gern miteinander geschwatzt. Sie hatte ihm von ihren Eltern erzählt, die auf dem Lande lebten. Und beide hegten sie den gleichen Wunsch: Ein Gärtchen zu bebauen und Hühner zu züchten. Sie war eine gute Kundin. Als er sie bei dem kleinen Martin, dem schmuddeligen Wicht, hatte stehen sehen, war es ihm gewesen, als hätte man ihm einen Schlag in den Magen versetzt. Daß er sich obendrein von ihr verachtet wußte, hatte ihm die Galle überlaufen lassen – verdammt noch einmal!
Das ärgste war, daß sie nicht die einzige blieb, die ihn wie einen Aussätzigen behandelte. Niemand wollte ihn mehr kennen. Wie Frau Laure, Frau Cointreau, die Bäckerin, Frau Bayard vom »Schutzengel« verachteten sie ihn alle und stießen ihn zurück. Die ganze Blase also ...
Lieber Gott! Weil man vierzehn Tage im »Kittchen« gesessen hatte, war man nicht mehr gut genug, Porree zu verkaufen! War das gerecht? Durfte man einen braven Mann Hungers sterben lassen, weil er sich mit den »Polypen« verkracht hatte? Wenn er sein Grünzeug nicht mehr verkaufen konnte, so blieb ihm nichts übrig, als zu verrecken.
Wie schlecht gelagerter Wein wurde er sauer. Nach dem Wortwechsel mit Frau Laure verzankte er sich mit allen Leuten. Für ein Nichts sagte er seinen Kundinnen, ohne ein

Blatt vor den Mund zu nehmen, seine Meinung: glauben Sie es mir! Wenn sie etwas länger in der Ware wühlten, schalt er sie »Bummelliesen« und »Schlampen«. Ähnlich fuhr er seine Zechgenossen beim Kneipwirt an. Sein Freund, der Kastanienverkäufer, der ihn nicht mehr kennen wollte, nannte Crainquebille ein »richtiges Stachelschwein«. Es war nicht zu leugnen: er benahm sich unflätig, war unverträglich und großmäulig geworden. Wenn er die Gesellschaft unzulänglich fand, so besaß er nicht wie ein Professor der moralischen und politischen Wissenschaften die Möglichkeit, seine Gedanken über die Mängel des Systems und die erforderlichen Reformen in Worte zu kleiden; denn in seinem Kopf schlossen sich die Gedanken nicht maßvoll und übersichtlich aneinander.

Das Unglück machte ihn ungerecht. Er rächte sich an solchen, die ihm nichts zuleide taten und mitunter schwächer waren als er. Einst ohrfeigte er Alphonse, das Söhnchen des Weinhändlers, weil dieser ihn gefragt hatte, wie man im »Kittchen« lebe. Dann sagte er zu ihm: »Dreckiger Lümmel du! Im Kittchen sollte dein Vater sitzen, der alte Giftmischer ...«

Damit legte er keine Ehre ein. Mit Recht warf ihm der Kastanienverkäufer vor, daß man ein Kind weder prügeln noch ihm seinen Vater vorhalten solle; denn es habe ihn sich ja nicht selbst ausgesucht.

So ergab er sich dem Trunk. Je weniger er einnahm, desto mehr Schnaps goß er in sich hinein. Der einst so sparsame und mäßige Mann war selbst darüber befremdet.

»Bin doch nie ein Leckermaul gewesen«, sagte er. »Im Alter muß man wohl den Verstand verlieren ...«

Manchmal tadelte er sich selbst wegen seines schlechten Lebenswandels und seiner Faulheit.

»Alter Crainquebille, du möchtest nicht mal mehr einen Finger krumm machen ...«

Bisweilen betrog er sich selbst und redete sich ein, das Trinken sei ihm Bedürfnis. »Ab und zu muß man ein Schnäpschen zu sich nehmen, denn das kräftigt und erfrischt ... Hab' es wie ein

Feuer hier drinnen... Beim Trinken kühlt sich's ein bißchen ab...«

Oft geschah es ihm, daß er morgens den Warenverkauf in der Halle versäumte und mit mangelhafter Ware, die er auf Kredit erhielt, vorliebnehmen mußte. Als er sich eines Tages schwach in den Knien und krank am Herzen fühlte, ließ er seinen Wagen einfach im Schuppen stehen und strich den lieben langen Tag um den Stand der Frau Rose, der Kaldaunenverkäuferin, herum oder lungerte bei den Schenkwirten der Halle.

Abends saß er grübelnd auf einem Korb und begann sich seines Verfalls bewußt zu werden. Er gedachte der Ausdauer und Arbeitsfreude von einst, der langen Mühen und guten Einnahmen, der unzähligen gleichförmigen und ausgefüllten Tage... Er mußte an die hundert Schritte auf dem Pflaster der Markthalle denken, die er getan, ehe der Verkauf begonnen hatte... Arme voll Gemüse hatte er hinausgetragen und kunstvoll im Wagen aufgeschichtet... Ganz heiß hatte er den Morgenkaffee bei Frau Théodore hinuntergeschluckt, einen Fuß schon erhoben und die Hände an den Griffen der Karre... Hell und stark wie ein Hahnenschrei hatte sein Ruf die Morgenluft durchklungen. Dann war er durch die belebten Straßen gezogen... Er hatte das rauhe und unschuldige Leben eines menschlichen Arbeitspferdes geführt, wenn er ein halbes Jahrhundert lang auf seinem rollenden Laden den von Sorgen und Nachtwachen zermürbten Städtern die frische Ernte der Gemüsegärten ans Haus gebracht hatte... Und kopfschüttelnd seufzte er: »Ach nein... Der alte Mut ist zum Teufel gegangen... Bin am Ende... Der Krug geht so lange zu Wasser, bis er bricht. Seit meiner Sache vor Gericht bin ich ein anderer geworden... Ich bin nicht mehr derselbe Mensch... Hol's der Kuckuck...«

So war er schließlich verkommen. In diesem Zustand gleicht man einem am Boden liegenden Menschen, über den alle hinwegtreten.

8
Die letzten Folgen

Und das Elend kam, das schwarze Elend. Der alte Händler, der die Sou-Stücke in Säcken aus der Rue Montmartre fortgetragen hatte, besaß nicht einen roten Heller mehr. Es war Winter. Aus seinem Hängeboden verjagt, schlief er unter Karren in einem Schuppen. Seit vierundzwanzig Stunden hatte es ununterbrochen geregnet; die Gossen waren übergelaufen, und sein Schuppen war überschwemmt.

Über den unreinen Fluten in seinem Wagen kauernd, in Gesellschaft von Spinnen, Ratten und hungrigen Katzen, brütete er im Dämmer vor sich hin. Den ganzen Tag hatte er nichts gegessen; die Säcke des Kastanienverkäufers fehlten ihm zum Zudecken. Da fielen ihm die zwei Wochen wieder ein, in welchen die Obrigkeit für seine Nahrung und sein Lager gesorgt hatte. Er beneidete die Häftlinge, die weder Hunger noch Kälte litten, und es kam ihm ein Gedanke. »Den Kniff kenn' ich ja jetzt ... Warum soll ich ihn nicht benutzen?«

Er stand auf und ging auf die Straße. Es war kurz nach elf Uhr. Das Wetter war dunkel und häßlich. Ein staubfeiner Regen fiel, kälter und durchdringender als richtiger Regen. Vereinzelte Fußgänger schlichen an den Häuserwänden entlang.

Crainquebille ließ die Kirche Saint-Eustache hinter sich und bog in die Rue Montmartre ein. Sie lag verlassen. Vor der Kirche stand ein Hüter der Ordnung auf dem Bürgersteig; über ihm glomm eine Laterne, um deren Gasflamme man den Regen rötlich rieseln sah. Er troff dem Beamten auf die Kappe; sein Gesicht darunter war wie erstarrt. Zog er das Licht dem Dunkel vor, oder war er nur müde? Jedenfalls blieb er unter der Laterne stehen, als wäre sie ihm ein Kamerad oder Freund. Das zitternde Flämmchen war seine einzige Zerstreuung in der Nacht. Seine Unbeweglichkeit hatte nichts Menschliches. Das Spiegelbild seiner Stiefel auf dem nassen Gehsteig, der in einen See verwandelt schien, verlängerte ihn nach unten und gab ihm das unbestimmte Aussehen eines amphibischen Untiers, das mit halbem Leibe aus der Flut aufgetaucht war. Seine derben, durch den Schatten der Kappe noch vergröberten Gesichtszüge waren friedfertig und besorgt. Er trug einen grauen dichten, kurzgeschnittenen Schnurrbart. Er mochte etwas über vierzig Jahre zählen.

Crainquebille näherte sich ihm sacht und rief ihm mit dünner, unsicherer Stimme zu: »Bulle verrecke!«

Dann wartete er die Wirkung des verfemten Wortes ab. Diese blieb jedoch aus. Die Arme unter dem kurzen Mantel verschränkt, verharrte der Büttel stumm und regungslos. Seine weitgeöffneten Augen, die im Dunkeln glänzten, blickten Crainquebille betrübt, aufmerksam und verächtlich an.

Crainquebille, der trotz seiner Verwunderung einen Rest Entschlossenheit bewahrt hatte, stammelte: »Bulle verrecke! hab' ich gesagt!«

Es entstand eine lange Stille, in der nur der feine rötliche Regen fiel und rings eisige Finsternis herrschte. Endlich brach der Polizist das Schweigen: »So etwas sagt man nicht. So etwas sagt man unter keinen Umständen. Sie sollten vernünftiger sein in Ihrem Alter ... Gehen Sie weiter!«

»Warum verhaften Sie mich denn nicht?« fragte Crainquebille.

Der Polizist schüttelte sein Haupt unter der triefenden Kappe. »Wenn man alle Saufbrüder festnehmen wollte, die sagen, was sie nicht sollen, so hätte man viel zu tun ... Und wozu sollte das nützen?«

Crainquebille, der durch diese großmütige Verachtung wie vor den Kopf gestoßen war, stand, die Füße in der Nässe, lange still und betreten. Ehe er sich entfernte, versuchte er zu erklären: »Nicht zu Ihnen hab' ich ›Bulle verrecke!‹ gesagt ... Es war nur so eine Idee ...«

Der Polizist antwortete mit milder Strenge: »Ob Idee oder nicht ... Man darf so etwas nicht sagen, weil man einen Menschen, der seine Pflicht tut und viel Ungemach erträgt, nicht mit müßigen Worten kränken soll. Und jetzt sage ich Ihnen noch einmal: Gehen Sie Ihrer Wege!«

Mit gesenktem Kopf und hängenden Armen entschwand Crainquebille in Regen und Finsternis.

BLAUBARTS SIEBEN FRAUEN

Nach authentischen Quellen

I

Über die im Volksmund Blaubart genannte berühmte Persönlichkeit sind die verschiedenartigsten, absonderlichsten und irrigsten Ansichten geäußert worden. Am wenigsten vertretbar ist vielleicht diejenige, nach der dieser Edelmann für eine Personifizierung der Sonne gehalten wird. Sie wurde vor etwa vierzig Jahren von einer gewissen Schule vergleichender Mythologie verfochten. Die sieben Frauen Blaubarts deutete man als Morgenröten und seine beiden Schwäger als Morgen- und Abenddämmerung in Übereinstimmung mit den Dioskuren, den Befreiern der von Theseus geraubten Helena. Wer versucht sein sollte, dies zu glauben, sei daran erinnert, daß ein gelehrter Bibliothekar aus Agen, Jean-Baptiste Pérès, im Jahre 1817 mit Scheingründen bewies, daß Napoleon niemals gelebt habe und die Geschichte dieses vermeintlichen großen Feldherrn nur ein Sonnenmythos sei. Trotz der erfinderischsten Gedankenspielereien kann nicht daran gezweifelt werden, daß Blaubart und Napoleon wirklich gelebt haben.

Nach einer keineswegs besser begründeten Hypothese soll Blaubart mit dem Marschall von Rais identisch sein, der am 26. Oktober 1440 infolge eines Gerichtsspruchs auf der Brücke von Nantes erdrosselt wurde. Wir wollen nicht mit Herrn Salomon Reinach untersuchen, ob der Marschall wirklich alle Verbrechen beging, deren man ihn beschuldigte, oder ob sein Reichtum ihm zum Verderben wurde, da es einen habgierigen Fürsten danach gelüstete, jedenfalls erinnert doch nichts in seinem Leben an die Geschehnisse im Leben Blaubarts, und das genügt, um die beiden nicht miteinander zu verwechseln und zu einer einzigen Person zu machen.

Charles Perrault gebührt das Verdienst, um 1660 die erste

Biographie dieses Edelmannes geschrieben zu haben, der zu Recht höchst bemerkenswert ist, weil er siebenmal verheiratet war. Perrault machte aus ihm einen vollendeten Bösewicht und den schlimmsten Ausbund an Grausamkeit, den es je gegeben hat. Doch wenn man auch nicht an seiner Aufrichtigkeit zweifeln darf, so doch an der Zuverlässigkeit seiner Informationen. Es wäre nicht das erste Beispiel, daß ein Historiker oder Poet sich darin gefällt, alles in düsteren Farben darzustellen. Wenn uns von Titus ein Bild überliefert wurde, das wahrscheinlich geschmeichelt ist, so scheint Tacitus dagegen Tiberius viel zu schwarz gezeichnet zu haben. Macbeth, den die Legende und Shakespeare mit Verbrechen beluden, war in Wahrheit ein gerechter und weiser König. Er ermordete den alten König Duncan keineswegs in verräterischer Weise. Duncan wurde bereits in jungen Jahren in einer großen Schlacht vernichtend geschlagen und am nächsten Tage an einem Ort, »Schwertfegerhütte« genannt, tot aufgefunden. Dieser König hatte mehrere Verwandte Gruchnos, der Frau des Macbeth, umgebracht. Unter Macbeth war Schottland aufgeblüht; er begünstigte den Handel und wurde als Verteidiger des Bürgertums, als wahrer Volkskönig angesehen. Der Adel der Clans verzieh ihm nicht, daß er Duncan besiegt hatte und das Handwerk förderte; deshalb zerstörte und entehrte er sein Andenken. Nach seinem Tode kannte man den guten König Macbeth nur noch aus den Berichten seiner Feinde, deren Lügen durch das Genie Shakespeares dem menschlichen Bewußtsein eingeprägt wurden. Schon lange argwöhnte ich, daß Blaubart das Opfer eines ähnlichen Verhängnisses sei. Alle seine Lebensumstände, wie ich sie berichtet fand, stellten meinen Geist keineswegs zufrieden noch genügten sie meinem stetigen verzehrenden Bedürfnis nach Logik und Klarheit. Als ich darüber nachdachte, entdeckte ich darin unüberwindliche Schwierigkeiten. Man bemühte sich zu eifrig, mich von der Grausamkeit dieses Mannes zu überzeugen, als daß mir nicht Zweifel gekommen wären.

Meine Ahnung täuschte mich nicht. Meine Vermutungen beruhten auf einer gewissen Kenntnis der menschlichen Natur und sollten bald zur Gewißheit werden, die sich auf unwiderlegbare Beweise gründete. Ich entdeckte bei einem Steinmetz in Saint-Jean-des-Bois verschiedene auf Blaubart bezügliche Schriftstücke, unter anderem seine Rechtfertigung und eine anonyme Anklage gegen seine Mörder, der aus mir unbekannten Gründen nie nachgegangen wurde. Diese Dokumente bestärkten mich in der Ansicht, daß er gut und unglücklich gewesen ist und sein Andenken schändlichen Verleumdungen unterlag. Seitdem betrachtete ich es als meine Pflicht, seine wahre Geschichte zu schreiben, ohne mich übertriebenen Hoffnungen über den Erfolg einer solchen Unternehmung hinzugeben. Dieser Versuch einer Ehrenrettung ist, darüber bin ich mir klar, dazu verurteilt, kaum beachtet und vergessen zu werden. Was vermag die kalte nackte Wahrheit gegen den Zauberglanz der Lüge?

2

Um 1650 lebte auf seinen zwischen Compiègne und Pierrefonds gelegenen Gütern ein reicher Edelmann namens Bernard von Montragoux, dessen Vorfahren die höchsten Ämter im Königreich bekleidet hatten; er aber weilte fern vom Hofe in friedlichem Dunkel, das damals alles umgab, worauf nicht der Blick des Königs fiel. Sein Schloß Les Guillettes war voller kostbarer Möbel, silbernen und goldenen Tafelgeschirrs, Wandteppiche und Stickereien, die er in Gerätekammern aufbewahrte. Nicht, daß er seine Schätze aus Furcht, sie durch Gebrauch zu beschädigen, verborgen hätte – er war im Gegenteil freigebig und prachtliebend –; aber zu jener Zeit führten die Edelleute in der Provinz für gewöhnlich ein sehr einfaches Leben, ließen das Gesinde mit an ihrem Tisch essen und tanzten sonntags mit den Dorfmädchen. Doch bei bestimmten Gelegenheiten gaben sie prächtige Feste, die aus der Mittelmäßigkeit des Alltagslebens herausragten. Deshalb mußten sie viele schöne Möbel und Wandbehänge vorrätig haben. Das war auch bei Herrn von Montragoux der Fall.

Sein Schloß, das zur Zeit der Gotik erbaut war, zeigte die ganze Rauheit dieser Epoche. Äußerlich wirkte es streng und unwirtlich mit den Stümpfen seiner dicken Türme, die in den Wirren des Königs Ludwig niedergerissen waren. Im Innern bot es einen behaglicheren Anblick. Die Räume waren im italienischen Stil ausgestaltet, und die große Galerie im Erdgeschoß war ganz mit Reliefs, Malereien und Vergoldungen verziert.

An einem Ende dieser Galerie befand sich ein Gemach, das gewöhnlich »das kleine Gemach« genannt wurde. Dies ist der einzige Name, mit dem Charles Perrault es bezeichnet. Es ist nicht unwesentlich zu wissen, daß es auch das Gemach der unglücklichen Prinzessinnen hieß, weil ein Florentiner Maler an den Wänden tragische Geschichten dargestellt hatte: Dirke, die Tochter des Sonnengottes, die von den Söhnen der Antiope an die Hörner eines Stieres gebunden wurde, Niobe, die auf dem Berg Sipylos ihre von göttlichen Pfeilen durchbohrten Kinder beweint, Prokris, die den Speer des Kephalos auf ihre Brust herausfordert. Die Gestalten wirkten wie lebend, und die Porphyrfliesen, mit denen das Zimmer ausgelegt war, schienen rot vom Blut der unglücklichen Frauen. Eine Tür des Gemaches führte auf den Burggraben, der kein Wasser enthielt.

Die Ställe befanden sich in einem etwas abseits vom Schloß gelegenen prächtigen Gebäude. Sie enthielten Boxen für sechzig Pferde und Remisen für zwölf vergoldete Karossen. Was aber Les Guillettes zu einem anmutigen Aufenthaltsort machte, das waren die Wasserläufe und Wälder in der Umgebung, so daß man sich hier den Freuden des Fischfangs und der Jagd widmen konnte.

Viele Bewohner der Gegend kannten Herrn von Montragoux nur unter dem Namen Blaubart; denn so nannte ihn das Volk. Sein Bart war blau, tatsächlich aber tiefschwarz und wirkte deshalb blau. Man darf sich Herrn von Montragoux keineswegs als ein Ungeheuer gleich dem dreiköpfigen Typhon vorstellen, den man in Athen sehen kann, wie er in seine drei indigofarbenen Bärte grinst. Wir kommen der Wirklichkeit näher, wenn wir den Schloßherrn von Les Guillettes mit jenen Komödianten und Priestern vergleichen, deren frischrasierte Wangen bläulich schimmern. Herr von Montragoux trug keinen Spitzbart wie sein Großvater am Hofe König Heinrichs II., auch keinen breiten Vollbart wie sein Urgroßvater, der in der Schlacht von Marignano fiel. Wie Herr von Turenne hatte er nur einen kleinen Schnurrbart und ein Kinnbärtchen; seine Wangen zeigten einen blauen Schimmer; aber was man auch immer behauptet hat, dieser gute Edelmann war keineswegs mißgestaltet und deshalb auch nicht furchterregend. Er wirkte dadurch nur männlicher, und sah er auch etwas wild aus, so mußten die Frauen deshalb doch nicht Widerwillen gegen ihn empfinden. Bernard von Montragoux war ein sehr schöner, stattlicher, breitschultriger, wohlbeleibter Mann mit gutmütigem Gesicht. Allerdigs wirkte er bäurisch und duftete mehr nach Wald als nach Boudoirs und Salons. Gleichwohl gefiel er den Damen offensichtlich nicht so, wie er es seinem Aussehen und Reichtum entsprechend hätte tun müssen. Seine Schüchternheit war schuld daran, seine Schüchternheit und nicht etwa sein Bart. Die Frauen übten eine unwiderstehliche Anziehungskraft auf ihn aus und flößten ihm dabei unüberwindliche Angst ein. Er fürchtete sie ebensosehr, wie er sie liebte. Daraus erwuchs sein ganzes Ungemach. Wenn er eine Dame zum erstenmal sah, wäre er lieber gestorben, als daß er das Wort an sie gerichtet hätte. Mochte sie ihm auch noch so sehr gefallen, so verharrte er doch vor ihr in finsterem Schweigen; seine Gefühle drückten sich nur in seinen Augen aus, die er in furchterregender Weise rollte. Infolge dieser Schüchternheit war er allen möglichen Unannehmlichkeiten ausgesetzt; sie hinderte ihn vor allem daran, ehrbaren Umgang mit bescheidenen, zurückhaltenden Frauen zu pflegen, und ließ ihn wehrlos

in die tollkühnsten und gewagtesten Abenteuer geraten. Das war das Unglück seines Lebens.
Schon früh Waise geworden, hatte er in seiner Schüchternheit und Angst vor dem weiblichen Geschlecht die vorteilhaften und höchst ehrbaren Partien, die sich ihm boten, ausgeschlagen und ein Fräulein Colette Passage geheiratet, die sich vor kurzem in der Gegend niedergelassen hatte, nachdem sie mit einem Tanzbären durch die Städte und Dörfer des Königreiches gezogen war und sich damit etwas Geld verdient hatte. Blaubart liebte sie von ganzem Herzen und mit aller Kraft. Man muß gerechterweise sagen, daß sie ihm auch gefallen konnte, so wie sie beschaffen war, kräftig, vollbusig, die Haut noch ziemlich frisch, wenn auch sonnengebräunt. Ihre Überraschung und Freude, eine Dame von vornehmem Stande zu werden, war zunächst groß. Ihr Herz, das nicht schlecht war, ließ sich rühren durch die Güte eines Gatten von so hohem Range und so starker Beleibtheit, der sich ihr gegenüber als der gehorsamste Diener und leidenschaftlichste Liebhaber erwies. Aber nach einigen Monaten begann sie sich zu langweilen, da sie nicht mehr durch die Welt ziehen konnte. Von Reichtum umgeben, mit Fürsorge und Liebe überhäuft, fühlte sie sich doch nur glücklich, wenn sie den Gefährten ihres Gauklerlebens, der in einem Keller mit einer Kette um den Hals und einem Ring durch die Nase schmachtete, besuchte und ihn weinend auf die Augen küßte. Herr von Montragoux bemerkte ihren Kummer und wurde selbst bekümmert darüber; und seine Betrübnis vermehrte wiederum die seiner Gefährtin. Die Artigkeiten und Liebesbeweise, mit denen er sie überschüttete, machten der armen Frau das Herz schwer. Eines Morgens beim Erwachen fand Herr von Montragoux Colette nicht mehr an seiner Seite. Vergeblich suchte er sie im ganzen Schloß. Die Tür zum Gemach der unglücklichen Prinzessinnen stand offen. Durch dieses hatte sie mit ihrem Bären das Weite gesucht. Blaubarts Schmerz war nicht mitanzusehen, ohne daß man Mitleid empfunden hätte. Trotz der zahllosen Boten, die er

nach Colette Passage ausschickte, hörte man nie wieder etwas von ihr.
Herr von Montragoux trauerte noch um sie, als er bei einem Fest in Les Guillettes mit Jeanne de La Cloche, der Tochter des Kriminalrichters von Compiègne, tanzte und in Liebe zu ihr entbrannte. Er hielt um ihre Hand an, und die Hochzeit fand alsbald statt. Sie liebte den Wein und trank unmäßig davon. Diese Neigung verstärkte sich derart, daß sie in wenigen Monaten ein kupferrotes Säufergesicht bekam und wie ein Weinfaß aussah. Das schlimmste aber war, daß dieses Weinfaß, wenn es wütend wurde, schreiend, fluchend und rülpsend unaufhörlich durch die Säle und über die Treppen rollte und dabei alles, was ihm in den Weg kam, mit einer Flut von Schimpfwörtern und Wein bespie. Herr von Montragoux war darüber ganz fassungslos vor Abscheu und Entsetzen. Doch er nahm alsbald allen Mut zusammen und befleißigte sich mit ebensoviel Festigkeit wie Geduld, seine Gattin von einem so widerwärtigen Laster zu heilen. Mit allen Mitteln versuchte er es: mit Bitten, Ermahnungen, Flehen und Drohungen. Nichts verfing bei ihr. Er entzog ihr den Wein aus seinem Keller; sie verschaffte sich von außerhalb anderen, dessen Wirkung noch abscheulicher war.
Um ihr den Geschmack an dem heißgeliebten Getränk zu vergällen, tat er Katzenkraut in die Flaschen. Sie glaubte, er wolle sie vergiften, stürzte sich auf ihn und stieß ihm ein Küchenmesser drei Zoll tief in den Leib. Beinahe wäre er daran gestorben, ließ jedoch nicht von seiner gewohnten Sanftmut ab. »Sie ist eher zu beklagen als zu tadeln«, meinte er. Als man eines Tages vergessen hatte, die Tür zum Gemach der unglücklichen Prinzessinnen zu verschließen, trat Jeanne de La Cloche hinein, wie gewöhnlich nicht recht bei Sinnen, und als sie an den Wänden die gemalten Gestalten mit dem Ausdruck des Schmerzes und im Begriff, den Geist aufzugeben, sah, hielt sie jene für lebendige Frauen und floh entsetzt ins Freie, indem sie Zeter und Mordio schrie. Als sie hörte, daß Blaubart sie rief und

ihr nacheilte, stürzte sie sich in panischer Angst in den Teich und ertrank. Kaum glaublich und dennoch wahr: ihr Gatte war betrübt über ihren Tod, ein so mitfühlendes Herz hatte er!
Sechs Wochen nach dem Unglücksfall heiratete er in aller Stille Gigonne, die Tochter seines Pächters Traignel. Sie lief stets in Holzpantinen umher und roch nach Zwiebeln. Abgesehen davon, daß sie auf einem Auge schielte und mit einem Fuß hinkte, war sie ein recht hübsches Mädchen. Sobald diese Gänsehirtin verheiratet war, packte sie ein wahnwitziger Ehrgeiz, und sie träumte nur noch von ihr bisher unbekannter Größe und Pracht. Ihre Brokatgewänder fand sie nicht reich genug, ihre Perlenkolliers nicht schön genug, ihre Rubine nicht dick genug, ihre Karossen nicht vergoldet genug, ihre Teiche, Wälder und Felder nicht groß genug. Blaubart, der nie Ehrgeiz besessen hatte, seufzte über den Hochmut seiner Gattin. Da er in seiner Treuherzigkeit nicht wußte, ob es unrecht sei, so ruhmsüchtig zu denken wie sie oder so bescheiden wie er, machte er sich beinahe Vorwürfe über seine Mittelmäßigkeit, die den vornehmen Wünschen seiner Gefährtin widersprach, und in seiner Unsicherheit ermahnte er sie bald, die Güter dieser Welt mit Maßen zu genießen, bald ließ er sich dazu anstacheln, dem Glück am Rande des Abgrunds nachzujagen. Er war vernünftig, aber bei ihm siegte die eheliche Liebe über die Vernunft. Gigonne strebte nur noch danach, in der Gesellschaft zu glänzen, bei Hofe empfangen und des Königs Geliebte zu werden. Da sie dies nicht erreichen konnte, verzehrte sie sich vor Ärger und bekam die Gelbsucht, an der sie starb. Blaubart errichtete ihr tief betrübt ein prächtiges Grabmal.
Der gute Edelmann war durch ein so beharrliches häusliches Mißgeschick entmutigt und würde vielleicht keine Gattin mehr gewählt haben; aber er wurde selbst zum Gatten gewählt von Fräulein Blanche von Gibeaumex, der Tochter eines Kavallerieoffiziers, der nur ein Ohr hatte. Er behauptete, das andere im Dienste des Königs verloren zu haben. Sie besaß viel Geist, dessen sie sich bediente, ihren Gatten zu hintergehen. Sie

betrog ihn mit allen Edelleuten der Umgebung. Sie stellte das so geschickt an, daß sie ihn sogar in seinem Schloß und unter seinen Augen betrog, ohne daß er es merkte. Der arme Blaubart ahnte zwar etwas, aber er wußte nicht recht, was. Nun ging zwar ihr ganzes Trachten dahin, ihren Gatten zu betrügen; aber zu ihrem eigenen Unglück war sie nicht vorsichtig genug, wenn sie ihre Liebhaber betrog, ich will sagen, wenn es darum ging, ihnen zu verheimlichen, daß sie alle miteinander betrog. Eines Tages wurde sie im Gemach der unglücklichen Prinzessinnen beim Stelldichein mit einem Edelmann, den sie liebte, von einem anderen überrascht, den sie geliebt hatte und der sie in einem Anfall von Eifersucht mit dem Degen durchbohrte. Einige Stunden später wurde die unglückliche Dame dort von einem Diener des Schlosses tot aufgefunden, und das Grauen, das dieses Zimmer einflößte, verstärkte sich. Als der arme Blaubart in einem Atemzug von dem Übermaß seiner Schande und dem tragischen Ende seiner Frau erfuhr, war er untröstlich über das zweite Unglück, selbst angesichts des ersten. Er hatte Blanche von Gibeaumex mit ganz besonderer Glut geliebt, heißer als Jeanne de la Cloche, Gigonne Traignel und selbst Colette Passage. Die Nachricht, daß sie ihn ständig betrogen hatte und nun nicht mehr betrügen würde, erfüllte ihn mit Kummer und Bestürzung, die, anstatt allmählich nachzulassen, täglich heftiger wurde. Als seine Leiden unerträglich geworden waren, erkrankte er so schwer, daß man für sein Leben fürchten mußte.

Nachdem die Ärzte verschiedene Arzneien erfolglos angewendet hatten, erklärten sie ihm, das einzige wirkliche Heilmittel für seine Krankheit sei, daß er sich eine junge Frau nähme. Da dachte er an seine kleine Kusine Angèle de La Garandine, die man ihm, wie er glaubte, bereitwillig geben würde, da sie mittellos war. Auch fühlte er sich ermutigt, sie zur Frau zu nehmen, weil sie für einfältig und unwissend galt. Nachdem er von einer klugen Frau betrogen worden war, würde es ihn beruhigen, eine dumme zu haben. Er heiratete Fräulein de La

Garandine und mußte erkennen, wie falsch seine Überlegung gewesen war. Angèle war sanft, Angèle war gut, Angèle liebte ihn; sie neigte nicht von sich aus zum Bösen, aber selbst die weniger Gewiegten verleiteten sie jederzeit mühelos dazu. Man brauchte nur zu sagen: »Tut dies, sonst kommt der Schwarze Mann! Kommt hier herein, sonst frißt Euch der Werwolf!«, oder auch: »Schließt die Augen und nehmt dieses Mittelchen ein!«, und sogleich tat das Dummerchen, was die Schelme von ihr begehrten und was von ihr zu begehren ganz natürlich war, denn sie war hübsch. Herr von Montragoux wurde also von diesem Unschuldslamm ebenso und sogar noch mehr betrogen und gekränkt als von Blanche von Gibeaumex und hatte überdies noch das Unglück, es zu wissen; denn Angèle war viel zu treuherzig, um etwas zu verbergen. Sie pflegte ihm zu erzählen: »Mein Herr Gemahl, man hat mir dies gesagt; man hat mir dieses getan; man hat mich hier angefaßt; ich habe jenes gesehen; ich habe jenes gefühlt.« So bereitete sie durch ihre Harmlosigkeit dem armen Herrn unvorstellbare Qualen. Er ertrug sie standhaft. Doch zuweilen geschah es, daß er zu der einfältigen Seele sagte: »Du bist eine dumme Gans!«, und ihr Ohrfeigen versetzte. Diese Ohrfeigen brachten ihn in den Ruf der Grausamkeit, der an ihm hängenbleiben sollte. Ein Bettelmönch, der nach Les Guillettes kam, als Herr von Montragoux sich gerade auf der Schnepfenjagd befand, traf Frau Angèle beim Nähen eines Puppenkleides an. Der gute Mönch merkte, daß sie ebenso einfältig wie schön war, und entführte sie auf seinem Esel, indem er ihr einredete, der Engel Gabriel erwarte sie im Waldesdickicht, um ihr Perlenstrumpfbänder zu schenken. Man nimmt an, der Wolf habe sie gefressen, denn sie ward nie wieder gesehen.

Wie konnte es nur geschehen, daß Blaubart sich nach einer so traurigen Erfahrung zu einer neuen Verbindung entschloß? Das wäre unverständlich, würde man nicht die Macht schöner Augen auf ein edles Herz kennen. Der ehrenwerte Edelmann begegnete in einem Schloß der Nachbarschaft, wo er häufig zu

Gast war, einer jungen Waise von Stand, Alix von Pontalcin, die von einem habgierigen Vormund um ihr ganzes Vermögen gebracht worden war, weshalb sie nur noch daran dachte, sich in ein Kloster zurückzuziehen. Beflissene Freunde bemühten sich, sie von ihrem Entschluß abzubringen und zu bewegen, den Antrag des Herrn von Montragoux anzunehmen. Sie war von vollkommener Schönheit. Blaubart, der sich in ihren Armen unendliches Glück versprach, wurde aufs neue in seinen Hoffnungen betrogen und empfand diesmal eine Enttäuschung, die ihn infolge seiner Veranlagung heftiger treffen mußte als aller in den früheren Ehen erlittener Kummer. Alix von Pontalcin sträubte sich hartnäckig, die Ehe, in die sie doch eingewilligt hatte, zu vollziehen, und verweigerte sich Herrn von Montragoux trotz allen Drängens. Sie widerstand beharrlich seinen Bitten, Tränen und Vorwürfen, entzog sich den leisesten Liebkosungen ihres Gatten und schloß sich im Gemach der unglücklichen Prinzessinnen ein, wo sie ganze Nächte in scheuer Einsamkeit verbrachte. Nie erfuhr man die Ursache einer Weigerung, die so im Widerspruch zu den göttlichen und menschlichen Gesetzen steht; man schrieb sie Herrn von Montragoux' blauem Bart zu, doch was wir von diesem Bart bereits berichtet haben, macht eine solche Annahme wenig wahrscheinlich. Im übrigen ist dies ein Gegenstand, den man schwer beurteilen kann. Der arme Gatte litt die grausamsten Qualen. Um sie zu vergessen, widmete er sich mit geradezu wütender Leidenschaft der Jagd und hetzte dabei Hunde, Pferde und Piköre zuschanden. Doch wenn er völlig ermattet und erschöpft in sein Schloß zurückkehrte, genügte der Anblick Fräulein von Pontalcins, um seine Kräfte und Qualen sogleich zu erneuern. Da er das schließlich nicht länger ertragen konnte, suchte er in Rom um die Aufhebung der Ehe nach, die nur eine Scheinehe war, und erwirkte dies auch gemäß dem kanonischen Recht und vermittels eines schönen Geschenks an den Heiligen Vater. Wenn Herr von Montragoux Fräulein von Pontalcin mit allen Zeichen der Achtung verabschiedete, die man einer Frau schuldet, und ohne daß er seinen Stock auf ihrem Rücken zerbrach, so geschah es, weil er eine starke Seele und ein großmütiges Herz besaß und ebensosehr Herr seiner selbst wie von Les Guillettes war. Doch er schwor, hinfort solle nichts Weibliches mehr seine Gemächer betreten. Wie glücklich wäre er gewesen, hätte er diesen Schwur bis ans Lebensende gehalten!

3

Einige Jahre waren vergangen, seit Herr von Montragoux seine sechste Frau fortgeschickt hatte, und man bewahrte in der Gegend nur noch eine unklare Erinnerung an die häuslichen Mißgeschicke, die diesen guten Edelmann heimgesucht hatten. Man wußte nicht, was aus seinen Frauen geworden war, und erzählte sich darüber abends im Dorf haarsträubende Geschichten; die einen glaubten daran, die andern nicht. Zu dieser Zeit ließ sich eine Witwe in vorgeschrittenem Alter, die Dame Sidonie von Lespoisse, mit ihren Kindern im Schloß La Motte-Giron nieder, das in der Luftlinie zwei Meilen vom Schloß Les Guillettes entfernt lag. Woher sie kam, wer ihr Gatte gewesen, niemand wußte es. Die einen behaupteten vom Hörensagen, er hätte verschiedene Ämter in Savoyen und Spanien innegehabt; andere sagten, er wäre in Indien gestorben; einige waren der Ansicht, seine Witwe besäße unermeßliche Ländereien; andere hingegen zweifelten stark daran. Indessen führte sie ein großes Haus und lud den Adel der ganzen Umgebung nach La Motte-Giron ein. Sie hatte zwei Töchter, von denen die ältere, Anne, fast schon eine alte Jungfer und dabei eine ganz gerissene Person war. Jeanne, die jüngere, gerade im heiratsfähigen Alter, verbarg unter scheinbarer Harmlosigkeit frühreife Lebenserfahrung. Die Dame von Lespoisse hatte auch zwei sehr schöne, gutgewachsene Söhne von zwanzig und zweiundzwanzig Jahren, von denen der eine Dragoner, der andere Musketier war, Schwarzer Musketier, wie ich versichern kann, da ich sein Patent gesehen habe. Wenn er zu Fuß ging, konnte man das allerdings nicht erkennen, denn die Schwarzen Musketiere unterscheiden sich von den Grauen nicht durch die Farbe ihres Rockes, sondern die ihres Pferdes. Die einen wie die andern trugen ein goldbetreßtes Wams aus blauem Tuch. Die Dragoner dagegen erkannte man an einer Art Pelzmütze, deren Quaste ihnen flott auf das Ohr herabhing. Die Dragoner standen im Ruf übler Taugenichtse, wie es das Lied bezeugt:

Da kommen die Dragoner,
Mama, wir wollen fliehn!

Doch man hätte in den beiden Dragonerregimentern Seiner Majestät vergeblich nach einem größeren Schürzenjäger oder Schmarotzer und einem elenderen Schurken als Cosme von Lespoisse gesucht. Im Vergleich zu ihm war sein Bruder ein ehrlicher Bursche. Pierre von Lespoisse war ein Trinker und Spieler. Er hatte Glück bei den Damen und beim Kartenspiel, wodurch er sich, wie anzunehmen war, die Mittel für seinen Unterhalt verschaffte.

Die Dame Lespoisse, ihre Mutter, führte ein großes Haus in La Motte-Giron, um die Leute zu blenden. In Wahrheit besaß sie nichts, nicht einmal ihre falschen Zähne waren bezahlt. Die Kleider, Möbel, Kutschen, Pferde und Bedienten hatten ihr Pariser Wucherer geliehen, die ihr alles wieder zu nehmen drohten, wenn sie nicht bald eine ihrer Töchter mit einem reichen Edelmann verheiratete, und die ehrenwerte Sidonie war jederzeit gewärtig, sich völlig mittellos zwischen kahlen Wänden zu sehen. In ihrer Bedrängnis, einen Schwiegersohn aufzutreiben, hatte sie sogleich ihre Augen auf Herrn von Montragoux geworfen, denn sie erkannte, daß er unter einer rauhen, wilden Schale schlicht, leicht zu täuschen, sehr sanft und rasch entflammt war. Die Töchter billigten ihre Absicht und durchbohrten den armen Blaubart bei jeder Begegnung mit verliebten Blicken, die ihm tief ins Herz drangen. Er erlag schnell den starken Reizen der beiden Fräulein von Lespoisse. Seine Schwüre vergessend, dachte er nur noch daran, eine von beiden zu heiraten, fand sie jedoch beide gleich schön. Nach einigem Zögern, das weniger durch seine Unschlüssigkeit als durch seine Schüchternheit verursacht wurde, begab er sich in seiner Prachtkarosse nach La Motte-Giron und trug der Dame von Lespoisse seine Bewerbung vor, indem er ihr die Wahl ließ, welche ihrer Töchter sie ihm geben wolle. Frau Sidonie antwortete höflich, sie schätze ihn hoch und gestatte ihm, demjenigen der beiden Fräulein von Lespoisse den Hof zu machen, das er vorzöge.

»Suchen Sie zu gefallen, mein Herr«, erklärte sie. »Ich werde die erste sein, die sich über Ihren Erfolg freut.«

Zum Zwecke näherer Bekanntschaft lud Blaubart Anne und Jeanne von Lespoisse mit ihrer Mutter, ihren Brüdern und einer Anzahl von Damen und Herren ein, zwei Wochen im Schloß von Les Guillettes zu verbringen. Es wurden unablässig Spazierfahrten, Jagd- und Angelpartien, Bälle und Feste, Mahlzeiten und Zerstreuungen aller Art geboten.

Ein junger Edelmann, den die Damen von Lespoisse mitgebracht hatten, der Ritter de La Merlus, organisierte die Treibjagden. Blaubart besaß die schönsten Meuten und Hundekoppeln der Umgebung. Die Damen wetteiferten mit den Herren an feuriger Begeisterung bei der Verfolgung des Hirschs. Doch wurde das Wild nicht immer zu Tode gehetzt, sondern Jäger und Jägerinnen verirrten sich paarweise, fanden sich wieder und verirrten sich aufs neue in den Wältern. Der Ritter de La Merlus verirrte sich vorzugsweise mit Jeanne von Lespoisse, und erregt von den Abenteuern und zufrieden über den Tagesverlauf, kehrte ein jeder nachts ins Schloß zurück. Nachdem der gute Herr von Montragoux die Schwestern einige Tage beobachtet hatte, gab er ohne Frage der jüngeren, Jeanne, den Vorzug, die frischer als Anne war, was nicht besagen will, daß sie auch unberührter war. Er gab seine Vorliebe zu erkennen, denn er brauchte sie nicht zu verbergen, da sie ehrbar war; übrigens konnte er sich gar nicht verstellen. Er machte dem jungen Mädchen so gut er es vermochte den Hof, sprach mangels Gewohnheit wenig, sah Jeanne aber mit schrecklich rollenden Augen an und seufzte dabei so tief, daß es einen Stein erweicht hätte. Zuweilen brach er in so schallendes Gelächter aus, daß das Tafelgeschirr erzitterte und die Scheiben klirrten. Als einziger der ganzen Gesellschaft bemerkte er nicht die häufigen Besuche des Ritters de La Merlus bei der jüngeren Tochter der Frau von Lespoisse, oder wenn er sie bemerkte, sah er jedenfalls nichts Schlechtes darin. Seine Erfahrungen mit Frauen genügten nicht, um ihn argwöhnisch zu machen, und wen er liebte, dem mißtraute er nicht. Meine Großmutter pflegte zu sagen, die Erfahrung sei im Leben zu nichts nütze, man bleibe, was man ist. Ich glaube, sie hatte recht, und die wahre Geschichte, die ich hier erzähle, ist nicht dazu geeignet, sie zu widerlegen.

Blaubart entfaltete bei diesen Festen eine seltene Pracht. Wenn die Nacht hereinbrach, erhellten tausend Fackeln den Rasen vor dem Schloß. Als Faune und Dryaden verkleidete Knechte und Mägde bedienten bei Tisch; die Tafel trug alles, was Felder und Wälder an Gaumenfreuden hergaben. Musikanten brachten unablässig die schönsten Symphonien zu Gehör. Gegen Ende der Mahlzeit erschienen der Lehrer und die Lehrerin der Dorfschule mit ihren Knaben und Mädchen, nahmen vor den Gästen Aufstellung und verlasen ein Huldigungsgedicht für Herrn von Montragoux und seine Gäste. Ein Astrologe in spitzer Mütze näherte sich den Damen und verkündete ihnen aus ihren Handlinien künftige Liebschaften. Blaubart ließ allen seinen Gefolgsleuten zu trinken geben und verteilte eigenhändig Brot und Fleisch an die armen Familien.

Um zehn Uhr zog sich die Gesellschaft aus Furcht vor dem Abendtau in die von unzähligen Kerzen erhellten Gemächer zurück, wo man Tische zu allen möglichen Spielen aufgestellt hatte: Landsknecht, Billard, Reversino, Kammerspiel, Roulette, Bête, Hocca, Krimpelspiel, Schach, Tricktrack, Würfel, Bassett und Calbas. Blaubart hatte bei diesen verschiedenen Spielen nie Glück und verlor jede Nacht große Summen. Über ein so hartnäckiges Unglück konnte ihn nur trösten, daß die drei Damen von Lespoisse viel Geld gewannen. Jeanne, die jüngere, die ständig im Spiel des Ritters de La Merlus setzte, häufte Berge von Goldstücken vor sich auf. Die beiden Söhne der Frau von Lespoisse heimsten beim Reversino und beim Bassett gleichfalls gute Gewinne ein, und gerade bei den höchsten Einsätzen blieb ihnen das Glück am treusten. Die Spiele währten bis spät in die Nacht. Keiner schlief während dieser wunderbaren Belustigungen, und wie der Verfasser der ältesten Geschichte von Blaubart berichtet, »brachte man die Nacht damit zu, einander allerlei Streiche zu spielen«. Diese Stunden waren die weitaus angenehmsten des Tages, denn diejenigen, die eine Neigung füreinander verspürten, verbargen sich im Schutze der Dunkelheit unter dem Vorwand irgendeines Scherzes in einem Alkoven. Der Ritter de La Merlus verkleidete sich einmal als Teufel, ein andermal als Gespenst oder Werwolf, um die Schläfer zu erschrecken, doch zuletzt schlich er stets in das Schlafzimmer von Fräulein Jeanne von Lespoisse. Der gute Herr von Montragoux wurde bei diesen Spielen nicht vergessen. Die beiden Söhne der Frau von Lespoisse streuten ihm Juckpulver ins Bett und verbrannten in seinem Zimmer Substanzen, die einen scheußlichen Gestank verbreiteten. Oder sie stellten auf seine Tür einen Krug mit Wasser, so daß sich dem guten Herrn der ganze Inhalt über den Kopf ergoß, sobald er die Tür hinter sich zuzog. Kurz, sie spielten ihm allerlei Streiche, an denen die Gesellschaft ihren Spaß hatte und die Blaubart mit seiner angeborenen Sanftmut ertrug.

Er machte seinen Antrag, und Frau von Lespoisse gab ihre Einwilligung, obgleich, wie sie erklärte, ihr das Herz breche bei dem Gedanken, eine ihrer Töchter zu verheiraten. Die Hochzeit wurde in La Motte-Giron mit außerordentlicher Prachtentfaltung gefeiert. Fräulein Jeanne war von überwältigender Schönheit; sie war ganz in französische Spitzen gehüllt, und das Haar hatte sie zu unzähligen Locken gedreht. Ihre Schwester Anne trug ein Kleid aus grünem Samt mit Goldstickerei. Die Robe ihrer Frau Mutter war aus gekräuseltem Goldgespinst mit schwarzer Chenille, ihr Geschmeide dazu bestand aus Perlen und Diamanten. Herr von Montragoux hatte auf seinem schwarzen Samtrock alle seine großen Diamanten angelegt; er sah vorzüglich aus und zeigte dabei einen Ausdruck von Unschuld und Schüchternheit, der einen vorteilhaften Gegensatz zu seinem blauen Kinn und der breitschultrigen Gestalt bildete. Auch die Brüder der Braut waren geschmackvoll herausgeputzt, doch der Ritter de La Merlus im perlenbestickten rosa Samtrock strahlte in unvergleichlichem Glanz.

Sogleich nach der Zeremonie nahmen die Juden, die der Familie und dem heimlichen Liebhaber der Braut die schönen Kleider und kostbaren Juwelen geliehen hatten, diese wieder an sich und brachten sie mit Extrapost nach Paris.

4

Einen Monat lang war Herr von Montragoux der glücklichste aller Menschen. Er betete seine Frau an und hielt sie für einen Unschuldsengel. Sie war jedoch etwas ganz anderes; aber auch Gewitztere als der arme Blaubart hätten sich in ihr getäuscht, so arglistig und verschlagen war diese Person. Außerdem stand sie völlig unter dem Einfluß ihrer Frau Mutter, der abgefeimtesten Schurkin im ganzen Königreich. Diese Dame ließ sich in Les Guillettes nieder mit ihrer ältesten Tochter Anne, den beiden Söhnen Pierre und Cosme und dem Ritter de La Merlus, der Frau von Montragoux nicht mehr von der Seite wich, als wäre er ihr Schatten. Darüber war der gute Gatte etwas ungehalten, da er seine Frau gern ständig für sich allein gehabt

hätte; er nahm jedoch keinen Anstoß an der Freundschaft, die sie für den jungen Edelmann empfand, denn sie hatte ihm erklärt, jener wäre ihr Milchbruder.
Charles Perrault erzählt, einen Monat nach der Hochzeit wäre Blaubart genötigt gewesen, eine sechswöchige Reise wegen einer wichtigen Angelegenheit zu unternehmen. Die Gründe dafür scheinen ihm aber unbekannt, und man hat diese Reise für den allgemein üblichen Vorwand gehalten, zu dem der eifersüchtige Gatte seine Zuflucht nahm, um seine Frau auf frischer Tat zu ertappen. Die Wahrheit ist jedoch ganz anders: Herr von Montragoux begab sich nach Perche, um die Erbschaft seines Vetters d'Outarde anzutreten, der in der Schlacht bei Dünkirchen ein ruhmreiches Ende durch eine Kanonenkugel gefunden hatte, während er auf einer Trommel Würfel spielte.
Bevor Herr von Montragoux aufbrach, bat er seine Frau, sich während seiner Abwesenheit soviel Zerstreuung wie möglich zu verschaffen.
»Laden Sie Ihre guten Freundinnen ein, Madame«, riet er ihr, »und unternehmen Sie mit ihnen Spazierfahrten. Vergnügen Sie sich, und essen und trinken Sie gut.«
Er übergab ihr die Schlüssel des Hauses zum Zeichen, daß sie während seiner Abwesenheit die alleinige, unumschränkte Herrin auf dem ganzen Gut Les Guillettes sei.
»Hier sind die Schlüssel zu den beiden großen Gerätekammern. Dieser ist für das Gold- und Silbergeschirr, das nicht täglich benutzt wird, dieser für meine Geldtruhen, in denen sich mein Gold und Silber befindet, diese sind für die Schatullen mit den Edelsteinen, und hier ist der Schlüssel, der alle Zimmer öffnet. Und dieses Schlüsselchen gehört zum Gemach am Ende des langen Ganges im Erdgeschoß. Öffnen Sie alles, und gehen Sie überallhin!«
Charles Perrault behauptet, Herr von Montragoux habe noch hinzugefügt: »Aber ich verbiete Ihnen ausdrücklich, das kleine Gemach zu betreten, und sollten Sie es dennoch öffnen, so haben Sie von meinem Zorn das Schlimmste zu gewärtigen.«

Blaubarts Biograph tut unrecht, somit ungeprüft die Lesart zu übernehmen, die nach dem Ereignis durch die Damen von Lespoisse in Umlauf gesetzt wurde. Herr von Montragoux drückte sich ganz anders aus. Als er seiner Gattin den Schlüssel zum kleinen Gemach übergab, das kein anderes als das Gemach der unglücklichen Prinzessinnen war, das zu erwähnen wir bereits mehrmals Veranlassung hatten, gab er seiner teuren Jeanne den Wunsch zu erkennen, sie möge einen Ort nicht betreten, den er als unheilvoll für sein häusliches Glück betrachtete. In der Tat war seine erste Frau, und zwar von allen die beste, gerade durch dieses Gemach mit ihrem Bären entflohen; dort hatte Blanche von Gibeaumex ihn ausgiebig mit verschiedenen Männern betrogen, und schließlich waren die Porphyrfliesen vom Blut einer angebeteten Frevlerin befleckt. War das nicht Grund genug dafür, daß der Gedanke an dieses Gemach die grausamsten Erinnerungen und düstersten Vorahnungen in Herrn von Montragoux weckte?

Die Worte, die er an Jeanne von Lespoisse richtete, drückten die Gefühle und Wünsche aus, die seine Seele bewegten. Er sagte wörtlich: »Ich habe nichts vor Ihnen zu verbergen, Madame, und ich glaubte Sie zu beleidigen, würde ich Ihnen nicht alle Schlüssel eines Hauses aushändigen, das Ihnen gehört. Sie können also das kleine Gemach wie alle andern Räume des Schlosses betreten; doch wenn Sie auf mich hören und mir einen Gefallen erweisen wollen, so tun Sie es nicht in Anbetracht der schmerzlichen Erinnerungen, die sich für mich damit verbinden, und der bösen Vorahnungen, die diese wider Willen in mir erwecken. Ich wäre untröstlich, wenn Ihnen etwas zustieße oder ich Ihre Gunst verlöre, und Sie werden diese glücklicherweise grundlosen Befürchtungen entschuldigen, da sie Ausdruck meiner besorgten Zärtlichkeit und meiner wachsamen Liebe sind.«

Mit diesen Worten umarmte der gute Herr seine Gattin und reiste mit Extrapost nach Perche ab.

»Die Nachbarinnen und guten Freundinnen«, berichtet Charles Perrault, »warteten nicht erst, bis man nach ihnen schickte, die junge Frau zu besuchen, so ungeduldig waren sie, alle Schätze ihres Hauses zu sehen. Sie liefen sogleich durch alle Zimmer, Gemächer und Kleiderkammern, die eins immer schöner und prächtiger als das andere waren; sie wurden nicht müde, das Glück ihrer Freundin überschwenglich zu preisen und sie zu beneiden.«

Alle Historiker, die diesen Gegenstand behandelt haben, fügen hinzu, Frau von Montragoux habe kein Verlangen danach gezeigt, all die Schätze zu besichtigen, denn sie brannte vor Ungeduld, das kleine Gemach aufzuschließen. Nichts ist wahrer als das, und wie Perrault berichtet, »war sie so von ihrer Neugier getrieben, daß sie, ohne zu bedenken, wie unschicklich es ist, seine Gäste im Stich zu lassen, eine geheime kleine Treppe zu dem Gemach hinabstieg, und zwar in solcher Hast, daß sie sich zwei- oder dreimal fast den Hals gebrochen hätte«. Das ist eine unbezweifelbare Tatsache. Aber keiner hat gesagt, daß sie nur deshalb so ungeduldig war, an diesen Ort zu kommen, weil sie dort den Ritter de La Merlus erwartete.

Seit ihrem Einzug im Schloß Les Guillettes traf sie sich mit dem Junker täglich, und zwar möglichst zweimal, in dem kleinen Gemach, ohne dieser für eine Jungvermählte so wenig ziemlichen Unterhaltungen überdrüssig zu werden. Über die Art der Beziehungen zwischen Jeanne und dem Ritter kann man unmöglich im Zweifel sein: sie waren keineswegs ehrbar, sie waren nicht unschuldig. Ach, hätte Frau von Montragoux nur die Ehre ihres Gatten verletzt, so würde sie sich zwar fraglos dem Tadel der Nachwelt ausgesetzt haben, doch selbst der strengste Moralist würde Entschuldigungen für sie finden; er würde zugunsten einer so jungen Frau die damaligen Sitten, das Beispiel der Hauptstadt und des Hofes, die allzu offensichtliche Wirkung einer schlechten Erziehung und die Ratschläge einer verderbten Mutter anführen, denn die Dame Sidonie von Lespoisse begünstigte die Liebschaften ihrer Tochter. Die Weisen würden ihr einen Fehltritt verzeihen, der zu liebenswürdig ist, um Strenge zu verdienen; ihr Vergehen war damals zu üblich, um schwerwiegend zu sein, und jedermann hätte gemeint, sie habe es wie die andern getrieben. Doch nicht genug, daß Jeanne von Lespoisse die Ehre ihres Gatten verletzte, sie schreckte auch nicht davor zurück, ihm nach dem Leben zu trachten.

In dem kleinen Gemach, auch das Gemach der unglücklichen Prinzessinnen genannt, beschlossen Jeanne von Lespoisse, Dame von Montragoux, und der Ritter de La Merlus den Tod eines liebevollen, treuen Gatten. Später erklärte sie, beim Betreten des Raumes habe sie die Leichname von sechs ermordeten Frauen darin hängen sehen, deren geronnenes Blut die Fliesen bedeckte, und da sie in diesen Unglücklichen Blaubarts sechs frühere Gemahlinnen erkannte, habe sie das Schicksal vorausgeahnt, das ihr bevorstand. So habe sie auch die Wandmalereien für verstümmelte Leichen gehalten, und man müsse ihre Wahnvorstellungen mit denen der Lady Macbeth vergleichen. Doch es ist sehr wahrscheinlich, daß Jeanne diesen schrecklichen Anblick erfand, um ihn später zu schildern und die Mörder ihres Gatten zu rechtfertigen, indem sie ihr Opfer verleumdete. Der Tod des Herrn von Montragoux war beschlossene Sache. Gewisse Briefe, die mir vorliegen, bringen mich zu der Annahme, daß die Dame Sidonie von Lespoisse an der Verschwörung teilhatte. Von ihrer ältesten Tochter kann man behaupten, sie sei die Seele des Anschlags gewesen. Anne von Lespoisse war die Bösartigste der Familie. Sinnliche Regungen waren ihr fremd, und sie blieb keusch inmitten der Zügellosigkeit ihrer Angehörigen; es war nicht etwa so, daß sie sich Vergnügungen versagt hätte, weil sie diese für ihrer unwürdig erachtete, sondern weil sie nur Freude an Grausamkeiten fand. Sie überredete ihre beiden Brüder, Pierre und Cosme, sich an der Tat zu beteiligen, indem sie ihnen ein Regiment versprach.

5

Es bleibt uns noch, anhand authentischer Urkunden und zuverlässiger Zeugenaussagen das abscheulichste, hinterhältigste und feigste häusliche Verbrechen darzustellen, das uns überliefert ist. Der Meuchelmord, dessen Umstände wir hier vortragen wollen, könnte nur mit dem verglichen werden, der in der Nacht vom 9. März 1449 auf die Person Guillaumes von Flavy durch seine junge, zarte Frau Blanche d'Overbreuc, den Bastard von Orbandas und den Barbier Jean Bocquillon begangen wurde. Sie erstickten Guillaume mit dem Kopfkissen, erschlugen ihn mit einem Knüppel und stachen ihn wie ein Kalb ab. Blanche d'Overbreuc wies nach, ihr Gatte sei entschlossen gewesen, sie ertränken zu lassen, während Jeanne von Lespoisse einen Gatten, der sie liebte, schändlichen Missetätern preisgab. Wir wollen die Tatsachen so nüchtern wie möglich berichten.

Blaubart kam etwas eher als erwartet zurück. Das führte zu der irrigen Annahme, er habe in einem Anfall düsterer Eifersucht seine Frau überraschen wollen. Fröhlichen Gemütes und vertrauensselig, wie er war, hätte er, wäre dies der Fall gewesen, ihr nur eine freudige Überraschung bereiten mögen. Seine Zärtlichkeit und Güte, seine heitere, ruhige Miene hätten die härtesten Herzen gerührt. Doch der Ritter de La Merlus und das ganze schändliche Geschlecht der Lespoisse sahen darin nur eine günstige Gelegenheit, um ihn aus dem Wege zu schaffen und sich seiner Reichtümer zu bemächtigen, die sich durch die kürzliche Erbschaft noch vermehrt hatten. Seine junge Frau empfing ihn mit freundlichem Lächeln, ließ sich umarmen sowie in das eheliche Schlafgemach führen und tat dem trefflichen Manne alles zu Gefallen. Am andern Morgen überreichte sie ihm das Schlüsselbund, das er ihr anvertraut hatte. Doch es fehlte daran der Schlüssel zum Gemach der unglücklichen Prinzessinnen, das man gewöhnlich das kleine Gemach nannte. Blaubart forderte ihn sanft zurück. Nachdem

sie eine Zeitlang unter verschiedenen Vorwänden gezögert hatte, gab sie ihn endlich heraus.
Hier nun erhebt sich die Frage, die man unmöglich klären kann, ohne aus dem begrenzten Gebiet der Geschichte in den unbegrenzten Bereich der Philosophie einzudringen. Charles Perrault versichert ausdrücklich, der Schlüssel zum kleinen Gemach sei ein Zauberschlüssel gewesen, das heißt verhext, magisch, versehen mit Eigenschaften, die den Naturgesetzen, wenigstens wie wir sie verstehen, widersprechen. Jedenfalls haben wir keinen Beweis für das Gegenteil. An dieser Stelle möchte ich an den Grundsatz meines erlauchten Lehrers, Herrn du Clos des Lunes, Mitglied des Instituts von Frankreich, erinnern: »Wo Übernatürliches in Erscheinung tritt, darf der Historiker es nicht verwerfen.«
Ich will mich also darauf beschränken, hinsichtlich dieses Schlüssels an die einstimmige Meinung der alten Biographen Blaubarts zu erinnern: alle versichern, es sei ein Zauberschlüssel gewesen. Das ist von großer Bedeutung. Dieser Schlüssel ist übrigens nicht das einzige Erzeugnis menschlichen Gewerbefleißes, bei dem sich gezeigt hat, daß es mit wunderbaren Eigenschaften ausgestattet war. Die Überlieferung kennt eine Fülle von Zauberschwertern. Das Schwert des Königs Artus war solch ein Zauberschwert. Auch das der Jeanne d'Arc war es nach dem glaubwürdigen Zeugnis von Jean Chartier; zum Beweis dafür berichtet der berühmte Chronist: Als die Klinge zerbrach, ließen sich die beiden Stücke nicht mehr zusammenschweißen, wie sehr sich die geschicktesten Waffenschmiede auch mühten. Victor Hugo spricht in einem seiner Gedichte von den »Zaubertreppen, die sich unter ihnen stets verwirrten«. Viele Autoren behaupten sogar, es gebe verhexte Menschen, die sich in Wölfe verwandeln können. Wir beabsichtigen nicht, einen so unauslöschlichen, beständigen Glauben zu bekämpfen, und hüten uns, zu entscheiden, ob der Schlüssel zum kleinen Gemach ein Zauberschlüssel war oder nicht, wobei wir es dem klugen Leser überlassen, unsere Meinung darüber

herauszufinden, denn unsere Zurückhaltung bedeutet keineswegs Unsicherheit, weshalb sie verdienstlich ist. Auf unserem eigensten Gebiet oder, besser gesagt, innerhalb unserer Gerichtsbarkeit, wo wir wieder Richter über die Tatsachen, Schiedsrichter über die Umstände sind, befinden wir uns jedoch, wenn wir lesen, dieser Schlüssel sei mit Blut befleckt gewesen. Der Text ist für uns nicht von solcher Autorität, daß wir dies glauben. Der Schlüssel war keinesfalls mit Blut befleckt. In dem kleinen Gemach war zwar Blut geflossen, aber bereits vor langer Zeit. Mochte es nun abgewaschen oder eingetrocknet sein, der Schlüssel konnte nicht damit befleckt werden, und was die ruchlose Gattin in ihrer Verwirrung auf dem Stahl für einen Blutfleck hielt, war der Widerschein des purpurroten Morgenhimmels. Herr von Montragoux merkte allerdings beim Anblick des Schlüssels, daß seine Frau das kleine Gemach betreten hatte. Ihm fiel nämlich auf, daß der Schlüssel jetzt glatter und glänzender aussah als zu dem Zeitpunkt, da er ihn ihr übergeben hatte, und er meinte, dieser Glanz könne nur von der Benutzung herrühren.
Das berührte ihn schmerzlich, und er sagte mit traurigem Lächeln zu seiner jungen Frau: »Meine Liebe, Sie haben das kleine Gemach betreten. Mögen sich daraus weder für Sie noch für mich schlimme Folgen ergeben! Von diesem Gemach geht ein unheilvoller Einfluß aus, vor dem ich Sie gern bewahrt hätte. Sollten Sie ihm fortan unterliegen, so wäre ich untröstlich. Verzeihen Sie mir; aber wenn man liebt, ist man abergläubisch.«
Obgleich Blaubart ihr keine Angst einflößen konnte, denn seine Sprache und Haltung drückten nur Trauer und Liebe aus, begann die junge Frau von Montragoux bei seinen Worten aus Leibeskräften zu schreien: »Zu Hilfe! Man mordet mich!«
Das war das vereinbarte Zeichen, auf das der Ritter de La Merlus und die beiden Söhne der Frau von Lespoisse sich auf Blaubart stürzen und ihn mit ihren Degen durchbohren sollten.

Doch nur der Ritter, den Jeanne im Zimmer in einem Schrank versteckt hatte, erschien. Als Herr von Montragoux ihn mit dem Degen in der Faust herausspringen sah, ging er in Verteidigungsstellung.
Jeanne floh voller Schrecken und traf im Gang auf ihre Schwester Anne, die nicht, wie man behauptet hat, auf einem Turm stand, denn die Türme des Schlosses waren auf Befehl des Kardinals von Richelieu niedergerissen worden. Anne von Lespoisse bemühte sich, ihren beiden Brüdern Mut einzuflößen, die, bleich und unschlüssig, ein so folgenschweres Unternehmen nicht auszuführen wagten.
»Schnell! Schnell!« rief Jeanne dringlichst flehend. »Brüder, eilt meinem Geliebten zu Hilfe!«
Da stürzten sich Pierre und Cosme auf Blaubart, der den Ritter de La Merlus entwaffnet hatte und auf seiner Brust kniete. Sie durchbohrten ihn meuchlings von hinten mit dem Degen und hieben noch lange auf ihn ein, als er bereits verschieden war.
Blaubart hatte keine Erben. Seine Witwe blieb Herrin seines ganzen Besitzes. Einen Teil davon verwendete sie dafür, ihrer Schwester eine Ausstattung zu geben, einen andern Teil, um ihren beiden Brüdern Rittmeisterpatente zu kaufen, und den Rest für sich selbst, um den Ritter de La Merlus zu heiraten, der ein höchst ehrenwerter Mann wurde, sobald er reich war.

DAS WUNDER DES HEILIGEN NIKOLAUS

Der heilige Nikolaus, Bischof von Myra in Lykien, lebte zur Zeit Konstantins des Großen. Die ältesten und bedeutendsten Verfasser, die von ihm berichten, rühmen seine Tugenden, Werke und Verdienste; sie führen zahllose Beweise seiner Heiligkeit an, doch keiner von ihnen erzählt das Wunder vom Pökelfaß. Auch in der »Legenda aurea« wird es nicht erwähnt. Dieses Schweigen ist bemerkenswert; dennoch entschließt man sich ungern, eine so berühmte Begebenheit, die durch das allgemein bekannte Bänkelsängerlied bezeugt wird, in Zweifel zu ziehen.

Es sind drei Kindlein einst gewesen,
die gingen aufs Feld zum Ährenlesen . . .

Dieser berühmte Text berichtet ausdrücklich, ein grausamer Schweineschlächter habe die unschuldigen Kindlein »wie Schweine ins Pökelfaß« gesteckt. Das heißt offensichtlich, er hat sie zerstückelt und in Salzlake eingepökelt. Tatsächlich werden Schweine so eingepökelt; doch man ist überrascht, wenn man weiterliest, daß die drei Kindlein sieben Jahre in der Salzlake blieben, während man gewöhnlich nach ungefähr sechs Wochen beginnt, die Fleischstücke mit einer Holzgabel aus dem Zuber zu nehmen. Der Text des Bänkelsängerliedes sagt eigens: Sieben Jahre nach dem Verbrechen kam der große Sankt Nikolaus in das verfluchte Wirtshaus. Er bat um ein Nachtmahl. Da bot ihm der Wirt ein Stück Schinken an.

»Ich will ihn nicht, er ist nicht gut.«
»Wollt Ihr ein Stück vom Kalb zu Tisch?«
»Ich will es nicht, es ist nicht frisch.

Nach Pökelfleisch nur steht mein Sinn,
das sieben Jahr im Fasse drin.«
Doch als der Schlächter dies vernahm,
flugs aus der Türe er entkam.

Da legte der Gottesmann die Hände auf das Pökelfaß und erweckte die zarten Opfer wieder zum Leben. Dies ist im wesentlichen der Bericht des alten Anonymus; er trägt die unnachahmlichen Merkmale der Schlichtheit und Treuherzigkeit. Skeptizismus ist fehl am Platz, wenn er sich gegen die lebendigsten Erinnerungen im Bewußtsein des Volkes wendet. So ist es mir nicht ohne lebhafte Befriedigung gelungen, die Autorität des Bänkelsängerliedes mit dem Schweigen der alten Biographen des lykischen Bischofs in Einklang zu bringen. Ich bin glücklich, das Ergebnis meiner langen Überlegungen und wissenschaftlichen Forschungen bekanntzugeben. Das Wunder vom Pökelfaß ist wahr, wenigstens in den Grundzügen; doch hat es nicht der selige Bischof von Myra vollbracht; vielmehr ein anderer Sankt Nikolaus, denn es gibt deren zwei: der eine war, wie wir bereits sagten, Bischof von Myra in Lykien, der andere, jüngere, Bischof von Trinqueballe in Vervignole. Mir blieb es vorbehalten, den Unterschied festzustellen. Der Bischof von Trinqueballe war es also, der die drei Knäblein aus dem Pökelfaß rettete; ich werde es mit authentischen Dokumenten belegen, und man braucht nicht das Ende einer Legende zu beklagen.
Ich hatte das Glück, die ganze Geschichte des Bischofs Nikolaus und der von ihm auferweckten Kinder zu entdecken, und habe eine Erzählung daraus gemacht, die man, wie ich hoffe, mit Vergnügen und Nutzen lesen wird.

I

Nikolaus, der einer vornehmen Familie aus Vervignole entstammte, ließ schon als Kind Anzeichen von Heiligkeit erkennen und legte im Alter von vierzehn Jahren das Gelübde ab, sein Leben dem Herrn zu weihen. Nachdem er in den geistlichen Stand getreten, wurde er in noch jungen Jahren durch des Volkes Stimme und den Wunsch des Kapitels zum Nachfolger des heiligen Cromadarius, des Apostels von Vervignole und ersten Bischofs von Trinqueballe, erwählt. In Frömmigkeit waltete er seines Hirtenamtes, leitete seine Geistlichen mit Weisheit, lehrte das Volk und fürchtete sich nicht, die Herrschenden zur Gerechtigkeit und Mäßigkeit zu ermahnen. Er erwies sich als duldsam und freigebig, spendete reichlich Almosen und verschenkte den größten Teil seiner Glücksgüter an die Armen.

Auf einem die Stadt beherrschenden Hügel erhob sich stolz sein Schloß mit den zinnengekrönten Mauern und spitzen Dächern. Er machte es zu einer Zufluchtsstätte für alle von der weltlichen Gerichtsbarkeit Verfolgten. Im Saal des Erdgeschosses, dem größten Saal von ganz Vervignole, war die für die Mahlzeiten gedeckte Tafel so lang, daß für den, der am einen Ende saß, das andere Ende sich in der Ferne verlor und zu einem undeutlichen Punkt wurde; und wenn dort die Fackeln angezündet wurden, erinnerten sie an den Schweif des in Vervignole erschienenen Kometen, der den Tod des Königs Comus angekündigt hatte. Der heilige Bischof Nikolaus saß am oberen Ende. Dort bewirtete er die Vornehmen der Stadt und des Königreiches und eine Menge Geistliche und Laien. Doch zu seiner Rechten blieb stets ein Stuhl frei für den Armen, der an seiner Tür um Brot betteln würde. Vor allem den Kindern galt die Fürsorge des guten Sankt Nikolaus. Er erfreute sich an ihrer Unschuld und hatte für sie das Herz eines Vaters sowie die Liebe einer Mutter. Er besaß die Tugenden und Sitten eines Apostels. Alljährlich legte er ein einfaches Mönchsgewand an, nahm einen weißen Stab in die Hand und besuchte seine Schäflein; denn er wollte alles mit eigenen Augen sehen. Damit auch kein Unglück, keine Unordnung ihm entgehen könne, durchzog er, nur von einem Geistlichen begleitet, die wildesten

Gegenden seiner Diözese, setzte im Winter über Flüsse, die über die Ufer getreten waren, erklomm vereiste Berggipfel und durchquerte dichte Wälder.

Als er nun einmal in Begleitung des Diakons Modernus auf seinem Maultier durch dunkle Wälder ritt, in denen Luchse und Wölfe hausten, und durch die alten Fichten, die die Gipfel des Marmousegebirges bedeckten, geriet der Gottesmann bei Sonnenuntergang in ein Dornengestrüpp, worin sein Reittier sich mühsam einen gewundenen Pfad suchte, auf dem es nur langsam vorwärts kam. Der Diakon Modernus folgte ihm mit großer Anstrengung auf seinem Maultier, das das Gepäck trug.

Von Müdigkeit und Hunger übermannt, sagte der Gottesmann zu Modernus: »Wir wollen rasten, mein Sohn, und wenn du noch etwas Brot und Wein übrig hast, wollen wir hier zu Abend essen, denn ich fühle mich kaum noch imstande weiterzureiten, und auch du mußt, obgleich viel jünger, fast ebenso erschöpft sein wie ich.«

»Euer Gnaden«, entgegnete Modernus, »ich habe alles unterwegs auf Euer Geheiß an Leute gegeben, die dessen weniger bedurften als wir.«

»Enthielte dein Quersack noch einige Reste, so hätten wir sie zweifellos mit Vergnügen verzehrt, denn es geziemt denen, die die Kirche lenken, sich von den Überbleibseln der Armen zu nähren«, meinte der Bischof. »Da du jedoch nichts mehr hast, so ist es Gottes Wille und gewiß zu unserm Nutzen und Frommen. Möglicherweise verbirgt er uns auf ewig die Gründe für diese Wohltat; vielleicht wird er sie uns aber auch bald enthüllen. Indessen bleibt uns wohl nichts anderes übrig, als unsern Weg fortzusetzen, bis wir Sandbeeren und Maulbeeren zu unserer Nahrung sowie Gras für unsere Maultiere finden und uns solcherart gestärkt auf ein Lager von Laub strecken können.«

»Wie es Euch beliebt, Herr«, erwiderte Modernus und trieb sein Reittier an.

Sie ritten die ganze Nacht und einen Teil des Vormittags; dann erklommen sie eine ziemlich steile Höhe und befanden sich plötzlich am Waldesrand. Zu ihren Füßen sahen sie unter fahlem Himmel eine Ebene, die vier sich im Dunst verlierende weißliche Straßen durchkreuzten. Sie wählten die linke, eine alte Römerstraße, die einst häufig von Kaufleuten und Pilgern benutzt wurde, jedoch seit dem Krieg, der gerade diesen Teil von Vervignole verheert hatte, einsam war. Dichte Wolken ballten sich am Himmel zusammen, die Vögel flatterten ängstlich davon; stickige Luft lag über der bleifarbenen, stummen Erde; Blitze zuckten am Horizont. Sie trieben ihre müden Maultiere an. Plötzlich bog ein heftiger Windstoß die Wipfel der Bäume, die Äste knarrten, das gepeitschte Laub zitterte. Donner grollte, und dicke Regentropfen begannen zu fallen.

Wie sie so im Sturm, bei Blitz und Donner, auf dem in einen Sturzbach verwandelten Weg dahinritten, erblickten sie beim Aufzucken eines Blitzes ein Haus, an dem ein Stechpalmenzweig hing als Zeichen der Gastlichkeit. Sie hielten ihre Reittiere an.

Die Herberge schien verlassen; doch der Wirt eilte unterwürfig und wild zugleich herbei und fragte nach ihrem Begehr. Er trug ein großes Messer im Gürtel.

»Ein Nachtlager und ein Stück Brot sowie einen Schluck Wein«, erwiderte der Bischof, »denn wir sind müde und ganz erstarrt vor Kälte.«

Während der Wirt Wein aus dem Keller holte und Modernus die Maultiere in den Stall brachte, saß Sankt Nikolaus vor dem Herd am verlöschenden Feuer und ließ seine Blicke durch den rauchgeschwärzten Raum schweifen. Staub und Schmutz bedeckten Bänke und Truhen; zwischen den wurmstichigen Deckenbalken, an denen magere Zwiebelbünde hingen, woben Spinnen ihr Netz. In einer dunklen Ecke blähte das Pökelfaß seinen mit Reifen umspannten Wanst.

In jenen Tagen mischten sich die Teufel viel mehr als heute in das häusliche Leben. Sie spukten in den Häusern, kauerten im

Salzfaß, im Butternapf oder einem andern Schlupfwinkel, belauerten die Menschen und spähten nach einer Gelegenheit, sie in Versuchung zu führen und zum Bösen zu verleiten. Auch die Engel erschienen damals häufiger bei den Christenmenschen.

So ergriff ein haselnußgroßes, in den verkohlenden Holzscheiten sitzendes Teufelchen das Wort und sprach zu dem heiligen Bischof: »Seht dieses Pökelfaß, mein Vater, die Mühe lohnt sich! Es ist das beste Pökelfaß von ganz Vervignole, das Muster und Vorbild aller Pökelfässer. Als der Wirt, Herr Garum, es aus den Händen eines geschickten Böttchers empfangen hatte, rieb er es mit Wacholder, Thymian und Rosmarin ein. Herr Garum hat nicht seinesgleichen in der Kunst, das Fleisch zu brühen, es auszubeinen, sorgfältig und liebevoll zu zerteilen sowie es mit den Geistern des Salzes zu durchtränken, die es frisch halten und würzen. Er ist einzigartig im Zubereiten, Einkochen, Konzentrieren, Abschäumen, Seihen und Abklären der Salzlake. Kostet von seinem Gepökelten, mein Vater, und Ihr werdet Euch die Finger danach lecken; kostet von seinem Gepökelten, Nikolaus, und Ihr werdet mir recht geben.«

Doch an dieser Sprache und vor allem an der Stimme – sie kreischte wie eine Säge – erkannte der heilige Bischof den bösen Geist. Er schlug das Kreuzeszeichen, und sogleich zerplatzte das Teufelchen mit schrecklichem Lärm und großem Gestank wie eine Kastanie, die man ins Feuer geworfen hat, ohne sie zuvor zu spalten.

Da erschien dem Nikolaus ein Engel vom Himmel in strahlendem Licht und sprach: »Nikolaus, der du dem Herrn lieb bist, wisse, daß drei Kindlein seit sieben Jahren in diesem Pökelfaß stecken. Der Schenkwirt Garum hat die zarten Kinder zerstückelt und in die Salzlake gelegt. Erhebe dich, Nikolaus, und bete, damit sie auferstehen. Denn auf deine Fürsprache, Bischof, wird der Herr, der dich liebt, sie wieder zum Leben erwecken ...«

Währenddessen betrat Modernus den Raum; aber er sah den

Engel nicht und vernahm ihn nicht, denn er war nicht heilig genug, um mit den himmlischen Geistern Umgang zu pflegen.
»Nikolaus, Sohn Gottes«, fuhr der Engel fort, »lege die Hände auf das Pökelfaß, und die drei Kindlein werden auferstehen.«
Entsetzen, Eifer und Hoffnung erfüllten den heiligen Nikolaus, und er dankte Gott. Als der Wirt mit einem Krug in jeder Hand wieder erschien, sprach der Heilige mit furchtbarer Stimme: »Garum, öffne das Pökelfaß!«
Da ließ Garum vor Schreck die beiden Krüge fallen.
Und der heilige Bischof Nikolaus streckte die Hände aus und sprach: »Kinder, stehet auf!«
Bei diesen Worten hob sich der Deckel des Pökelfasses, und drei Knäblein stiegen heraus.
»Kinder, lobet Gott, der euch durch meine Hände aus dem Pökelfaß gerettet hat!« sagte der Bischof.
Dann wandte er sich zu dem Wirt, der an allen Gliedern zitterte. »Grausamer Mann, erkennst du die drei Kinder, die du in schändlicher Weise ums Leben gebracht hast?« fragte er. »Mögest du dein Verbrechen verabscheuen und bereuen, damit Gott dir verzeihe!«
Voller Entsetzen floh der Wirt unter Donner und Blitz in das Unwetter hinaus.

2

Der heilige Nikolaus umarmte die drei Kinder und befragte sie liebevoll über den Tod, den sie so elendig erlitten hatten. Sie erzählten, Garum habe sich ihnen genähert, während sie auf den Feldern Ähren lasen, habe sie in die Herberge gelockt, ihnen Wein zu trinken gegeben und sie im Schlaf erwürgt.
Sie trugen noch die Lumpen, mit denen sie am Tage ihres Todes bekleidet gewesen waren, und wahrten bei ihrer Auferstehung eine furchtsame, scheue Miene. Der kräftigste von ihnen, Maxim, war der Sohn einer Närrin, die auf einem Esel

den Soldaten in den Krieg gefolgt war. Eines Nachts war er aus dem Korb gefallen, in dem sie ihn bei sich trug, und auf der Straße liegengeblieben. Seither hatte er nur vom Felddiebstahl gelebt. Der schwächlichste, Robin, konnte sich kaum noch an seine Eltern erinnern, Bauern im Hochland, die zu arm und zu geizig waren, um ihn zu ernähren, und ihn im Wald ausgesetzt hatten. Sulpiz, der dritte, wußte nichts über seine Herkunft, doch hatte ihn ein Priester das Abc gelehrt.

Das Gewitter hatte sich verzogen. In der klaren, leichten Luft vernahm man das laute Zwitschern der Vögel. Die Erde grünte und lachte. Modernus hatte die Maultiere vorgeführt, und Bischof Nikolaus bestieg das seine mit Maxim, den er in seinen Mantel gewickelt hielt; der Diakon ließ Sulpiz und Robin hinten aufsitzen, und sie machten sich auf den Weg nach der Stadt Trinqueballe.

Die Straße verlief zwischen Kornfeldern, Weinbergen und Wiesen. Unterwegs stellte der große heilige Nikolaus den Kindern, die er bereits von ganzem Herzen liebte, ihrem Alter angemessene leichte Fragen wie zum Beispiel: »Wieviel ist fünfmal fünf?«, oder »Was ist Gott?« Darauf erhielt er keine befriedigenden Antworten. Doch weit entfernt, ihnen ihre Unwissenheit vorzuhalten, dachte er nur daran, diese durch Anwendung der bewährtesten pädagogischen Regeln allmählich zu beseitigen.

»Modernus«, sagte er, »wir wollen sie zuerst die notwendigen Heilswahrheiten lehren, dann die freien Künste, insbesondere die Musik, damit sie dem Herrn lobsingen können. Es wäre auch ratsam, sie in Rhetorik, Philosophie und der Geschichte der Menschen, Tiere und Pflanzen zu unterrichten. Ich möchte, daß sie die Lebensgewohnheiten und die Beschaffenheit der Tiere kennenlernen, deren Sinnesorgane infolge ihrer unbegreiflichen Vollkommenheit den Ruhm des Schöpfers verkünden.«

Der ehrwürdige Bischof hatte kaum geendet, als eine Bäuerin des Weges kam. Sie zog eine alte Stute am Halfter hinter sich her, die so beladen mit Reisig war, daß ihre Knie zitterten und sie bei jedem Schritt strauchelte.

»Ach!« seufzte der große heilige Nikolaus. »Seht, der arme Hengst trägt mehr, als er vermag. Zu seinem Unglück geriet er zu ungerechten, hartherzigen Herren. Man darf keiner Kreatur zuviel aufladen, nicht einmal den Lasttieren.«

Bei diesen Worten brachen die drei Knaben in lautes Gelächter aus. Als der Bischof fragte, warum sie so laut lachten, erklärte Robin: »Weil ...«

»Wegen ...«, begann Sulpiz.

»Wir lachen, weil Ihr eine Stute für einen Hengst haltet«, sagte Maxim. »Seht Ihr denn nicht den Unterschied? Er ist doch offensichtlich. Ihr kennt Euch wohl bei Tieren nicht aus?«

»Ich glaube, man muß diese Kinder zuerst höfliches Benehmen lehren«, meinte Modernus.

In allen Städten, Marktflecken, Dörfern, Weilern und Schlössern, durch die sie unterwegs kamen, zeigte der heilige Nikolaus den Einwohnern die aus dem Pökelfaß geretteten Kinder und berichtete von dem großen Wunder, das Gott durch ihn vollbracht hatte; und jeder war hoch erfreut und pries ihn deshalb. Durch Kuriere und Reisende von einem so wunderbaren Ereignis unterrichtet, zog die gesamte Bevölkerung von Trinqueballe ihrem Seelenhirten entgegen, breitete kostbare Teppiche vor ihm aus und streute Blumen auf seinen Weg. Die Bürger blickten mit tränenfeuchten Augen auf die drei dem Pökelfaß entronnenen Opfer und gaben laut ihrer Freude Ausdruck. Aber die armen Kinder lachten dazu nur und streckten ihnen die Zunge heraus; doch das nahm man als ein sichtbares Zeichen ihrer Unschuld und ihres Elends und beklagte und bestaunte sie deshalb um so mehr.

Der heilige Bischof Nikolaus hatte eine Nichte namens Miranda, die gerade ins siebente Jahr ging; sie war Waise, und er liebte sie mehr als sein Augenlicht. Eine ehrbare Witwe namens Basine erzog sie in Frömmigkeit, Anstand und Unkenntnis des Bösen. Dieser Dame vertraute er die drei auf so wunderbare

Weise geretteten Kinder an. Sie war nicht ohne Urteilsvermögen. Sehr bald erkannte sie, daß Maxim Mut, Robin Klugheit und Sulpiz Überlegung besaß, und sie bemühte sich, diese guten Eigenschaften zu festigen, die infolge der allgemeinen Verderbnis des ganzen Menschengeschlechts ständig dazu neigten, zu verkommen und zu entarten; denn Robins schlaue Vorsicht wurde häufig zur Verstellung, unter der sich meistens heftige Begehrlichkeit verbarg; Maxim war Wutanfällen unterworfen, und Sulpiz äußerte oft hartnäckig falsche Ansichten über die wichtigsten Dinge. Im übrigen waren sie richtige Kinder, die Vogelnester ausnahmen, in den Gärten Obst stahlen, den Hunden Kasserollen an die Schwänze banden, Tinte in die Weihwasserkessel gossen und Juckpulver in Modernus' Bett streuten. Nachts hüllten sie sich in Laken und liefen auf Stelzen in die Gärten, wo die Mägde, die sich in den Armen ihres Liebsten verspätet hatten, vor Schreck in Ohnmacht fielen. Sie steckten Nadeln in den Stuhl, auf den Frau Basine sich niederzulassen pflegte, und wenn sie sich dann setzte, freuten sie sich über ihren Schmerz und beobachteten, mit welcher Verlegenheit sie ihre umsichtige, hilfreiche Hand vor aller Augen an die verletzte Stelle führte, denn um nichts in der Welt hätte sie gegen die Schicklichkeit verstoßen mögen.

Trotz ihres Alters und ihrer Tugenden flößte diese Dame ihnen weder Liebe noch Furcht ein. Robin nannte sie alte Ziege, Maxim altes Maultier und Sulpiz Bileams Eselin. Die kleine Miranda quälten sie auf alle möglichen Arten, beschmutzten ihre schönen Kleidchen und stießen sie, so daß sie mit der Nase auf die Steine fiel. Einmal tauchten sie ihren Kopf bis zum Hals in ein Sirupfaß. Sie lehrten sie, auf Zäunen zu reiten und in die Bäume zu klettern, was im Widerspruch zu der ihrem Geschlecht angemessenen Schicklichkeit stand; sie brachten ihr Manieren und Ausdrücke bei, die nach Wirtshaus und Pökelfaß rochen. So nannte sie, dem Beispiel der Knaben folgend, die ehrenwerte Frau Basine alte Ziege und, den Teil für das Ganze

nehmend, sogar Ziegenarsch. Dabei blieb sie vollkommen unschuldig. Die Reinheit ihrer Seele war unantastbar.
»Ich bin glücklich, die Kinder aus dem Pökelfaß gerettet zu haben, und will aus ihnen gute Christen machen«, erklärte der heilige Bischof Nikolaus. »Sie werden getreue Diener des Herrn, und ihre Verdienste werden mir angerechnet.«
Im dritten Jahr nach ihrer Auferstehung – sie waren bereits groß und wohlgestaltet –, spielten an einem Frühlingstag alle drei auf der Wiese am Flußufer, als Maxim, einer plötzlichen Laune und seiner angeborenen Hoffart folgend, den Diakon Modernus ins Wasser stieß. Dieser klammerte sich an einen Weidenast und rief um Hilfe. Robin kam herbei, tat, als wolle er ihn an der Hand herausziehen, zog ihm aber nur seinen Ring ab und lief davon.
Währenddessen stand Sulpiz mit gekreuzten Armen unbeweglich am Ufer und erklärte: »Modernus nimmt ein schlimmes Ende. Ich sehe sechs Teufel in Gestalt von Fledermäusen bereit, ihm die Seele aus dem Munde zu saugen.«
Als Frau Basine und Modernus den heiligen Bischof von diesem ernsten Vorfall unterrichteten, war dieser sehr bekümmert und seufzte: »Die Kinder sind von unwürdigen Eltern in Not und Elend erzogen worden. Das Übermaß der Leiden hat ihren Charakter verdorben. Man muß ihren Fehlern mit viel Geduld und unermüdlicher Güte begegnen.«
»Herr Bischof«, erwiderte Modernus, der in seinem Schlafrock vor Fieber schlotterte und unter seiner Nachtmütze nieste, denn er hatte sich bei dem Bad erkältet, »es ist möglich, daß ihre Bosheit von der Bosheit der Eltern kommt. Doch wie erklärt Ihr es, mein Vater, daß die schlechte Fürsorge in jedem von ihnen verschiedene und sozusagen gegensätzliche Laster erzeugt hat und die Verwahrlosung und Not, in der sie sich befanden, bevor sie ins Pökelfaß gesteckt wurden, den einen habgierig, den anderen gewalttätig und den dritten seherisch gemacht haben? Und gerade letzterer würde mich an Eurer Stelle, Herr Bischof, am meisten beunruhigen.«

»Bei jedem dieser Kinder hat sich seine schwache Seite besonders entwickelt«, erwiderte der Bischof. »Die schlechte Behandlung hat vor allem die seelischen Eigenschaften verdorben, die den geringsten Widerstand boten. Wir müssen sie mit unendlicher Behutsamkeit zu bessern suchen, damit wir das Böse nicht mehren, statt es zu mindern. Sanftmut, Milde und Geduld sind die einzigen Mittel, die man anwenden darf, um Menschen zu bessern, selbstverständlich mit Ausnahme der Ketzer.«

»Gewiß, Euer Gnaden, gewiß!« erwiderte Modernus, wobei er dreimal nieste. »Aber es gibt keine gute Erziehung ohne Strafe, keine Zucht ohne Zucht. Ich weiß, was ich sage. Und wenn Ihr die drei Schlingel nicht bestraft, werden sie schlimmer als Herodes. Das versichere ich Euch.«

»Modernus könnte recht haben«, meinte die Dame Basine.

Der Bischof antwortete nicht. Er ging mit dem Diakon und der Witwe gerade an einer Weißdornhecke entlang, die einen angenehmen Duft von Honig und bitteren Mandeln ausströmte. In einer Bodensenke, in der die Erde durch eine nahe gelegene Quelle feucht war, blieb er vor einem Strauch stehen, dessen gewundene dichte Zweige ganz voller gezackter, glänzender Blätter und weißer Blütendolden waren.

»Seht den duftenden dichten Strauch«, sagte er, »dies schöne Maienholz, den edlen, so lebensvollen, kräftigen Dornstrauch; seht, wie er üppiger im Laub ist und strahlender in Blüte steht als alle andern Dornsträucher der Hecke! Aber beachtet auch, daß die weißliche Rinde seiner Zweige nur wenige schwache, weiche, stumpfe Dornen trägt. Woher kommt das? Weil er seine Nahrung aus einem feuchten, fetten Boden zieht und, der sein Leben erhaltenden Reichtümer sicher, die Säfte der Erde ruhig genutzt hat, um sich so kräftig und strahlend zu entwickeln; und weil er zu widerstandsfähig ist, um daran denken zu müssen, sich gegen seine schwachen Feinde zu wappnen, überläßt er sich gänzlich der Freude an seiner prächtigen, köstlichen Fruchtbarkeit. Geht einige Schritte weiter den Pfad hinan und wendet den Blick zu jenem andern Weißdorn, der mühsam aus steinigem, dürren Boden sprießt und arm an Holz und Blättern dahinsiecht; in seinem rauhen Dasein hat er stets bloß daran gedacht, sich gegen die zahllosen Feinde, die die schwachen Wesen bedrohen, zu wappnen und zu verteidigen. So ist er nur ein Büschel Dornen. Das bißchen Saft, das in ihm emporgestiegen ist, hat er verausgabt, um zahlreiche Stacheln hervorzubringen, die unten breit, hart und spitz sind und seine furchtsame Schwäche nur schlecht beschützen. Nichts blieb ihm für die duftende, fruchttragende Blüte. Meine Freunde, mit uns ist es wie mit dem Weißdorn. Die in unserer Kindheit empfangene Fürsorge macht uns besser. Eine zu harte Erziehung verhärtet uns.«

3

Als Maxim in sein siebzehntes Lebensjahr ging, erfüllte er den heiligen Bischof Nikolaus mit Betrübnis und die Diözese mit Entrüstung, indem er eine Gesellschaft gleichaltriger Taugenichtse um sich scharte und dazu anstiftete, die Mädchen eines Dorfes namens Grosses-Nattes zu entführen, das vier Meilen nördlich von Trinqueballe lag. Die Unternehmung war ein voller Erfolg. Die Entführer kehrten nachts in die Stadt zurück, wobei sie die zerzausten Jungfrauen, die ihre glühenden Blicke und flehenden Hände vergeblich zum Himmel erhoben, fest an ihre Brust gedrückt hielten. Doch als die Väter, Brüder und Verlobten der geraubten Mädchen diese zurückholen wollten, weigerten sie sich heimzukehren, da sie sich angeblich zu sehr schämten und es vorzögen, ihre Schmach in den Armen derjenigen zu verbergen, die diese verursacht hatten. Maxim, der sich die drei schönsten ausgewählt hatte, lebte mit ihnen zusammen in einem Schlößchen, das zum bischöflichen Besitz gehörte. Auf Geheiß des Bischofs erschien der Diakon Modernus in Abwesenheit des Entführers dort, klopfte an das Tor und

teilte den Mädchen mit, daß er sie zu befreien komme. Sie weigerten sich zu öffnen, und als er ihnen das Schändliche ihres Lebenswandels vorstellte, ließen sie einen Kübel mit Spülwasser auf seinen Kopf fallen, so daß er ein Loch im Schädel bekam.
Mit sanfter Strenge gewappnet, warf der heilige Bischof Nikolaus diese gewalttätige Ausschreitung Maxim vor. »Ach«, sagte er, »habe ich dich aus dem Pökelfaß gerettet, damit du die Jungfrauen von Vervignole ins Verderben stürzest?«
Und er hielt ihm die Schwere seines Vergehens vor. Doch Maxim zuckte nur die Achseln und kehrte ihm den Rücken, ohne zu antworten.
Zu dieser Zeit sammelte König Berlu im vierzehnten Jahr seiner Regierung ein mächtiges Heer, um gegen die Mamburnier zu Felde zu ziehen, die Erbfeinde seines Reiches, die in Vervignole gelandet waren und die reichsten Provinzen dieses großen Landes plünderten und entvölkerten.
Maxim verließ Trinqueballe, ohne sich von jemandem zu verabschieden. Als er einige Meilen von der Stadt auf einer Weide eine Stute sah, die, abgesehen davon, daß sie einäugig und lahm war, in recht gutem Zustande zu sein schien, saß er auf und galoppierte mit ihr davon. Am nächsten Morgen begegnete er zufällig einem Pächtersknecht, der einen großen Ackergaul zur Tränke führte, sprang sogleich ab, bestieg dieses Pferd, befahl dem Knecht, ihm auf der einäugigen Stute zu folgen, und versprach ihm, er wolle ihn als Knappen behalten, falls er mit ihm zufrieden wäre. In diesem Aufzug erschien Maxim vor König Berlu, der ihn in seine Dienste nahm. In wenigen Tagen wurde er einer der größten Feldherrn von Vervignole.
Indessen gab Sulpiz dem heiligen Bischof wohl noch schmerzlichere und gewiß ernstere Veranlassung zur Beunruhigung; denn hatte Maxim auch schwer gesündigt, so tat er es doch ohne Bosheit; er beleidigte Gott ohne Überlegung und sozusagen unbewußt. Sulpiz hingegen beging seine Übeltaten mit

größerer und seltsamer Heimtücke. Von Kindheit an hatte er sich dem geistlichen Stand verschrieben und studierte fleißig die heiligen und weltlichen Schriften; aber seine Seele war ein verdorbenes Gefäß, in dem die Wahrheit sich in Irrtum verwandelte. Er sündigte im Geiste; er irrte in Glaubensdingen mit erstaunlicher Frühreife; in einem Alter, in dem man noch keine eigenen Gedanken hat, war er vollgestopft mit falschen Ideen. Ihm kam ein offensichtlich vom Teufel eingeflüsterter Gedanke. Auf einer dem Bischof gehörenden Wiese vereinigte er eine große Zahl von Jünglingen und jungen Mädchen seines Alters, stieg auf einen Baum und ermahnte sie, Vater und Mutter zu verlassen und Jesu Christo nachzufolgen, in Scharen durch das Land zu ziehen, Klöster und Pfarrhäuser anzuzünden und die Kirche zur evangelischen Armut zurückzuführen. Aufgestachelt und irregeleitet zog diese Jugend hinter dem Sünder die Straßen von Vervignole entlang, sang Choräle, steckte Scheunen an, plünderte Kapellen und verheerte die Kirchengüter. Einige dieser Wahnsinnigen kamen vor Erschöpfung, Hunger und Kälte um oder wurden von den Bauern erschlagen. Der bischöfliche Palast hallte wider von den Klagen der Mönche und den Seufzern der Mütter. Der fromme Bischof Nikolaus befahl den Anstifter dieser Ausschreitungen zu sich, warf ihm mit äußerster Milde und unendlicher Betrübnis vor, das Wort Gottes mißbraucht zu haben, um die Menschen zu verführen, und erklärte ihm, Gott habe ihn nicht aus dem Pökelfaß gerettet, damit er sich an den Gütern unserer heiligen Mutter, der Kirche, vergreife.

»Bedenke die Schwere deines Vergehens, mein Sohn«, sagte er. »Du erscheinst vor deinem Seelenhirten belastet mit der Sünde der Unruhen, des Aufruhrs und Mordes.«

Der junge Sulpiz blieb jedoch erschreckend ruhig und antwortete mit fester Stimme, er habe weder gesündigt noch Gott beleidigt, sondern im Gegenteil auf Befehl des Himmels zum Wohl der Kirche gehandelt. Und er bekannte sich vor dem bestürzten Bischof zu den ketzerischen Lehren der Manichäer,

Arianer, Nestorianer, Sabellianer, Waldenser, Albigenser und Begharden und verfocht diese ungeheuerlichen Irrlehren mit so glühendem Eifer, daß er nicht merkte, wie sie einander widersprachen und sich gegenseitig an dem Busen verschlangen, der sich für sie begeisterte.
Der fromme Bischof bemühte sich, Sulpiz auf den rechten Weg zurückzuführen; doch er konnte den Starrsinn des Unglückseligen nicht besiegen.
Nachdem er ihn verabschiedet hatte, kniete er nieder und betete: »Ich danke dir, Herr, daß du mir diesen Jüngling zum Schleifstein gabst, an dem ich meine Geduld und Barmherzigkeit schärfen kann.«
Während zwei der aus dem Pökelfaß geretteten Kinder ihm soviel Kummer bereiteten, fand der heilige Nikolaus bei dem dritten einigen Trost dafür. Robin erwies sich weder als gewalttätig in seinen Handlungen noch hoffärtig in seinen Gedanken. Er war nicht so munter und von so roter Gesichtsfarbe wie der Hauptmann Maxim; auch hatte er nicht eine so kühne, ernste Miene wie Sulpiz, sondern war von kleiner, magerer Gestalt; sein Gesicht war gelb, faltig und runzlig, sein Benehmen demütig, ehrerbietig und bescheiden. Er bemühte sich eifrig, dem Bischof und der Geistlichkeit gefällig zu sein, indem er den Schreibern half, die Bücher des bischöflichen Haushaltes zu führen, und mit Hilfe von Kugeln, die in Rahmen aufgereiht waren, schwierige Berechnungen anstellte. Er multiplizierte und dividierte sogar Zahlen ohne Tafel und Stift im Kopf mit einer Geschwindigkeit und Genauigkeit, die man selbst bei einem alten Münz- und Finanzmeister bewundert hätte. Es bereitete ihm Vergnügen, die Bücher des Diakons Modernus zu führen, der, da er alt wurde, die Zahlen durcheinanderbrachte und über dem Pult einschlief. Um dem Herrn Bischof gefällig zu sein und ihm Geld zu verschaffen, scheute er keine Mühe, lernte von den Lombarden, die einfachen Zinsen oder Zinseszinsen von jeder beliebigen Summe pro Tag, Woche, Monat und Jahr zu berechnen, und scheute sich

nicht, in den düsteren Gäßchen des Gettos die filzigen Juden aufzusuchen, um im Gespräch mit ihnen den Feingehalt der Metalle, den Wert der Edelsteine und die Kunst, Münzen zu beschneiden, zu lernen. Auch besuchte er mit einer kleinen Summe, die er sich mit erstaunlichem Fleiß erspart hatte, in Vervignole, Mondusiana und sogar Mamburnien die Jahrmärkte, Turniere, Wallfahrten und Jubiläen, bei denen aus der ganzen Christenheit Menschen aller Stände zusammenströmten, Bauern, Bürger, Geistliche und Edelleute; dort wechselte er Geld und kam jedesmal etwas reicher zurück, als er ausgezogen war. Robin gab das Geld nicht aus, das er erwarb, sondern brachte es dem Herrn Bischof.

Der heilige Nikolaus war sehr gastfrei und mildtätig; er verteilte sein Vermögen und das der Kirche als Zehrpfennig an die Pilger sowie als Unterstützung an die Unglücklichen. Deshalb befand er sich ständig in Geldverlegenheit und war Robin sehr dankbar für den Eifer und die Geschicklichkeit, mit der sein junger Finanzverwalter ihm die Summen verschaffte, die er benötigte. Nun wurde aber die Notlage, in die der heilige Bischof sich durch seine Großzügigkeit und Freigebigkeit selbst gebracht hatte, infolge der Ungunst der Zeit sehr verschlimmert. Der Krieg, der Vervignole verheerte, richtete die Kirche von Trinqueballe zugrunde. Bewaffnete durchstreiften die Gegend um die Stadt, plünderten die Pachthöfe, erpreßten die Bauern, vertrieben die Mönche, brannten die Schlösser und Abteien nieder. Die Geistlichkeit und die Gläubigen konnten zu den Kosten des Gottesdienstes nichts mehr beisteuern, und täglich bettelten Tausende von Bauern, die ihren Pflug im Stich gelassen hatten, am Tor des Bischofspalastes um Brot. Um ihretwillen bedrückte den guten heiligen Nikolaus seine Armut, die er selbst nicht empfand. Glücklicherweise war Robin stets bereit, ihm Geldsummen vorzuschießen, die der heilige Bischof, wie es sich gehört, in günstigeren Zeiten zurückzuzahlen sich verpflichtete.

Ach, der Krieg wütete jetzt im ganzen Königreich, von Norden bis Süden, von Osten bis Westen, gefolgt von seinen beiden ständigen Gefährten: Pest und Hungersnot. Die Landleute wurden zu Räubern, die Mönche folgten den Armeen. Die Einwohner von Trinqueballe hatten weder Holz zum Heizen noch Brot zu essen und starben folglich wie die Fliegen bei Einbruch der Kälte. Die Wölfe fielen in die Vorstädte ein und fraßen die kleinen Kinder. In dieser betrüblichen Lage teilte Robin dem Bischof mit, er könne ihm nicht nur kein Geld mehr vorstrecken, wie klein die Summe auch sein möge, sondern habe zudem alle seine Forderungen an die Juden abtreten müssen, da er von seinen Schuldnern nichts zurückerhalte und von seinen Gläubigern bedrängt werde.

Die Hiobsbotschaft überbrachte er seinem Wohltäter mit der ihm eigenen unterwürfigen Höflichkeit; aber er zeigte sich weniger bekümmert, als er es in dieser schmerzlichen Notlage hätte sein müssen. In Wahrheit verbarg er nur mit Mühe unter einem langen Gesicht seine frohe Laune und lebhafte Befriedigung. Seine pergamentartigen gelben, trocknen, demütig niedergeschlagenen Augenlider verbargen nur schlecht die Freude, die aus seinen spitzen Augäpfeln strahlte.

Dies war zwar ein schmerzlicher Schlag für den heiligen Nikolaus, doch er wahrte seine heitere Ruhe.

»Gott wird unsern geldlichen Schwierigkeiten schon abhelfen«, meinte er. »Er wird den Einsturz des Hauses, das er gebaut hat, nicht zulassen.«

»Zweifellos«, erwiderte Modernus. »Doch verlaßt Euch darauf, Robin, den Ihr aus dem Pökelfaß gezogen habt, steckt mit den Lombarden auf der Alten Brücke und den Juden des Gettos unter einer Decke, um Euch alles wegzunehmen, und behält den größten Teil der Beute für sich selbst.«

Modernus hatte die Wahrheit gesagt. Robin hatte gar kein Geld verloren; er war reicher denn je und vom König gerade zum Finanzminister ernannt worden.

4

Zu dieser Zeit vollendete Miranda ihr siebzehntes Lebensjahr. Sie war schön und von anmutiger Gestalt. Ein Hauch von Reinheit, Unschuld und Aufrichtigkeit umgab sie wie ein Schleier. Ihre langen Wimpern, die sich wie ein Gitter über die blauen Augen senkten, und der kindlich kleine Mund erweckten die Vorstellung, das Böse könne ihr nichts anhaben. Ihre Ohren waren so allerliebst, zierlich gerändert, zart und fein, daß auch die Verwegensten nur unschuldige Worte hineinzuflüstern wagten. Keine Jungfrau in ganz Vervignole flößte soviel Achtung ein wie sie, und keine hätte es nötiger gehabt, sie einzuflößen, denn das Mädchen war von unglaublicher Einfalt, Leichtgläubigkeit und Nachgiebigkeit.

Der fromme Bischof Nikolaus, ihr Onkel, liebte sie von Tag zu Tag inniger und hing an ihr mehr, als man an einem menschlichen Wesen hängen sollte. Allerdings liebte er sie in Gott, aber auf andere Art: er fand Gefallen an ihr, er liebte es, sie zu lieben; das war seine einzige Schwäche. Sogar den Heiligen gelingt es nicht immer, alle Bande des Fleisches zu zerreißen. Nikolaus liebte seine Nichte keusch, aber nicht ohne sich an ihr zu erfreuen. Am Tage, nachdem er von Robins Bankrott erfahren hatte, begab er sich voller Betrübnis und Sorge zu Miranda, um mit ihr fromme Zwiesprache zu halten, wie es sich für ihn geziemte; denn er vertrat Vaterstelle an ihr und mußte sie unterweisen.

Sie bewohnte in der Oberstadt nahe der Kathedrale ein Haus, das man das Musikantenhaus nannte, weil an seiner Fassade Menschen und Tiere dargestellt waren, die auf verschiedenen Instrumenten spielten. Insbesondere war da ein Esel, der Flöte blies, und ein an seinem langen Bart und seinem Schreibzeug erkennbarer Philosoph, der die Zimbeln schlug. Ein jeder legte die Figuren auf seine Weise aus. Es war das schönste Wohnhaus der Stadt.

Der Bischof fand dort das Zimmer seiner Nichte in völliger

Unordnung und sie selbst mit zerzaustem Haar und Tränen in den Augen neben einer geöffneten, leeren Truhe auf dem Boden hockend.
Er fragte sie nach der Ursache ihres Schmerzes und der Verwirrung, die ringsum herrschte. Da wandte sie ihm ihren verzweifelten Blick zu und erzählte unter zahllosen Seufzern, Robin, der dem Pökelfaß entronnene Robin, der nette Robin, habe ihr, wenn es sie nach einem Kleid, einem Putz, einem Geschmeide gelüstete, oft angeboten, er wolle ihr mit Vergnügen das notwendige Geld leihen, um die Dinge zu kaufen; sie habe ziemlich häufig seine Gefälligkeit in Anspruch genommen, die unerschöpflich schien; doch heute morgen sei ein Jude namens Seligmann mit vier Gerichtsdienern bei ihr erschienen und habe die Schuldscheine vorgelegt, die Robin von ihr hatte unterschreiben lassen; da sie jedoch kein Geld besaß, um sie zu bezahlen, habe er alle Kleider, allen Kopfputz und den ganzen Schmuck mitgenommen, den sie besaß.
»Er hat meine Leibchen und Röcke aus Samt, Brokat und Spitze, meine Diamanten, Smaragde, Saphire, Hyazinthe, Amethyste, Rubine, Granaten und Türkise mitgenommen«, erklärte sie seufzend. »Er hat mir mein großes Diamantkreuz mit Engelsköpfen in Email genommen, mein großes Halsgeschmeide aus zwei Tafeldiamanten, drei polierten Edelsteinen und sechs Schleifen aus je vier Perlen, ferner mein großes Kollier aus dreizehn Tafeldiamanten mit zwanzig in Filigran gefaßten birnenförmigen Perlen . . .!«
Sie brach ab und schluchzte in ihr Taschentuch.
»Meine Tochter«, antwortete der heilige Bischof, »eine christliche Jungfrau ist geschmückt genug, wenn die Bescheidenheit ihr Halsband und die Keuschheit ihr Gürtel ist. Dennoch geziemt es dir, da du aus einer edlen, erlauchten Familie stammst, Diamanten und Perlen zu tragen. Deine Juwelen waren der Schatz der Armen, und ich beklage, daß sie dir geraubt wurden.«
Er versicherte, sie werde sie gewiß in dieser oder jener Welt

zurückerhalten; er sagte alles, was ihren Kummer lindern und ihren Schmerz besänftigen konnte; denn sie besaß eine sanfte Seele, die getröstet werden wollte. Doch er war selbst tief betrübt, als er sie verließ.

Als der heilige Bischof sich am nächsten Morgen darauf vorbereitete, in der Kathedrale die Messe zu lesen, sah er die drei Juden Seligmann, Isaschar und Meyer mit dem grünen Hut und dem gelben Zeichen auf der Schulter zu ihm in die Sakristei kommen; sie legten ihm höchst ehrerbietig die Wechsel vor, die Robin ihnen abgetreten hatte. Da der ehrwürdige Bischof sie aber nicht bezahlen konnte, riefen sie etwa zwanzig Lastträger mit Körben, Säcken, Nachschlüsseln, Karren, Stricken sowie Leitern herbei und begannen, die Schlösser der Schränke, Truhen und Tabernakel zu öffnen. Der heilige Mann warf ihnen einen Blick zu, der drei Christen vernichtet hätte. Er drohte ihnen mit den Strafen, die in dieser und jener Welt auf Heiligtumsschändung stehen; er gab ihnen zu bedenken, daß ihre bloße Anwesenheit im Hause des Gottes, den sie gekreuzigt hatten, das himmlische Feuer auf ihr Haupt herabriefe. Sie hörten ihm mit der Ruhe von Menschen zu, für die Bannfluch, ewige Verdammnis, Verwünschungen und Flüche das tägliche Brot waren. Dann bat er, flehte sie an, versprach ihnen, die Schulden, die sie übernommen hatten, zweifach, dreifach, zehnfach, ja hundertfach zurückzuzahlen, sobald er dazu in der Lage wäre. Sie bedauerten höflich, ihre kleine Aktion nicht aufschieben zu können. Der Bischof drohte ihnen, Sturm läuten zu lassen und das Volk gegen sie aufzuwiegeln, das sie wie Hunde erschlagen würde, wenn es sähe, wie sie die Gnadenbilder und heiligen Reliquien entweihten, schändeten und entwendeten. Sie wiesen lächelnd auf die Gerichtsdiener, die sie beschirmten. König Berlu gewährte ihnen Schutz, weil sie ihm Geld liehen.

Bei diesem Anblick erkannte der heilige Bischof, daß Widerstand hier Rebellion wäre, erinnerte sich an den, der das Ohr des Malchus wieder anheilte, verharrte regungslos und stumm, und bittere Tränen entströmten seinen Augen. Seligmann,

Isaschar und Meyer entführten die mit Edelsteinen, Emaille und ungeschliffenen Diamanten geschmückten goldenen Heiligenschreine, die Reliquienbehälter in Form von Kelchen, Laternen, Schiffen, Türmen, die in Gold und Silber gefaßten Alabastertragaltäre, die von geschickten Handwerkern aus Limoges und vom Rhein emaillierten Kästchen, die Altarkreuze, die mit geschnitztem Elfenbein und antiken Kameen verzierten Evangelienbücher, die mit Weinranken geschmückten liturgischen Kämme, die Konsulardiptychen, die Hostienbehälter, Leuchter, Kandelaber und Lampen, deren heiliges Licht sie ausbliesen und deren geweihtes Öl sie auf den Fußboden schütteten; die riesenhaften Kronen gleichenden Lüster, die Rosenkränze mit Gliedern aus Bernstein und Perlen, die Abendmahlstauben, die Ziborien, Kelche, Hostienteller, Kußtafeln, Weihrauchgefäße, Meßkännchen und zahllosen silbernen Votivgaben: Füße, Hände, Arme, Beine, Augen, Münder, Eingeweide und Herzen, ferner die Nase des Königs Sidoc sowie den Busen der Königin Blandine und das goldene Haupt des heiligen Bischofs Cromadarius, des ersten Apostels von Vervignole und benedeiten Schutzpatrons von Trinqueballe. Sie trugen schließlich das Gnadenbild der heiligen Frau Gibbosina fort, die das Volk von Vervignole bei Pest, Hungersnot und Krieg nie vergeblich angerufen hatte. Dieses uralte und höchst verehrungswürdige Bild war aus Blattgold auf Zedernholz und mit rot, gelb, blau, violett und weiß funkelnden kostbaren Edelsteinen übersät, die groß wie Enteneier waren. Seit dreihundert Jahren flößten seine weitgeöffneten Emailleaugen in dem goldenen Antlitz den Einwohnern von Trinqueballe solche Ehrfurcht ein, daß die Heilige ihnen glänzend und schrecklich nachts im Traum erschien und sie mit grausamen Plagen bedrohte, falls sie ihr nicht genügend reines Wachs und Laubtaler spendeten. Die heilige Gibbosina ächzte, zitterte und schwankte auf ihrem Sockel und ließ sich widerstandslos aus der Basilika tragen, in die sie seit undenklichen Zeiten zahllose Pilger gelockt hatte.

Nach Abzug der Kirchenräuber stieg der heilige Bischof Nikolaus die Stufen zum geplünderten Altar empor und weihte das Blut des Herrn in einem alten deutschen Silberkelch, der klein und ganz zerbeult war. Und er betete für die Betrübten, insbesondere für Robin, den er auf Befehl Gottes aus dem Pökelfaß gezogen hatte.

5

Kurz darauf besiegte König Berlu die Mamburnier in einer großen Schlacht. Zuerst merkte er es gar nicht, denn die Waffenkämpfe bieten immer ein Bild höchster Verwirrung, und die Vervignoler hatten seit zwei Jahrhunderten das Siegen verlernt. Doch die überstürzte ungeordnete Flucht der Mamburnier ließ ihn seinen Vorteil erkennen. Anstatt den Rückzug anzutreten, verfolgte er den Feind und gewann die Hälfte seines Königreichs zurück. Die siegreiche Armee zog in die Stadt Trinqueballe ein, die ihr zu Ehren mit Fahnen und Blumen geschmückt war, und verübte in dieser berühmten Hauptstadt von Vervignole eine große Anzahl von Vergewaltigungen, Plünderungen, Morden und anderen Grausamkeiten, zündete mehrere Häuser an, raubte die Kirchen aus und schleppte aus der Kathedrale alles, was die Juden noch darin gelassen hatten, und das war wahrhaftig wenig. Maxim, der nun Ritter und Hauptmann von achtzig Lanzenreitern war, hatte zu dem Sieg viel beigetragen; er zog als einer der ersten in die Stadt ein und begab sich geradeswegs zum Musikantenhaus, in dem die schöne Miranda wohnte, die er seit seinem Aufbruch in den Krieg nicht mehr gesehen hatte. Er fand sie in ihrem Zimmer am Spinnrad und stürzte sich mit solcher Wut auf sie, daß das Jungfräulein seine Unschuld verlor, sozusagen ohne daß sie es gemerkt hätte. Als sie sich von ihrer Überraschung erholt hatte, rief sie: »Seid Ihr es, Herr Maxim? Was tut Ihr?« Und da sie Anstalten machte, sich des Angreifers zu erwehren, ging er

ruhig auf die Straße hinunter, rückte seine Rüstung zurecht und sah den Mädchen nach.
Vielleicht wäre ihr die Schmach nie bewußt geworden, wenn sie sich nicht einige Zeit, nachdem sie diese erlitten, Mutter gefühlt hätte. Hauptmann Maxim kämpfte gerade in Mamburnien. Die ganze Stadt wußte von ihrer Schande; Miranda vertraute sie dem großen heiligen Nikolaus an, der bei dieser erstaunlichen Nachricht die Augen gen Himmel richtete und sagte: »Herr, hast du diesen nur aus dem Pökelfaß gerettet, damit er wie ein reißender Wolf mein Schäfchen verschlingt? Deine Weisheit ist wunderbar; aber deine Wege sind dunkel, und dein Ratschluß ist unerforschlich.«
Im gleichen Jahr warf sich am Sonntag Lätare Sulpiz dem heiligen Bischof zu Füßen.
»Seit meiner Kindheit ist es mein heißester Wunsch, mich dem Herrn zu weihen«, erklärte er. »Gestattet mir, mein Vater, in den Mönchsstand zu treten und im Kloster der Bettelbrüder von Trinqueballe mein Gelübde abzulegen.«
»Mein Sohn«, antwortete der gute heilige Nikolaus, »es gibt keinen besseren als den Mönchsstand. Glücklich, wer in der Zurückgezogenheit des Klosters lebt, geschützt vor den Stürmen der Welt! Doch was hilft es, den Sturm zu fliehen, wenn man ihn in sich birgt? Was nützt es, Demut zur Schau zu tragen, wenn man in der Brust ein hoffärtiges Herz hat? Was soll dir das Gewand des Gehorsams, wenn deine Seele aufrührerisch ist? Ich habe gesehen, mein Sohn, wie du in zahlreichere Irrtümer gerietest als Sabellius, Arius, Nestorius, Eutyches, Manes, Pelagius und Pachosus zusammen und bereits vor deinem zwanzigsten Lebensjahr die abwegigen Meinungen von zwölf Jahrhunderten wiedererstehen ließest. Zwar beharrtest du auf keiner, aber deine ständigen Widerrufe schienen weniger Unterwerfung unter unsere heilige Mutter Kirche zu verraten als Eile, von einem Irrtum in den andern zu stürzen, vom Manichäertum zum Sabellianismus zu springen und von den Freveln der Albigenser zu den schändlichen Lehren der Waldenser.«

Sulpiz hörte diese Worte mit so zerknirschtem Herzen, mit solcher Einfalt und Ehrerbietung an, daß der große heilige Nikolaus zu Tränen gerührt war.

»Ich bedaure, bereue, verurteile, verwerfe, verabscheue, verfluche und verdamme meine früheren, gegenwärtigen und zukünftigen Irrtümer«, beteuerte er. »Ich unterwerfe mich voll und ganz der Kirche, im Allgemeinen und Besonderen, ohne jeden Vorbehalt, glaube nur, was sie lehrt und glaubt, und weiß nur, was sie weiß; ich sehe, höre und fühle nur durch sie. Würde sie mir sagen, die Fliege, die sich soeben auf die Nase des Diakons Modernus gesetzt hat, sei ein Kamel, so würde ich unverzüglich ohne Widerrede, Einspruch oder Murren, ohne Auflehnung, Zaudern oder Zweifel glauben, erklären, verkünden und bekennen, auf der Folter und bis in den Tod, ein Kamel hat sich auf die Nase des Diakons Modernus gesetzt. Denn die Kirche ist der Quell der Wahrheit, und ich selbst bin nur ein nichtswürdiges Gefäß von Irrtümern.«

»Seid auf der Hut, mein Vater!« warnte Modernus. »Sulpiz ist imstande, die Unterwerfung unter die Kirche bis zur Ketzerei zu treiben. Seht Ihr nicht, wie er sich mit rasender Leidenschaft und Verzückung fast bis zur Bewußtlosigkeit unterwirft? Ist das die richtige Art, sich zu unterwerfen, wenn man sich ganz darin aufgibt? Er vernichtet sich darin, er begeht geradezu Selbstmord.«

Doch der Bischof tadelte seinen Diakon, daß er solche dem Erbarmen widersprechenden Reden hielt, und schickte den Bittsteller als Novizen zu den Bettelmönchen von Trinqueballe.

O weh, nach einem Jahr waren diese bisher demütigen, friedlichen Mönche durch erschreckende Schismen zerrissen und in tausend Irrtümer über die katholische Wahrheit gestürzt, ihre Tage waren von Verwirrung und ihre Seelen von Aufruhr erfüllt! Sulpiz träufelte dieses Gift den guten Brüdern ein. Gegen seine Oberen behauptete er, es gebe keinen wahren Papst, seit die Wahl des obersten Pontifex nicht mehr von

Wundern begleitet sei, noch eine richtige Kirche, seit die Christen aufgehört hätten, das Leben der Apostel und der ersten Gläubigen zu führen; es gebe kein Fegefeuer, und es sei auch nicht erforderlich, einem Priester zu beichten, wenn man Gott beichte; die Menschen täten übel daran, Gold- und Silbermünzen zu gebrauchen, man solle alle Güter der Erde zum Gemeinbesitz machen. Diese abscheulichen Ansichten, die er mit Nachdruck vertrat und die von den einen bekämpft, von den andern sich zu eigen gemacht wurden, erregten großes Ärgernis. Bald verkündete Sulpiz die Lehre von der vollkommenen Reinheit, die durch nichts befleckt werden könne, und das Kloster der guten Brüder glich in kurzem einem Affenkäfig. Diese Pestilenz blieb nicht im Bereich der Klostermauern. Sulpiz zog predigend durch die Stadt: seine Beredsamkeit, das innere Feuer, das ihn verzehrte, die Einfachheit seines Lebens, sein unerschütterlicher Mut rührten die Herzen. Die Stimme des Reformators versetzte die vom heiligen Cromadarius evangelisierte, von der heiligen Gibbosina im Glauben bestärkte alte Stadt in Aufruhr und Chaos; Tag und Nacht wurden alle möglichen Ausschreitungen und Glaubensfrevel begangen. Vergebens ermahnte der große heilige Nikolaus seine Beichtkinder, beschwor sie, drohte und wetterte. Das Übel breitete sich unaufhörlich aus, und man wurde mit Kummer gewahr, daß die reichen Bürger, der Adel und Klerus ebenso davon angesteckt wurden wie die armen Handwerker und kleinen Gewerbetreibenden, ja sogar noch mehr.

Als eines Tages der Gottesmann im Kreuzgang der Kathedrale tief betrübt über den beklagenswerten Zustand der Kirche von Vervignole nachdachte, wurde er durch ein seltsames Geheul aus seinen Betrachtungen gerissen, und er erblickte eine Frau, die völlig nackt auf allen vieren herumlief und eine Pfauenfeder wie einen Schwanz angesteckt trug. Bellend kam sie heran, leckte den Boden und schnaubte. Ihr blondes Haar war voller Unrat, und ihr ganzer Körper starrte von Schmutz. Der heilige

Bischof Nikolaus erkannte in dieser unglückseligen Kreatur seine Nichte Miranda.
»Was tust du da, meine Tochter?« rief er. »Warum hast du dich entkleidet und läufst auf allen vieren? Schämst du dich nicht?«
»Nein, Onkel, ich schäme mich nicht«, erwiderte Miranda sanft. »Im Gegenteil, ich würde mich eines anderen Benehmens und einer anderen Gangart schämen. So wie ich muß man sich verhalten und laufen, wenn man Gott angenehm sein will. Der heilige Bruder Sulpiz hat mich gelehrt, mich solchermaßen zu benehmen, auf daß ich den Tieren gleiche, die Gott näher sind als die Menschen, denn sie sind ohne Sünde. Und solange ich mich in dieser Haltung befinde, in der Ihr mich seht, laufe ich nicht Gefahr zu sündigen. Ich komme, um Euch, lieber Onkel, in aller Liebe und Barmherzigkeit aufzufordern, meinem Beispiel zu folgen; denn sonst werdet Ihr nicht des ewigen Heiles teilhaftig werden. Legt Eure Kleider ab, ich bitte Euch, und nehmt das Verhalten der Tiere an, die Gott mit Wohlgefallen als sein Ebenbild betrachtet, das noch nicht durch die Sünde entstellt ist. Dies rate ich Euch dringend auf Geheiß des heiligen Bruders Sulpiz und somit auf Gottes Geheiß, denn der heilige Bruder kennt des Herrn unerforschlichen Willen. Entkleidet Euch, lieber Onkel, und kommt mit mir, auf daß wir uns dem Volke zu seiner Erbauung zeigen.«
»Kann ich denn meinen Augen und Ohren trauen?« seufzte der heilige Bischof mit von Schluchzen erstickter Stimme. »Ich hatte eine Nichte voll blühender Schönheit, Tugend und Frömmigkeit, und die drei Kinder, die ich aus dem Pökelfaß rettete, haben sie in den beklagenswerten Zustand versetzt, in dem ich sie jetzt sehe. Der eine beraubte sie all ihrer Habe, der Quelle reichlicher Almosen, des Erbteils der Armen; der andere nahm ihr die Ehre; der dritte machte aus ihr eine Ketzerin.«
Dann warf er sich neben seiner Nichte nieder, flehte sie an, von einer so verwerflichen Lebensweise abzulassen, und beschwor sie unter Tränen, sich zu bekleiden und auf ihren Füßen wie ein

menschliches Wesen zu laufen, das durch Christi Blut erlöst wurde.
Doch sie antwortete nur mit lautem Kläffen und kläglichem Jaulen.
Bald wimmelte es in der Stadt Trinqueballe von nackten Männern und Frauen, die bellend auf allen vieren liefen; sie nannten sich Paradieskinder und wollten auf der Welt die Zeiten völliger Unschuld wie vor der unheilvollen Erschaffung Adams und Evas wiedereinführen. Der ehrwürdige Dominikanerpater Gilles Caquerole, Glaubensinquisitor der Stadt, Universität und geistlichen Provinz Trinqueballe, war über diese neue Richtung besorgt und begann, sie eifrig zu verfolgen.
Durch Briefe mit seinem Siegel forderte er den Herrn Bischof Nikolaus dringlichst auf, diese Feinde Gottes, insbesondere aber ihre Anführer, den Franziskanermönch Sulpiz und eine liederliche Frauensperson namens Miranda, mit seinem Einverständnis zu verhaften, einzukerkern, zu vernehmen und zu verurteilen. Der große heilige Nikolaus fieberte vor glühendem Eifer für die Einheit der Kirche und Ausrottung der Ketzerei; doch er liebte seine Nichte innig. Er verbarg sie in seinem Bischofspalast und weigerte sich, sie dem Inquisitor Caquerole auszuliefern, der ihn beim Papst als Anstifter von Unruhen und Verbreiter einer höchst verwerflichen neuen Lehre anzeigte. Der Papst befahl Nikolaus nachdrücklich, die Schuldige nicht länger ihren rechtmäßigen Richtern zu entziehen. Nikolaus umging den Befehl, beteuerte seinen Gehorsam und gehorchte nicht. Der Papst schleuderte gegen ihn die Bulle Maleficus pastor, in der er den ehrwürdigen Bischof als ungehorsam, ketzerisch oder zumindest der Ketzerei verdächtig, in wilder Ehe lebend und blutschänderisch sowie als Volksverführer, altes Weib und Maulhelden behandelte und scharf tadelte.
So setzte sich der Bischof um seiner heißgeliebten Nichte willen in großes Unrecht, ohne ihr jedoch damit zu nützen. König Berlu, der mit dem Bannfluch bedroht war, falls er der Kirche nicht seinen Arm zur Verfolgung der Paradieskinder lieh,

schickte Bewaffnete zum Bischofssitz von Trinqueballe, die Miranda aus ihrem Zufluchtsort rissen; sie wurde vor den Inquisitor geschleppt und in ein Burgverlies geworfen, wo man ihr Brot gab, das selbst die Hunde des Kerkermeisters nicht fressen wollten; doch am meisten betrübte sie, daß man ihr einen alten Kittel und eine Kapuze aufgezwungen hatte und sie nun nicht mehr sicher war, ohne Sünde zu leben. Der Mönch Sulpiz entrann den Nachstellungen des Heiligen Offiziums; es gelang ihm, nach Mamburnien zu entkommen, wo er in einem Kloster dieses Königreichs Unterschlupf fand und neue, noch unheilvollere Sekten gründete.

Die durch die Verfolgung gestärkte und durch die Gefahr angeheizte Ketzerei verbreitete sich inzwischen mit ihren Verheerungen über ganz Vervignole; im gesamten Königreich sah man auf den Feldern Tausende nackter Männer und Frauen das Gras abweiden; sie blökten, muhten, brüllten, wieherten und machten am Abend den Schafen, Rindern und Pferden den Stall und die Futterkrippe streitig. Der Inquisitor unterrichtete den Heiligen Vater von diesen schandbaren Vorgängen und teilte ihm mit, das Übel werde noch zunehmen, solange der Beschützer der Paradieskinder, der nichtswürdige Nikolaus, den Stuhl des heiligen Cromadarius einnehme. Auf diese Warnung schleuderte der Papst gegen den Bischof von Trinqueballe die Bulle Deterrima quondam, durch die er ihn seiner geistlichen Würden enthob und aus der Gemeinschaft der Gläubigen verstieß.

6

Vom Bannstrahl des Stellvertreters Christi getroffen, von Bitterkeit erfüllt und schmerzgebeugt stieg der heilige Mann Nikolaus ohne Bedauern von seinem erlauchten Bischofsstuhl und verließ auf Nimmerwiedersehen die Stadt Trinqueballe, die dreißig Jahre hindurch Zeugin seiner priesterlichen Tugenden und seines apostolischen Wirkens gewesen war. Im westlichen Vervignole liegt ein hoher Berg, dessen Gipfel von ewigem Schnee bedeckt ist. Von seinen Hängen stürzen im Frühling schäumende, rauschende Wasserfälle und füllen die Gießbäche des Tals mit himmelblauem Wasser. Dort leben in dem Bereich, wo Lärchen, Erdbeerbäume und Haselnußsträucher wachsen, Einsiedler, die sich von Beeren und Milch nähren. Dieser Berg heißt Erlöserberg. Sankt Nikolaus beschloß, sich dorthin zurückzuziehen und fern von der Welt über seine Sünden wie auch die Sünden der Menschheit zu trauern.

Als er den Berg hinanstieg auf der Suche nach einem einsamen Platz, wo er sich niederlassen könnte, und über den Wolken angelangt war, die fast immer die Berghänge umhüllten, erblickte er eine Hütte, auf deren Schwelle ein Greis stand und sein Brot mit einer zahmen Hindin teilte. Seine Kapuze fiel ihm über die Stirn, so daß man von seinem Gesicht nur die Nasenspitze und einen langen weißen Bart sah.

Der heilige Nikolaus grüßte ihn mit den Worten: »Friede sei mit Euch, Bruder!«

»Er weilt auf diesem Berge«, erwiderte der Einsiedler.

»Deshalb bin ich hergekommen«, entgegnete der heilige Nikolaus. »Hier will ich in der Stille meine vom Aufruhr der Welt und von der Bosheit der Menschen getrübten Tage beschließen.«

Während er so sprach, betrachtete ihn der Eremit aufmerksam. Endlich fragte er: »Seid Ihr nicht der Bischof von Trinqueballe, jener Nikolaus, dessen fromme Werke und Tugenden man rühmt?«

Der heilige Bischof nickte zum Zeichen, daß er dieser Mann sei; da warf der Eremit sich ihm zu Füßen.

»Herr, Euch verdanke ich mein Seelenheil, falls, wie ich hoffe, meine Seele gerettet ist.«

Nikolaus hob ihn gütig auf und fragte: »Mein Bruder, inwiefern hatte ich das Glück, zu Eurem Heil beizutragen?«

»Vor zwanzig Jahren, als ich an einer einsamen Straße am Waldesrand Herbergswirt war«, erwiderte der Einsiedler, »sah ich eines Tages auf dem Feld drei Kinder, die Ähren lasen; ich lockte sie in mein Haus, gab ihnen Wein zu trinken, erdrosselte sie im Schlaf, zerstückelte sie und pökelte sie ein. Der Herr erweckte sie in Anbetracht Eurer Verdienste durch Eure Vermittlung wieder zum Leben. Als ich sie aus dem Pökelfaß steigen sah, packte mich eisiger Schrecken; bei Euren Ermahnungen schmolz mein Herz, ich empfand heilsame Reue, floh die Menschen und begab mich auf diesen Berg, wo ich meine Tage Gott weihte. Er schenkte mir seinen Frieden.«

»Wie!« rief der heilige Nikolaus. »Ihr seid der grausame Garum, der sich eines so abscheulichen Verbrechens schuldig machte? Gelobt sei Gott, der Euch den Frieden des Herzens gewährte nach dem entsetzlichen Mord an den drei Kindern, die Ihr wie Schweine ins Pökelfaß gesteckt habt! Doch wehe mir! Dafür, daß ich sie gerettet habe, war mein Leben voller Widrigkeiten, und in meine Seele zog Bitterkeit ein. Ich wurde abgesetzt und vom Vater aller Gläubigen mit dem Bannfluch belegt. Weshalb bin ich für das, was ich getan habe, so grausam bestraft worden?«

»Wir wollen Gott anbeten und von ihm keine Rechenschaft fordern«, meinte Garum.

Der große heilige Nikolaus baute eigenhändig eine Hütte neben der Hütte Garums und beschloß dort seine Tage in Gebet und Buße.

DAS HEMD DES GLÜCKLICHEN

Ein junger Schäfer lag lässig im Wiesengras ausgestreckt und vertrieb sich seine Einsamkeit mit den Klängen der Schalmei … Man hatte ihn gewaltsam seiner Kleider beraubt, aber … Großes Wörterbuch von Pierre Larousse, Artikel Hemd; Bd. IV, S. 5, Sp. 4

I
König Christoph, seine Regierung, seine Sitten, seine Krankheit

Christoph v. war kein schlechter König. Er beachtete genau die Gepflogenheiten der parlamentarischen Regierung und widersetzte sich nie dem Willen der Kammern. Diese Unterordnung kostete ihn keine große Überwindung, denn er hatte festgestellt, daß es zwar mehrere Möglichkeiten gibt, um an die Macht zu kommen, aber nicht zwei, um sich an der Macht zu behaupten und sich angemessen zu verhalten, ferner, daß seine Minister, welches auch ihre Herkunft, ihre Grundsätze, Ideen und Gefühle sein mochten, alle auf die gleiche Art regierten und sich, ungeachtet gewisser rein formaler Unterschiede, mit beruhigender Regelmäßigkeit wiederholten. So betraute er denn alle, die ihm die Kammern vorschlugen, ohne Zögern mit Staatsämtern, wobei er allerdings die Revolutionäre bevorzugte, weil sie sich am hitzigsten durchzusetzen verstanden.

Er selbst beschäftigte sich vor allem mit der Außenpolitik, unternahm häufig diplomatische Reisen, dinierte und jagte mit seinen königlichen Vettern und rühmte sich, der beste Minister des Äußeren zu sein, den man sich wünschen könne. Im Innern behauptete er sich so gut, wie die Ungunst der Zeit es zuließ. Er wurde von seinem Volk weder sehr geliebt noch sehr geachtet, was ihm den unschätzbaren Vorteil sicherte, es niemals zu enttäuschen. Da er die Zuneigung seiner Landeskinder nicht

besaß, war er nicht von Unbeliebtheit bedroht, die jedem gewiß ist, der beim Volk beliebt ist.
Sein Land war reich. Handel und Gewerbe blühten, ohne sich jedoch so auszuweiten, daß die Nachbarstaaten sich darüber beunruhigten. Insbesondere das Finanzwesen rief Bewunderung hervor. Seine Kreditfähigkeit schien unerschütterlich; die Finanzleute sprachen mit Begeisterung und Liebe davon, und ihre Augen wurden feucht von edelmütigen Tränen. Von dieser Ehre strahlte auch etwas auf König Christoph zurück.
Die Bauern machten ihn für Mißernten verantwortlich; doch diese waren selten. Die Fruchtbarkeit des Bodens und der beharrliche Fleiß der Landleute bewirkten den Reichtum des Landes an Früchten, Getreide, Wein und Herden. Die Fabrikarbeiter erschreckten mit ihren unaufhörlichen heftigen Forderungen das Bürgertum, das vom König erwartete, er möge es vor sozialen Umwälzungen schützen; die Arbeiter ihrerseits konnten ihn nicht stürzen, denn sie waren am schwächsten und verspürten auch gar keine Lust dazu, da sie nicht einsahen, was sie durch seinen Sturz gewinnen könnten. Der König erleichterte weder ihr Los noch erschwerte er es, so daß sie eine ständige Bedrohung waren, aber nie zur Gefahr wurden.
Dieser Fürst konnte sich auf die Armee verlassen; denn in ihr herrschte ein guter Geist. Die Armee ist immer von gutem Geist erfüllt; alle Maßnahmen sind ergriffen, damit sie ihn auch bewahrt; das ist das oberste Gebot des Staates. Denn ginge ihr dieser Geist verloren, würde die Regierung sogleich gestürzt. König Christoph unterstützte die Religion. Allerdings war er kein Frömmler, und um nicht auf ketzerische Gedanken zu kommen, unterzog er vorsichtshalber keinen Glaubensartikel einer näheren Untersuchung. Er hörte die Messe in seiner Hauskapelle und ließ es an Rücksichtnahme und Gunstbezeigungen gegen seine Bischöfe nicht fehlen, unter denen sich drei oder vier Ultramontane befanden, die ihn mit Schmähungen überschütteten. Die niedrige Gesinnung und Unterwürfigkeit seiner Richter flößten ihm unüberwindlichen Widerwillen ein.

Ihm war es unbegreiflich, wie seine Untertanen eine so ungerechte Justiz ertragen konnten; aber diese Richter machten ihre schändliche Schwäche gegen die Starken durch unbeugsame Härte gegen die Schwachen wett. Ihre Strenge beruhigte die Eigennützigen und flößte allgemeine Achtung ein.

Christoph v. hatte bemerkt, daß seine Maßnahmen entweder keine nennenswerte oder eine seinen Absichten entgegengesetzte Wirkung erzielten. Deshalb hielt er sich zurück. Mit der Verleihung von Orden und Ehrenzeichen wußte er am besten zu regieren. Er verlieh sie seinen Gegnern, die sich dadurch gedemütigt fühlten oder aber sie mit Genugtuung entgegennahmen.

Die Königin hatte ihm drei Söhne geschenkt. Sie war häßlich, zänkisch, geizig und dumm, aber da das Volk wußte, daß der König sie vernachlässigte und betrog, überhäufte es sie mit Lob und Huldigungen. Nachdem der König einer Anzahl Frauen aller Stände seine Gunst geschenkt hatte, hielt er sich meist an Frau von Huhn, an die er gewöhnt war. Bei Frauen hatte er immer die Neuheit geliebt; aber auch eine neue Frau war keine Neuheit mehr für ihn, und die Eintönigkeit des Wechsels wurde ihm lästig. Aus Überdruß kehrte er stets zu Frau von Huhn zurück, und das Immerdasselbe, das ihn bei seinen Bekanntschaften langweilte, war ihm bei einer alten Freundin erträglicher. Sie langweilte ihn allerdings mit Ausdauer und Beständigkeit. Wenn er ihrer gleichbleibenden Fadheit allzu überdrüssig war, versuchte er zuweilen, sie durch Verkleidung zu verwandeln, und ließ sie als Tirolerin, Andalusierin, Kapuziner, Dragonerrittmeister oder Nonne kostümieren, fand sie jedoch keinen Augenblick reizvoller.

Seine Hauptbeschäftigung war die Jagd, die ererbte Obliegenheit der Könige und Fürsten, die von den ersten Menschen auf sie überkommen ist, eine alte Notwendigkeit, die zur Zerstreuung wurde, eine Anstrengung, aus der die Großen ein Vergnügen machen. Es gibt kein Vergnügen ohne Anstrengung. Christoph v. ging sechsmal wöchentlich auf die Jagd.

Eines Tages sagte er im Wald zu Herrn von Vierblatt, seinem Oberstallmeister: »Diese elende Hirschjagd!«
»Sire, wie werden Sie es genießen, nach der Jagd auszuruhen!« erwiderte der Oberstallmeister.
»Vierblatt«, seufzte der König, »früher hat es mir Vergnügen bereitet, mich erst zu ermüden und dann auszuruhen. Jetzt reizt mich weder das eine noch das andere. Jede Beschäftigung hat für mich die Leere des Müßiggangs, und die Ruhe ermüdet mich wie eine schwere Arbeit.«
Nach zehnjähriger Regierung ohne Revolutionen noch Kriege wurde Christoph v. schließlich von seinen Untertanen für einen fähigen Politiker gehalten und war zum Schiedsrichter der Könige aufgestiegen; doch er fand an nichts mehr Freude. In tiefe Niedergeschlagenheit versunken, erklärte er oft: »Ich habe ständig schwarze Würmer vor den Augen, und unter den Rippen fühle ich einen Felsblock, auf dem die Melancholie sitzt.«
Er konnte nicht mehr schlafen und verlor den Appetit.
»Ich kann nichts mehr essen«, erklärte er Herrn von Vierblatt, während er vor seinem vergoldeten Prunkgedeck saß. »Nun, ich bedaure es nicht, daß ich die Tafelfreuden nicht genießen kann – ich habe es nie getan. Dieses Vergnügen kennt ein König nicht. Ich habe die schlechteste Tafel meines Königreiches. Nur die einfachen Leute essen gut; die Reichen haben Köche, von denen sie bestohlen und vergiftet werden. Die besten Köche stehlen und vergiften am meisten, und ich habe die besten Köche Europas. Dennoch war ich meiner Natur nach ein Feinschmecker, und ich hätte wie jeder andere die guten Bissen geliebt, wenn mein Stand es mir erlaubt hätte.«
Er klagte über Kreuzschmerzen und Druck im Magen, fühlte sich schwach, war kurzatmig und litt unter Herzklopfen. Alle Augenblicke stiegen ihm lästige Hitzewellen ins schweißbedeckte Gesicht.
»Ich fühle ein ständiges gleichmäßiges, dumpfes Unbehagen«, sagte er, »an das man sich gewöhnt und das von Zeit zu Zeit von

stechendem Schmerz durchzuckt wird. Deshalb meine Bestürzung und Angst.«

Im Kopf drehte es sich ihm, es flimmerte ihm vor den Augen, er litt unter Migräne, Krämpfen und heftigen Stichen in der Seite, die ihm Atemnot verursachten.

Die beiden Leibärzte des Königs, Doktor Salm und Professor Kiefer, stellten Neurasthenie fest.

»Ungeklärte Ursache!« meinte Doktor Salm. »Nosologische Entität, nicht genau bestimmbar, daher unfaßbar ...«

»Nennen Sie es, Salm, einen wahren pathologischen Proteus«, unterbrach ihn Professor Kiefer, »der sich wie der Meergreis unter der Behandlung durch den erfahrenen Arzt unaufhörlich verändert und die seltsamsten, erschreckendsten Gestalten annimmt: abwechselnd Geier des Magengeschwürs oder Schlange der Nierenentzündung, erhebt er plötzlich das gelbe Gesicht der Gelbsucht, zeigt die roten Backenknochen der Tuberkulose oder verkrampft seine Würgerhände, was darauf schließen läßt, daß es sich um Herzerweiterung handelt; kurz, er ist das Schreckgespenst aller gefährlichen Krankheiten des menschlichen Körpers, bis er endlich der ärztlichen Kunst weicht, sich geschlagen gibt und in seiner wahren Gestalt eines Nachäffers der Krankheiten entflieht.«

Doktor Salm war schön, anmutig, gewinnend, ein Liebling der Damen, in denen er sich selbst liebte. Als eleganter Gelehrter und Modearzt erkannte er den Adel noch am Blinddarm und am Bauchfell, und er beobachtete genau die sozialen Unterschiede bei den Gebärmüttern. Professor Kiefer dagegen war klein, untersetzt, kurzbeinig, von der Gestalt eines Topfes, geschwätzig und noch dünkelhafter als sein Kollege Salm. Er war genauso anspruchsvoll, doch hatte er mehr Mühe, seine Ansprüche durchzusetzen. Sie haßten einander; da sie aber eingesehen hatten, daß sie sich gegenseitig zugrunde richteten, wenn sie sich bekämpften, trugen sie völlige Eintracht und gänzliche Übereinstimmung in ihren Ansichten zur Schau; kaum hatte der eine einen Gedanken geäußert, so machte der andere ihn sich zu eigen. Obwohl jeder die Fähigkeiten und das Urteilsvermögen des andern mißachtete, scheuten sie sich nicht, ihre Meinungen auszutauschen, da sie wußten, daß sie nichts dabei riskierten und beim Austausch weder verloren noch gewannen, da es sich um medizinische Ansichten handelte. Anfangs beunruhigten sie sich nicht wegen der Krankheit des Königs. Sie rechneten damit, daß der Kranke während ihrer Behandlung genesen und dieses Zusammentreffen ihnen zum Vorteil gereichen würde. Übereinstimmend verordneten sie Enthaltsamkeit – »quibus nervi dolent Venus inimica«[1] –, stärkende Diät, Bewegung in frischer Luft und vernünftige Anwendung der Wasserheilkunde. Mit Billigung Kiefers empfahl Salm Schwefelkohlenstoff und Methylchlorid; unter Zustimmung Salms riet Kiefer zu Opiaten, Chloral und Brom.

Es vergingen jedoch mehrere Monate, ohne daß der Zustand des Königs sich zu ändern schien. Bald verschlimmerten sich seine Leiden sogar.

»Mir ist«, erklärte ihnen eines Tages Christoph v., auf seinem Ruhebett ausgestreckt, »mir ist, als nage ein Nest voller Ratten an meinen Gedärmen, während ein gräßlicher Zwerg, ein Kobold mit Kapuze, Umhang und roten Hosen, in meinen Magen gefahren ist und ihn mit seiner Hacke tief aushöhlt.«

»Das ist ein sympathischer Schmerz, Sire«, meinte Professor Kiefer.

»Ich finde ihn unsympathisch«, erwiderte der König.

»Weder der Magen noch der Darm Eurer Majestät ist krank«, fiel Doktor Salm ein, »und wenn sie Ihnen Schmerzen verursachen, so geschieht das, sagen wir, durch Sympathie mit Ihrem Sonnengeflecht, dessen zahllose Nervenfasern verwickelt und verwirrt sind und in allen Richtungen an Magen und Darm zerren wie ebenso viele glühende Platindrähte.«

»Die Neurasthenie, ein wahrer pathologischer Proteus ...«, begann Kiefer zu erklären.

1 Wem die Nerven schmerzen, dem ist Venus feindlich gesonnen.

Doch der König verabschiedete beide. Als sie gegangen waren, riet Herr von Saint-Sylvain, der erste Staatssekretär: »Sire, konsultieren Sie den Doktor Rodrigo.«
»Ja, Sire«, pflichtete Herr von Vierblatt bei, »schicken Sie nach Doktor Rodrigo. Das ist das einzig Richtige!«
Zu jener Zeit versetzte Doktor Rodrigo die Welt in Staunen. Man sah ihn beinahe gleichzeitig in allen Ländern des Erdballs. Er ließ sich seine Besuche so hoch bezahlen, daß selbst die Milliardäre seinen Wert erkannten. Seine Kollegen auf der ganzen Welt, mochten sie von seinem Wissen und Charakter denken, was sie wollten, sprachen mit Achtung von einem Mann, der die Honorare der Ärzte zu einer bisher unerhörten Höhe getrieben hatte; mehrere priesen seine Methoden, gaben vor, sie zu kennen und zu ermäßigten Preisen anzuwenden, und trugen so zu seinem Weltruhm bei. Da es Doktor Rodrigo jedoch beliebte, die Erzeugnisse der Laboratorien und die Medikamente der Apotheken von seiner Therapie auszuschließen, und er nie nach dem Arzneimittelbuch Rezepte ausschrieb, stellten seine Heilmittel einen wunderlichen Wust einzigartiger Kuriositäten dar.
Herr von Saint-Sylvain setzte unbegrenztes Vertrauen in Rodrigo, obwohl er ihn nie zu Rate gezogen hatte, und glaubte an ihn wie an Gott.
Er flehte den König an, den Doktor kommen zu lassen, der Wunder vollbringe. Vergeblich!
»Ich halte mich an Salm und Kiefer«, erklärte Christoph V., »denn sie kenne ich und weiß, daß sie völlig unfähig sind, während ich nicht weiß, wessen dieser Rodrigo fähig ist.«

2

Das Heilmittel Doktor Rodrigos

Der König hatte seine beiden Leibärzte nie besonders gemocht. Nach sechsmonatiger Krankheit wurden sie ihm völlig unerträglich. Sah er den schönen Schnurrbart und das ewig sieghafte Lächeln Doktor Salms sowie die beiden schwarzen Haarbüschel auf Kiefers Schädel auch nur von weitem, so knirschte er mit den Zähnen und wandte wütend den Blick ab. Ihre Tränke, Pillen und Pülverchen, die das Zimmer mit einem faden, säuerlichen Geruch erfüllten, warf er eines Nachts aus dem Fenster. Er ließ es nicht dabei bewenden, daß er keine ihrer Anordnungen befolgte, sondern tat absichtlich das Gegenteil davon: empfahlen sie ihm Bewegung, so rührte er sich nicht von der Stelle, verschrieben sie ihm Ruhe, so verschaffte er sich Bewegung; er aß viel, wenn sie ihn auf magere Kost setzten, fastete, wenn sie zu kräftiger Ernährung rieten, und bezeigte Frau von Huhn eine so ungewöhnliche Glut, daß sie dem Zeugnis ihrer Sinne nicht zu trauen wagte und zu träumen glaubte. Dennoch genas er nicht, und wieder einmal erweist es sich, daß die Medizin eine trügerische Kunst ist und ihre Vorschriften, in welchem Sinne man sie auch anwenden mag, immer gleicherweise wirkungslos sind. Es ging ihm darum nicht schlechter, aber auch nicht besser.

Seine verschiedenartigen vielen Schmerzen verließen ihn nicht. Er klagte, ein Ameisenhaufen habe sich in seinem Hirn angesiedelt, und diese geschäftige, kriegerische Kolonie höhle darin Gänge, Kammern und Lagerräume aus, trage Vorräte und Baumaterialien hinein, lege Milliarden Eier, füttere die Jungen, halte Belagerungen stand, greife an, schlage Angriffe zurück und liefere sich erbitterte Kämpfe. Er fühle, erklärte er, wenn eine Kriegerin mit ihren scharfen Kiefern den dünnen, harten Panzer der Feindin zerschneide.

»Lassen Sie Doktor Rodrigo kommen, Sire«, mahnte Herr von Saint-Sylvain. »Er wird Sie bestimmt heilen.«

Doch der König zuckte nur die Achseln, verlangte in einer Anwandlung von Schwäche und Zerstreutheit wieder Arznei und unterzog sich der Diät. Er ging nicht mehr zu Frau von Huhn und schluckte eifrig Pillen salpetersauren Akonits, die damals im Glanz ihrer Neuheit und strahlenden Jugend standen. Infolge dieser Enthaltsamkeit und Sorge um seine Gesundheit erlitt er einen so heftigen Erstickungsanfall, daß ihm die Zunge aus dem Mund hing und die Augen aus dem Kopf traten. Man richtete sein Bett wie eine Standuhr auf, und sein dunkelrotes Gesicht wirkte darin wie ein rotes Zifferblatt.

»Das Herzgeflecht ist völlig in Aufruhr«, erklärte Professor Kiefer.

»In heftiger Erregung!« fügte Doktor Salm hinzu.

Herr von Saint-Sylvain hielt die Gelegenheit für günstig, Doktor Rodrigo nochmals zu empfehlen, doch der König erklärte, er brauche keinen weiteren Arzt.

»Sire«, erwiderte Saint-Sylvain, »Doktor Rodrigo ist kein Arzt.«

»Ach!« rief Christoph V. »Was Sie da sagen, Herr von Saint-Sylvain, spricht für ihn und nimmt mich für ihn ein. Er ist kein Arzt? Was ist er dann?«

»Ein gelehrter, ein genialer Mann, der die seltsamen Eigenschaften der Strahlenmaterie entdeckt hat und sie auf die Medizin anwendet.«

Doch in einem Ton, der keinen Widerspruch duldete, gebot der König seinem ersten Staatssekretär, ihm von diesem Quacksalber nicht mehr zu reden.

»Nie werde ich ihn empfangen«, rief er, »niemals! . . .«

Christoph V. verbrachte den Sommer in erträglichem Zustand. Er unternahm eine Kreuzfahrt auf einer Jacht von zweihundert Tonnen mit der als Schiffsjunge gekleideten Frau von Huhn. An Bord empfing er den Präsidenten einer Republik, einen König und einen Kaiser, speiste mit ihnen und sicherte im Einvernehmen mit diesen Persönlichkeiten den Weltfrieden. Es langweilte ihn, die Geschicke der Völker zu bestimmen; doch als er in der Kabine Frau von Huhns einen alten Schmöker für kleine Fabrikarbeiterinnen fand, las er ihn mit leidenschaftlichem Interesse, das ihm für einige Stunden das wohltuende Vergessen der Wirklichkeit verschaffte. Kurz, abgesehen von leichter Migräne, Neuralgie, Rheumatismus und einigem

Lebensüberdruß fühlte er sich recht gut. Der Herbst brachte ihm wieder seine alten Leiden.

Er erduldete die furchtbare Qual eines Menschen, der von den Füßen bis zum Gürtel im Eis steckt und dessen Oberkörper von Flammen verzehrt wird.

Mit noch mehr Angst und Schrecken erfüllten ihn jedoch Empfindungen, die er nicht zu beschreiben vermochte, unaussprechliche Zustände. Zuweilen seien sie derart, versicherte er, daß sich ihm die Haare sträubten. Er wurde durch Blutarmut entkräftet, und seine Schwäche nahm täglich zu, ohne jedoch seine Leidensfähigkeit zu mindern.

»Herr von Saint-Sylvain«, erklärte er eines Morgens nach einer schlechten Nacht, »Sie haben mir mehrmals von Doktor Rodrigo erzählt. Lassen Sie ihn kommen.«

Doktor Rodrigo wurde zu diesem Zeitpunkt am Kap, in Melbourne und Sankt Petersburg gemeldet. Kabeltelegramme und Funksprüche wurden sogleich in diese Richtungen gesandt. Noch war keine Woche vergangen, als der König dringend nach Doktor Rodrigo verlangte. An den folgenden Tagen fragte er alle Augenblicke: »Kommt er nicht bald?« Man versicherte ihm, Seine Majestät sei kein Patient, den man unbeachtet lasse, und Rodrigo reise mit wunderbarer Schnelligkeit. Doch nichts konnte die Ungeduld des Kranken bezähmen.

»Er kommt nicht«, seufzte er, »Sie werden sehen, er kommt nicht!«

Eine Depesche aus Genua meldete, Rodrigo habe sich auf der »Preußen« eingeschifft. Drei Tage später fand sich der Weltdoktor im Schloß ein, nachdem er seinen Kollegen Salm und Kiefer einen anmaßenden Höflichkeitsbesuch abgestattet hatte.

Er war jünger und schöner als Doktor Salm und von stolzerem, vornehmerem Wesen. Aus Ehrfurcht vor der Natur, der er in allen Dingen gehorchte, ließ er sich Haar und Bart wachsen und glich jenen antiken Philosophen, die die alten Griechen in Marmor dargestellt haben.

Nachdem er den König untersucht hatte, erklärte er: »Sire, die Ärzte, die von den Krankheiten sprechen wie Blinde von der Farbe, behaupten, Sie hätten eine Neurasthenie oder Nervenschwäche. Doch sollten sie auch Ihre Krankheit erkannt haben, so sind sie doch keineswegs fähig, sie zu heilen; denn ein organisches Gewebe kann man nur durch die Mittel wiederherstellen, die die Natur benutzt hat, um es zu bilden, und diese Mittel sind ihnen unbekannt. Welches sind nun die Mittel, welches sind die Verfahren der Natur? Sie kennt weder Hand noch Werkzeug; sie ist scharfsinnig, sie ist geistreich; sie benutzt für ihre gewaltigsten, massigsten Werke die winzigsten Teilchen der Materie, das Atom, den Urstoff. Aus staubartigem Nebel bilden sich Felsgestein, Metall, Pflanzen, Tiere und Menschen. Wie? Durch Anziehung, Schwerkraft, Ausscheidung, Durchdringung, Imbitition, Endosmose, Kapillarität, Affinität, Sympathie. Ein Sandkorn wird von ihr nicht anders gebildet, als sie die Milchstraße gebildet hat, die Harmonie der Sphären herrscht in dem einen wie dem andern; beide bestehen nur durch die Bewegung der sie bildenden Teilchen, die ihre musikalische, liebende, ewig bewegte Seele ist. Zwischen den Sternen am Himmel und den Staubteilchen, die im Sonnenstrahl tanzen, der in dieses Zimmer fällt, besteht kein Unterschied in der Struktur, und das kleinste dieser Staubteilchen ist ebenso bewundernswürdig wie der Sirius; denn das Wunderbare an allen Körpern des Weltalls ist das unendlich Kleine, das sie bildet und belebt. So arbeitet die Natur. Aus dem nicht Wahrnehmbaren, dem Unfühlbaren, Unwägbaren schuf sie die weite Welt, die unseren Sinnen zugänglich ist und die unser Geist wägt und mißt; und das, woraus sie uns selbst schuf, ist weniger als ein Hauch. Gebrauchen wir wie sie die Mittel des Unwägbaren, Unfühlbaren, nicht Wahrnehmbaren, der liebenden Anziehung und scharfsinnigen Durchdringung! Das ist das Prinzip. Wie können wir es im vorliegenden Falle anwenden, wie den erschöpften Nerven die Lebenskraft wiedergeben? Das bleibt zu prüfen.

Zunächst einmal: Was sind die Nerven? Wenn wir nach der Definition fragen, so kann sie uns der unbedeutendste Physiologe, ja selbst ein Kiefer oder Salm geben. Was sind die Nerven? Stränge, Fasern, die vom Gehirn und vom Rückenmark ausgehen und sich in alle Körperteile verzweigen, um die sensorischen Reize zu übermitteln und die motorischen Organe in Bewegung zu setzen. Sie sind also Empfindung und Bewegung. Das genügt, um uns die innere Ordnung erkennen zu lassen und ihr Wesen zu enthüllen; wie man es auch nennen mag, es ist identisch mit dem, was wir im Bereich der Empfindungen Freude und im Bereich der Moral Glück nennen. Wo sich ein Freuden- und Glücksatom findet, dort findet sich auch die Substanz, die die Nerven heilt. Und wenn ich sage, ein Freudenatom, meine ich einen materiellen Gegenstand, eine bestimmte Substanz, einen Körper, der geeignet ist, die vier Aggregatzustände: fest, flüssig, gasförmig und strahlend, zu durchlaufen, einen Körper, dessen Atomgewicht man bestimmen kann. Freude und Trauer, deren Wirkung Menschen, Tiere und Pflanzen seit Anbeginn der Dinge verspüren, sind wirkliche Substanzen; sie sind Materie, da sie Geist sind und die Natur eins ist in ihren drei Erscheinungen: Bewegung, Materie und Geist. Es handelt sich also nur noch darum, sich Freudenatome in genügender Menge zu beschaffen und sie durch Endosmose und Hautaspiration in den Organismus einzuführen. Deshalb verordne ich Ihnen, das Hemd eines Glücklichen zu tragen.«

»Wie?« rief der König. »Sie wollen, daß ich das Hemd eines Glücklichen trage?«

»Auf der Haut, Sire, damit Ihre trockene Haut die Glücksteilchen aufnimmt, die die Schweißdrüsen des Glücklichen durch die Kanäle seines glücklichen Dermas ausscheiden. Sie kennen ja die Funktionen der Haut: sie atmet ein und sondert ab und steht so in ständigem Austausch mit ihrer Umgebung.«

»Das ist also das Heilmittel, das Sie mir verordnen, Herr Rodrigo?«

»Man könnte nichts Vernünftigeres verordnen, Sire. Im Arzneibuch steht nichts, was es ersetzen könnte. In Unkenntnis der Natur, unfähig, sie nachzuahmen, stellen unsere Pillendreher in ihren Apotheken nur wenige Medikamente her, die immer bedenklich und nicht immer wirksam sind. Die Medikamente, die wir nicht herstellen können, müssen wir wohl oder übel fertig übernehmen, wie die Blutegel, das Gebirgsklima, die Meeresluft, die natürlichen Thermalquellen, die Eselsmilch, das Fell der Wildkatze und die ausgeschwitzten Säfte eines Glücklichen ... Wissen Sie denn nicht, daß eine rohe Kartoffel, die man in der Tasche trägt, die rheumatischen Schmerzen vertreibt? Sie wollen kein natürliches Heilmittel, Sie benötigen künstliche oder chemische Arzneien, Apothekerwaren. Sie brauchen Tropfen und Pülverchen? Dann sind Sie also sehr zufrieden mit Ihren Pülverchen und Tropfen? ...«

Der König entschuldigte sich und versprach zu gehorchen.

Doktor Rodrigo, der bereits an der Tür war, wandte sich um und sagte: »Lassen Sie es leicht anwärmen, bevor Sie es überziehen!«

3

Die Herren von Vierblatt und von Saint-Sylvain suchen einen Glücklichen im königlichen Schloß

Da Christoph v. es kaum erwarten konnte, das Hemd anzulegen, von dem er Heilung erhoffte, ließ er Herrn von Vierblatt, seinen Oberstallmeister, und Herrn von Saint-Sylvain, den ersten Staatssekretär, rufen und beauftragte sie, es möglichst umgehend zu beschaffen. Sie kamen überein, absolutes Stillschweigen über den Gegenstand ihrer Nachforschungen zu wahren. Wenn die Öffentlichkeit erführe, welcher Art Heilmittel der König bedurfte, stand nämlich zu befürchten, daß eine Menge Unglücklicher, besonders aber die Allerunglücklichsten, die vom Elend am schwersten Betroffenen, in der Hoffnung auf eine Belohnung ihr Hemd anbieten würden. Auch hatte man Sorge, die Anarchisten könnten vergiftete Hemden schicken.

Die beiden Edelleute dachten, sie könnten sich das Heilmittel Doktor Rodrigos verschaffen, ohne das Schloß zu verlassen, und stellten sich an das Guckfenster, an dem man die Höflinge vorbeikommen sah. Doch die sie dabei erblickten, hatten eine verdrossene Miene und ein abgehärmtes Gesicht; ihr Kummer stand ihnen auf der Stirn geschrieben; sie verzehrten sich im Verlangen nach einem Amt, einem Orden, einem Privilegium, einer Auszeichnung. Als Vierblatt und Saint-Sylvain sich jedoch in die Prunkgemächer begaben, fanden sie Herrn von Hayn in einem Sessel schlafend, die Mundwinkel bis zu den Backenknochen hochgezogen, die Nasenlöcher gebläht, die Wangen rund und glänzend wie zwei Sonnen; seine Brust war ebenmäßig, der Leib hob und senkte sich rhythmisch und friedlich, die ganze Person strahlte Heiterkeit und Freude aus von der blanken Wölbung des Schädels bis zu den in leichten Tanzschuhen steckenden gespreizten Zehen am Ende der ebenfalls gespreizten Beine.

Bei diesem Anblick meine Vierblatt: »Wir brauchen nicht länger zu suchen. Sowie er erwacht, bitten wir ihn um sein Hemd.«

Bald rieb sich der Schläfer die Augen, rekelte sich und blickte verdrießlich um sich. Seine Mundwinkel sanken, die Wangen fielen ein, die Lider hingen herab wie die Wäsche in den Fenstern der Armen, seiner Brust entrang sich ein tiefer Seufzer; die ganze Person drückte Kummer, Mißmut und Enttäuschung aus.

Als er den ersten Staatssekretär und den Oberstallmeister erkannte, erklärte er: »Ach, meine Herren, ich hatte gerade einen schönen Traum. Mir träumte, der König habe mich zum Marquis von Hayn erhoben. Leider war es bloß ein Traum, und ich weiß nur zu gut, daß der König ganz entgegengesetzte Absichten hat.«

»Wir wollen weitergehen«, schlug Saint-Sylvain vor. »Es ist spät, und wir haben keine Zeit zu verlieren.«
In der Galerie begegneten sie einem Pair des Königreiches, der die Welt durch seine Charakterstärke und hohe Geistesgaben in Erstaunen setzte. Sogar seine Feinde stellten seine Uneigennützigkeit, seine Aufrichtigkeit und seinen Mut nicht in Abrede. Man wußte, daß er seine Memoiren schrieb, und jeder schmeichelte ihm in der Hoffnung, für die Augen der Nachwelt eine rühmliche Rolle darin zu spielen.
»Vielleicht ist er glücklich!« meinte Saint-Sylvain.
»Fragen wir ihn doch«, riet Vierblatt.
Sie traten zu ihm, wechselten einige Worte mit ihm, lenkten das Gespräch auf das Glück und stellten dann die Frage, die ihnen am Herzen lag.
»Reichtum und Ehren interessieren mich nicht«, erwiderte er; »auch die rechtmäßigsten und natürlichsten Neigungen des Menschen, das Familienglück und die Wonnen der Freundschaft, finden in meinem Herzen keinen Platz. Meine einzige Zuneigung gehört dem öffentlichen Wohl, und das ist die unglücklichste aller Leidenschaften, die Liebe mit den größten Hindernissen.
Ich war an der Macht; ich habe mich geweigert, mit Staatsgeldern und dem Blut unserer Soldaten Unternehmungen zu unterstützen, die von Abenteurern und Kriegsgewinnlern zur eigenen Bereicherung und zum öffentlichen Schaden organisiert waren; ich habe Flotte und Heer nicht der Habgier der Lieferanten preisgegeben und kam durch die Verleumdung all jener Schurken zu Fall, die mir unter dem Beifall der stumpfsinnigen Menge vorwarfen, die geheiligten Interessen und den Ruhm meines Vaterlandes zu verraten. Gegen die hochgestellten Banditen hat mich niemand unterstützt. Wenn man sieht, aus wieviel Dummheit und Feigheit das Volksempfinden besteht, sehnt man sich nach der absoluten Monarchie zurück. Die Schwäche des Königs bringt mich zur Verzweiflung; die niedrige Gesinnung der Großen mit anzusehen ist für mich schrecklich; die Unfähigkeit

und Unredlichkeit der Minister, die Unwissenheit, Niedrigkeit und Bestechlichkeit der Volksvertreter versetzen mich abwechselnd in Bestürzung und Wut. Um mich von den Leiden des Tages zu erholen, schreibe ich sie nachts nieder und speie die Galle wieder aus, von der ich mich nähre.«

Vierblatt und Saint-Sylvain zogen den Hut vor dem edlen Pair, und nachdem sie einige Schritte in der Galerie weitergegangen waren, standen sie plötzlich einem Männlein gegenüber, das offensichtlich bucklig war, denn sein Rücken ragte über seinen Kopf hinaus. Es hatte einen gezierten Gang, der ihm sehr vorteilhaft stand.

»Es ist zwecklos, sich an diesen zu wenden«, meinte Vierblatt.

»Wer weiß?« erwiderte Saint-Sylvain.

»Glauben Sie mir, ich kenne ihn«, antwortete der Oberstallmeister, »ich bin sein Vertrauter. Er ist selbstgefällig und völlig mit sich zufrieden, und er hat Grund dazu. Dieser kleine Bucklige ist der Liebling der Frauen. Damen vom Hof und aus der Stadt, Schauspielerinnen, Bürgerfrauen, Kokotten, Gefallsüchtige, Spröde, Frömmlerinnen, die Stolzesten und Schönsten liegen ihm zu Füßen. Um sie zu befriedigen, opfert er Gesundheit und Leben; er ist schwermütig geworden und erduldet das bittere Los, ein Glücksbringer zu sein.«

Die Sonne ging unter, und in der Meinung, der König werde sich heute nicht mehr zeigen, verließen die letzten Höflinge die Gemächer.

»Ich würde gern mein Hemd hergeben«, erklärte Vierblatt. »Wie ich wohl behaupten kann, habe ich eine glückliche Veranlagung, bin immer zufrieden, trinke, esse und schlafe gut. Man macht mir Komplimente über mein vorzügliches Aussehen; man findet, ich hätte eine gesunde Gesichtsfarbe, und über mein Äußeres beklage ich mich auch nicht. Doch ich fühle in der Blase eine Hitze und eine Schwere, die mir die Lebensfreude vergällt. Heute morgen habe ich einen Stein, groß wie ein Taubenei, ausgeschieden. Ich fürchte, mein Hemd würde dem König nichts nützen.«

»Auch ich würde gern das meine hergeben«, versicherte Saint-Sylvain. »Aber ich habe auch meinen Stein: meine Frau. Ich habe das häßlichste, boshafteste Wesen geheiratet, das je gelebt hat, und obwohl man weiß, daß die Zukunft in Gottes Hand liegt, füge ich kühn hinzu: das boshafteste und häßlichste Wesen, das jemals leben wird, denn die Wiederholung eines solchen Exemplars ist so unwahrscheinlich, daß man sie praktisch für unmöglich halten kann. Solche Scherze erlaubt sich die Natur nur einmal...«

Dann verließ er dieses unerfreuliche Thema. »Vierblatt, mein Freund, wo hatten wir nur unsern Verstand! Weder am Hof noch bei den Mächtigen dieser Welt müssen wir einen Glücklichen suchen.«

»Sie sprechen wie ein Philosoph«, erwiderte Vierblatt, »Sie drücken sich aus wie der Strolch Jean-Jacques. Doch Sie haben unrecht. Es gibt in den Königsschlössern und Adelspalästen ebenso viele Menschen, die glücklich sind und dies auch verdienen, wie in den Literatencafés und den Arbeiterkneipen. Wenn wir heute unter diesen getäfelten Decken keinen gefunden haben, so deswegen, weil es spät ist und das Glück uns nicht gewogen war. Lassen Sie uns heute abend zum Spiel bei der Königin gehen; dort werden wir mehr Glück haben.«

»Einen Glücklichen am Spieltisch suchen!« rief Saint-Sylvain. »Das heißt ebensoviel wie eine Perlenkette in einem Rübenfeld und eine Wahrheit im Munde eines Staatsmannes suchen!... Der spanische Gesandte gibt heute abend ein Fest, bei dem die ganze Stadt anwesend sein wird. Gehen auch wir hin! Dort werden wir mühelos die Hand auf ein gutes und geeignetes Hemd legen.«

»Zuweilen ist es mir widerfahren, daß ich die Hand auf das Hemd einer glücklichen Frau legte«, erzählte Vierblatt. »Es geschah mit Vergnügen. Aber unser Glück währte nur einen Augenblick. Ich erzähle Ihnen das nicht, um zu prahlen – es ist wirklich ganz unwichtig – noch um mir vergangenes Glück zurückzurufen, das ja wiederkehren kann; denn im Gegensatz zu dem Sprichwort werden jedem Alter die gleichen Freuden zuteil. Meine Absicht ist eine ganz andere, sie ist ernster und tugendhafter und bezieht sich unmittelbar auf die erhabene Mission, mit der wir beide betraut sind; ich will Ihnen einen Gedanken unterbreiten, der mir soeben gekommen ist. Meinen Sie nicht auch, Saint-Sylvain, daß Doktor Rodrigo, als er das Hemd eines Glücklichen verordnete, diesen Ausdruck als Gattungsnamen gebrauchte und die ganze Menschheit ohne Ansehen des Geschlechts, also ein Frauenhemd ebenso wie ein Männerhemd, darunter verstand? Ich meinerseits neige zu dieser Vermutung, und wenn Sie der gleichen Ansicht sind, könnten wir das Feld unserer Nachforschungen ausdehnen und unsere Erfolgschancen mehr als verdoppeln; denn in einer eleganten, zivilisierten Gesellschaft wie der unsrigen sind die Frauen glücklicher als die Männer; wir tun mehr für sie als sie für uns. Saint-Sylvain, wenn die Aufgabe derart erweitert ist, könnten wir sie uns teilen. So könnte ich zum Beispiel von heute abend bis morgen früh nach einer glücklichen Frau suchen, während Sie nach einem glücklichen Mann Ausschau halten. Sie werden zugeben, mein Freund, ein Frauenhemd ist eine zarte Angelegenheit. Ich habe einmal eines befühlt, das man durch einen Ring ziehen konnte; der Batist war feiner als ein Spinngewebe. Und was sagen Sie, mein Freund, zu dem Hemd, das eine Dame vom französischen Hof zur Zeit Marie-Antoinettes beim Ball zusammengerollt in ihrer Frisur trug? Es wäre doch eine feine Sache, denke ich, wenn wir dem König, unserem Herrn, ein schönes Batisthemd mit Einsätzen, Spitzenrüschen und herrlichen rosa Achselbändern brächten, zarter als ein Hauch und nach Lilien und Liebe duftend.«

Doch Saint-Sylvain verwahrte sich entschieden gegen diese Art, die Verordnung Doktor Rodrigos zu verstehen.

»Wo denken Sie hin, Vierblatt!« rief er. »Ein Frauenhemd würde dem König nur ein Frauenglück verschaffen, das ihm Kummer und Schande brächte. Ich will hier nicht untersuchen, Vierblatt, ob die Frau des Glückes fähiger ist als der Mann. Es

ist weder der Ort noch die Zeit dazu; es ist die Stunde des Abendessens. Die Physiologen schreiben der Frau ein feineres Empfinden als uns zu; aber das sind transzendente Allgemeinheiten, die über die Köpfe hinweggehen und niemanden berühren. Ich weiß nicht, ob unsere zivilisierte Gesellschaft, wie Sie anzunehmen scheinen, ein günstigerer Boden für das Glück der Frauen als für das der Männer ist. Ich beobachte, daß sie in unseren Kreisen weder ihre Kinder erziehen noch ihrem Haushalt vorstehen, nichts wissen, nichts tun und sich dabei völlig erschöpfen; sie verzehren sich in dem Bemühen zu glänzen, es ist das Schicksal einer Kerze; ich weiß nicht, ob es beneidenswert ist. Doch darum geht es hier nicht. Vielleicht wird es eines Tages nur noch ein Geschlecht geben, vielleicht auch drei oder mehr. In diesem Fall wird die Sexualmoral reicher, mannigfaltiger und vielseitiger sein. Vorläufig haben wir jedoch zwei Geschlechter; man findet viel vom einen im andern, viel vom Mann in der Frau und viel von der Frau im Manne. Jedenfalls bestehen deutliche Unterschiede; sie haben jedes ihre eigene Natur, ihre eigenen Sitten und Gesetze, Freuden und Leiden. Wenn Sie der Glücksvorstellung unseres Königs eine Wendung ins Weibische gäben, mit welch eisigem Blick würde er hinfort Frau von Huhn ansehen?... Vielleicht würde er mit seiner Hypochondrie und Weichlichkeit sogar die Ehre unseres ruhmreichen Vaterlandes aufs Spiel setzen. Wollen Sie das, Vierblatt?
Werfen Sie einen Blick auf die Geschichte von Herkules, die als Gobelinstickerei in der Galerie des königlichen Schlosses hängt, und sehen Sie, was diesem Helden geschah, der mit Hemden besonderes Pech hatte! Er zog aus einer Laune das Hemd der Omphale an und vermochte hinfort nur noch Wolle zu spinnen. Diesem Schicksal würden Sie in Ihrer Unbedachtheit unseren erlauchten Monarchen preisgeben.«
»Oh! Oh!« stöhnte der Oberstallmeister. »Vergessen wir, was ich gesagt habe, und sprechen wir nicht mehr davon!«

4
Jeronimo

Die spanische Botschaft leuchtete durch die Nacht. Der Widerschein ihrer Lichter vergoldete die Wolken. Girlanden von Lampen säumten die Alleen des Parkes und verliehen dem Laub ringsum die Durchsichtigkeit und den Schimmer von Smaragden. Bengalisches Feuerwerk rötete den Himmel über den hohen schwarzen Bäumen. Ein unsichtbares Orchester sandte einschmeichelnde Weisen in den sanften Abendwind. Die elegante Menge der Gäste bedeckte den Rasen; die Fräcke bewegten sich im Dunkeln; die Uniformen glänzten von Ordensbändern und Kreuzen; helle Gestalten glitten anmutig über das Gras und hinterließen Duftwolken.

Als Vierblatt zwei berühmte Staatsmänner, den Ministerpräsidenten und seinen Vorgänger, erblickte, die unter Fortunas Statue miteinander plauderten, wollte er sie ansprechen. Doch Saint-Sylvain riet davon ab.

»Sie sind beide unglücklich«, erklärte er. »Der eine ist untröstlich, weil er die Macht verloren hat, der andere zittert davor, sie zu verlieren. Ihr Ehrgeiz ist um so bedauernswerter, als sie beide im Privatleben freier und mächtiger sind als in Ausübung der Macht, an der sie sich nur durch demütige und entehrende Unterwerfung unter die Launen der Kammern, die blinden Leidenschaften des Volkes und die Interessen der Finanzwelt behaupten können. Was sie so leidenschaftlich erstreben, ist ihre prunkvolle Erniedrigung. Ach, Vierblatt, bleiben Sie bei Ihren Zureitern, Ihren Pferden und Hunden und trachten Sie nicht danach, die Menschen zu beherrschen.«

Kaum waren sie ein paar Schritte weiter gegangen, als sie von Lachsalven angelockt wurden, die aus einem Gebüsch kamen. Sie drangen in dieses ein und fanden in einer Buchenlaube einen dicken, nachlässig gekleideten Mann auf vier Stühlen sitzen; mit lebhafter Stimme erzählte er Geschichten, während eine zahlreiche Gesellschaft an seinen Satyrlippen hing und sich über sein faunisches Antlitz neigte, das mit der Hefe des Weingottes beschmiert schien. Es war der berühmteste und einzige populäre Mann des Königreiches: Jeronimo. Er sprach flüssig, fröhlich, wortreich, schleuderte Redensarten heraus, trug Geschichten vor, die einen hervorragend, die anderen weniger gut; doch alle reizten zum Lachen. Gerade erzählte er, wie eines Tages in Athen die soziale Revolution ausbrach, die Güter geteilt und die Frauen Gemeinbesitz wurden; jedoch beklagten sich bald die Häßlichen und Alten, daß sie vernachlässigt würden, und man erließ zu ihren Gunsten ein Gesetz, das die Männer verpflichtete, bei ihnen anzufangen, ehe sie die Jungen und Hübschen bekamen. Er schilderte mit derber Ausgelassenheit komische Hochzeiten, groteske Umarmungen und den erschrockenen Mut der Jünglinge beim Anblick ihrer triefäugigen und triefnasigen Geliebten, die mit Nase und Kinn Nüsse zu knacken schienen. Dann erzählte er saftige Zoten. Geschichten von deutschen Juden, von Geistlichen und Bauern, eine ganze Folge gelungener Scherze und ausgelassener Plaudereien.

Jeronimo war ein wunderbarer Redner. Wenn er sprach, so sprach seine ganze Person von Kopf bis Fuß, und nie hat ein Redner die Vortragskunst so völlig beherrscht wie er. Abwechselnd ernst und heiter, erhaben und possenhaft, war er ein Meister in allen Nuancen der Beredsamkeit, und derselbe Mann, der in der Buchenlaube wie ein routinierter Schauspieler für eine Schar von Müßiggängern und für sich selbst alle möglichen unterhaltsamen Schwänke vortrug, hatte am Tage zuvor im Abgeordnetenhaus mit seiner mächtigen Stimme einen Sturm der Entrüstung und des Beifalls entfesselt, hatte die Minister in Schrecken, die Tribünen in Erregung versetzt, und seine Rede fand im ganzen Lande starken Widerhall. Mit wohlbedachter Heftigkeit und berechneten Zornesausbrüchen war er Führer der Opposition geworden, ohne sich mit der Regierung zu verfeinden; er wiegelte das Volk auf und verkehrte mit der Aristokratie. Man nannte ihn den Mann des

Tages. Er war der Mann der Stunde; sein Geist paßte sich stets dem Augenblick und dem Ort an. Er dachte, wie es gerade günstig schien; sein neuigkeitssüchtiger, mittelmäßiger Geist entsprach dem der Allgemeinheit; seine außerordentliche Mittelmäßigkeit stellte alles Kleinliche und Erhabene um ihn in den Schatten: man sah nur ihn. Schon seine Gesundheit hätte sein Glück verbürgen müssen; sie war stabil und derb wie seine Seele. Als großer Trinker und großer Liebhaber sowohl gebratenen als auch frischen Fleisches lebte er in Freuden und nahm sich den Löwenanteil der irdischen Genüsse. Während sie seinen vortrefflichen Geschichten lauschten, lachten Vierblatt und Saint-Sylvain wie alle andern, stießen sich mit den Ellbogen an und musterten aus den Augenwinkeln verstohlen das Hemd, auf das Jeronimo die Soßen und Weine eines fröhlichen Mahles freigebig verschüttet hatte.

Der Botschafter eines hochmütigen Volkes, der dem König Christoph seine eigennützige Freundschaft verschacherte, kam stolz und einsam über den Rasen herbei. Er trat auf den großen Mann zu und verneigte sich leicht vor ihm. Augenblicklich verwandelte sich Jeronimo: heitere, anmutige Würde, erhabene Ruhe verbreitete sich über sein Antlitz, und seine wohlklingende Stimme schmeichelte nun gedämpft dem Ohr des Botschafters mit den edelsten Huldigungen der Sprache. Seine ganze Haltung drückte Übereinstimmung in den auswärtigen Angelegenheiten sowie den Geist der Kongresse und Konferenzen aus; einschließlich seiner zu einem Strick zusammengewürgten Krawatte, dem gebauschten Hemd und dem elefantenartigen Beinkleid nahm alles an ihm wie durch ein Wunder diplomatische Würde und das gewisse Etwas der Botschafter an.

Die Gäste zogen sich zurück, und die beiden erlauchten Persönlichkeiten plauderten lange in freundschaftlichem Ton miteinander und schienen auf vertrautem Fuße zu stehen, was von den Politikern und Damen vom »Fach« beobachtet und kommentiert wurde.

»Jeronimo wird Außenminister, sobald er es nur will«, meinte einer.
»Sobald er es ist, steckt er den König in die Tasche«, meinte ein anderer.
Die Frau des österreichischen Botschafters musterte ihn durch ihre Lorgnette und erklärte: »Der junge Mann ist intelligent, er wird seinen Weg machen.«
Nach Beendigung der Unterhaltung unternahm Jeronimo einen Gang durch den Park mit seinem getreuen Jobelin, einer Art Stelzvogel mit Eulengesicht, der nie von seiner Seite wich.
Der erste Staatssekretär und der Oberstallmeister folgten ihnen.
»Sein Hemd müssen wir haben«, sagte Vierblatt leise. »Aber wird er es uns geben? Er ist Sozialist und bekämpft die Regierung des Königs.«
»Ach was, er ist kein schlechter Mensch und hat Verstand«, antwortete Saint-Sylvain. »Er kann keine Veränderung wünschen, denn er gehört ja der Opposition an. Er hat keine Verantwortung, seine Stellung ist glänzend, also wird er sie behalten wollen. Ein guter Oppositioneller ist immer konservativ. Da müßte ich mich doch sehr täuschen, wollte dieser Demagoge seinem König schaden. Wenn wir es geschickt anstellen, bekommen wir das Hemd. Er wird mit dem Hof unterhandeln wie Mirabeau, doch muß er sicher sein, daß es geheim bleibt.«
Während sie so sprachen, spazierte Jeronimo, den Hut auf einem Ohr, vor ihnen einher, ließ seinen Spazierstock in der Luft kreisen, trällerte vor sich hin und verlieh seiner heiteren Laune Ausdruck in Scherzen, Späßen, Gelächter, Ausrufen, unanständigen Wortspielen, obszönen und schmutzigen Kalauern. Da begegnete etwa fünfzehn Schritte vor ihm der Herzog von Aulnes, der Schiedsrichter des guten Geschmacks und der Vornehmste unter der Jugend, einer Dame seiner Bekanntschaft, begrüßte sie ganz schlicht nur mit einer leichten Handbewegung, die jedoch nicht ohne Anmut war. Der Volks-

redner beobachtete ihn mit aufmerksamem Blick, wurde dann finster und nachdenklich, legte dem Stelzvogel seine schwere Hand auf die Schulter und sagte: »Jobelin, ich würde meine Popularität und zehn Jahre meines Lebens dafür hergeben, den Frack so zu tragen und mit den Frauen zu reden wie dieser Geck.«

Er hatte seine frohe Laune eingebüßt, schritt nun traurig mit gesenktem Kopf einher und betrachtete ohne Vergnügen seinen Schatten, den der Mond ihm spöttisch zwischen die Beine warf und der wie ein blaues chinesisches Stehaufmännchen aussah.

»Was hat er gesagt?... Spottete er?« fragte Vierblatt beunruhigt.

»Er war nie aufrichtiger und ernster«, erwiderte Saint-Sylvain. »Soeben hat er uns die Wunde entblößt, die an ihm frißt. Jeronimo ist untröstlich, daß es ihm an Vornehmheit und Eleganz fehlt. Er ist nicht glücklich. Ich würde keinen Dreier für sein Hemd geben.«

Die Zeit verging, und die Suche erwies sich als mühselig. Der erste Staatssekretär und der Oberstallmeister beschlossen, sie jeder für sich fortzusetzen, und kamen überein, sich während des Soupers im kleinen gelben Salon zu treffen, um sich gegenseitig über das Ergebnis ihrer Nachforschungen zu informieren. Vierblatt richtete seine Aufmerksamkeit vor allem auf die Offiziere, den hohen Adel und die Großgrundbesitzer und versäumte es auch nicht, sich bei den Damen umzusehen. Saint-Sylvain, mit größerem Scharfblick begabt, las in den Augen der Finanzmänner und forschte die Diplomaten aus.

Zur verabredeten Stunde trafen sie sich wieder, beide müde und mit langem Gesicht.

»Ich sah nur Glückliche«, erzählte Vierblatt, »doch ihrer aller Glück hatte einen Sprung. Die Militärs verzehren sich nach einem Orden, einer Beförderung oder Dotation. Die Vorteile und Ehren ihrer Rivalen fressen an ihrer Leber. Bei der Nachricht, daß der General von Klingling zum Herzog von Komora erhoben wurde, sah ich sie gelb werden wie Lakritzen-

wasser und grün wie Eidechsen. Einer von ihnen wurde dunkelrot, das war vom Schlag. Unsere Edelleute kommen auf ihren Besitzungen um vor Langerweile und Verdruß: ewig prozessieren sie mit den Nachbarn, werden von den Rechtsgelehrten ruiniert und schleppen ihren bedrückenden Müßiggang samt ihren Sorgen weiter mit sich herum.«
»Ich fand auch nichts Besseres als Sie!« versicherte Saint-Sylvain ein. »Wir suchen planlos, ohne Methode, und wissen gesetzten Motiven und unterschiedlichen Gründen leiden. Ich sah den Fürsten von Estelles unglücklich, weil seine Frau ihn betrügt; er liebt sie nicht etwa, es ist nur aus Eigenliebe; und der Herzog von Mauvert ist unglücklich, weil seine Frau ihn nicht betrügt und ihm deshalb die Möglichkeit nimmt, sein vor dem Ruin stehendes Haus wieder zu Wohlstand zu bringen. Dem einen fallen seine Kinder zur Last, der andere ist verzweifelt, weil er keine hat. Ich bin Städtern begegnet, die nur davon träumen, auf dem Lande zu leben, und Landbewohnern, deren einziger Wunsch es ist, sich in der Stadt niederzulassen. Ich gewann das Vertrauen zweier Ehrenmänner, der eine war untröstlich, im Duell den Mann getötet zu haben, der ihm seine Geliebte genommen hatte, der andere war verzweifelt, seinen Rivalen verfehlt zu haben.«
»Ich hätte nie geglaubt, daß es so schwierig ist, einen Glücklichen zu finden«, seufzte Vierblatt.
»Vielleicht fangen wir es auch nicht richtig an«, wandte Saint-Sylvain ein. »Wir suchen planlos, ohne Methode, und wissen nicht recht, was wir suchen sollen. Wir haben das Glück nicht definiert. Man muß es definieren.«
»Das wäre verlorene Zeit«, erwiderte Vierblatt.
»Ich bitte um Vergebung«, entgegnete Saint-Sylvain, »wenn wir es definiert, das heißt als Begriff abgegrenzt, bestimmt, nach Ort und Zeit festgelegt haben, wird die Möglichkeit größer sein, es zu finden.«
»Das glaube ich nicht«, sagte Vierblatt.
Jedenfalls kamen sie überein, den gelehrtesten Mann des

Königreichs, Herrn Heißwasser, Direktor der Königlichen Bibliothek, in dieser Frage zu Rate zu ziehen.
Die Sonne war bereits aufgegangen, als sie ins Schloß zurückkehrten. Christoph v. hatte eine schlechte Nacht verbracht und verlangte ungeduldig nach dem heilkräftigen Hemd. Sie entschuldigten sich wegen der Verspätung und stiegen ins dritte Stockwerk hinauf, wo Herr Heißwasser sie in einem großen Saal empfing, der achthunderttausend gedruckte Bände und Manuskripte enthielt.

5
Die königliche Bibliothek

Nachdem der Bibliothekar die Besucher gebeten hatte, Platz zu nehmen, wies er mit einer Handbewegung auf die ungeheure Zahl der an den vier Wänden vom Fußboden bis zur Decke aufgestellten Bücher.
»Hören Sie nichts? Hören Sie nicht den Lärm, den sie machen? Mir ist davon ganz wirr im Kopf. Sie sprechen alle gleichzeitig und in allen Sprachen. Sie streiten über alles: Gott, Natur, den Menschen, Zahl, Zeit und Raum, das Erkennbare und nicht Erkennbare, Gut und Böse; sie untersuchen alles, bestreiten alles, behaupten alles. Sie reden Vernünftiges und Unvernünftiges. Es gibt unter ihnen Leichtfertige und Würdevolle, Heitere und Traurige, Weitschweifige und solche, die sich kurz fassen; manche reden, um nichts zu sagen, zählen Silben und sammeln Laute nach Gesetzen, deren Ursprung und Geist ihnen selbst nicht bekannt ist; das sind die Zufriedensten unter ihnen. Einige sind von strenger, düsterer Art und stellen nur Untersuchungen über Gegenstände an, die sich jeder sinnlichen Wahrnehmung entziehen und aus dem natürlichen Zusammenhang gelöst sind; sie bewegen sich im leeren Raum sowie in den unsichtbaren Kategorien des Nichts und sind erbitterte Streiter, die ihre philosophische Wesenheit und

Symbole mit verbissener Wut verteidigen. Ich will mich nicht bei denen aufhalten, die über ihre Zeit oder die Vergangenheit Geschichtsbücher verfassen, denn niemand schenkt ihnen Glauben. Im ganzen sind achthunderttausend in diesem Saal, und nicht zwei von ihnen sind über einen Gegenstand völlig gleicher Ansicht; selbst diejenigen, die einander wiederholen, verstehen sich nicht. Sie wissen meist nicht, was sie meinen noch was die andern gemeint haben.

Meine Herren, wenn ich ständig diesen allgemeinen Lärm anhören muß, werde ich noch wahnsinnig wie alle, die vor mir in diesem Saal mit dem Stimmengewirr lebten, wofern sie nicht bereits von Natur idiotisch waren, als sie herkamen, wie mein verehrter Kollege, Herr Kaltengrund, den Sie mir gegenüber sitzen und mit friedlichem Eifer katalogisieren sehen. Er ist einfältig geboren und einfältig geblieben. Er war völlig einfältig und ist nie vielfältig geworden. Denn die Einheit kann nicht die Vielfalt hervorbringen, und das ist, nebenbei bemerkt, die erste Schwierigkeit, auf die wir stoßen, meine Herren, wenn wir nach dem Ursprung der Dinge forschen: da die Ursache nicht einfach sein kann, muß sie doppelt, dreifach, vielfach sein, was schwer zu begreifen ist. Herr Kaltengrund hat einen unkomplizierten Geist und eine reine Seele. Er lebt katalogisch. Von allen Bänden, die diese Wände schmücken, kennt er Titel und Format und besitzt so das einzig exakte Wissen, das man in einer Bibliothek erwerben kann; und da er nie in ein Buch hineingeschaut hat, blieb er bewahrt von der hilflosen Ungewißheit, dem hundertzüngigen Irrtum, den schrecklichen Zweifeln, der entsetzlichen Erregung, lauter Ungeheuern, die die Lektüre in einem fruchtbaren Hirn erzeugt. Er ist ruhig und friedlich; er ist glücklich.«

»Er ist glücklich!« riefen die beiden Hemdsucher gleichzeitig.

»Er ist glücklich«, wiederholte Herr Heißwasser, »aber er weiß es nicht. Und vielleicht ist man es nur unter dieser Bedingung.«

»Ach, das ist doch kein Leben, wenn man nicht weiß, daß man

lebt; das ist kein Glück, wenn man nicht weiß, daß man glücklich ist«, meinte Saint-Sylvain.
Aber Vierblatt, der logischen Schlüssen mißtraute und sich in allen Dingen nur auf die Erfahrung verließ, trat an den Tisch heran, an dem Kaltengrund inmitten eines Haufens von alten Büchern katalogisierte, die in Kalbleder, in Schafleder, Maroquin, Velin, Pergament, Schweinsleder oder in Holzbretter gebunden waren und nach Staub, Schimmel, Ratten und Mäusen rochen.
»Herr Bibliothekar«, sprach er ihn an, »würden Sie mir die Frage beantworten: Sind Sie glücklich?«
»Unter diesem Titel kenne ich kein Werk«, antwortete der alte Katalogisierer.
Vierblatt hob entmutigt die Arme und nahm seinen Platz wieder ein.
»Bedenken Sie, meine Herren«, sagte Heißwasser, »daß die antike Kybele Herrn Kaltengrund an ihrem üppigen Busen trägt, mit ihm einen ungeheuren Kreis um die Sonne beschreibt und die Sonne Herrn Kaltengrund samt der Erde und ihrem ganzen Sternengefolge durch die Unermeßlichkeit des Raumes zum Sternbild des Herkules entführt. Weshalb? Von den achthunderttausend um uns versammelten Bänden vermag es keiner zu sagen. Wir wissen es nicht, ebensowenig wie das übrige. Unsere Unwissenheit hat zahlreiche Ursachen; aber ich bin überzeugt, daß die Hauptursache in der Unvollkommenheit der Sprache liegt. Die verschwommene Bedeutung der Wörter bewirkt die Verwirrung unserer Gedanken. Würden wir uns stärker bemühen, die Ausdrücke zu definieren, mit deren Hilfe wir Schlüsse ziehen, so würden unsere Gedanken klarer und zuverlässiger.«
»Was habe ich Ihnen gesagt, Vierblatt?« rief Saint-Sylvain triumphierend.
Zu dem Bibliothekar gewandt, fuhr er fort: »Herr Heißwasser, was Sie da sagen, erfüllt mich mit Freude. Ich sehe, wir sind bei Ihnen an der richtigen Adresse. Wir kommen, um Sie nach der

Definition des Glücks zu fragen. Es geschieht im Dienste Seiner Majestät.«

»Ich will Ihnen nach bestem Vermögen antworten. Die Definition eines Wortes muß von der Etymologie und der Wurzel ausgehen. Was man unter ›Glück‹ versteht, fragen Sie mich. Das ›Glück‹ oder ›bonum augurium‹ ist das gute Vorzeichen, die günstige Vorhersage aus dem Flug oder Ruf der Vögel im Gegensatz zum ›Unglück‹ oder ›malum augurium‹, was einen unglücklichen Ausgang des Versuchs mit dem Federvieh bedeutet.«

»Aber wie kann man feststellen, ob ein Mensch glücklich ist?« fragte Vierblatt.

»Aus der Beobachtung der Hühner!« erwiderte der Bibliothekar. »Der Ausdruck beinhaltet es. ›Heur‹ kommt von ›augurium‹, eigentlich ›avigurium‹.«

»Die Beobachtung der heiligen Hühner wird seit der Römerzeit nicht mehr durchgeführt«, wandte der Oberstallmeister ein.

»Aber ist ein glücklicher Mensch nicht ein Mensch, dem das Schicksal gewogen ist, und gibt es nicht gewisse äußere, sichtbare Anzeichen des Glückes?«

»Der Zufall läßt die Würfel günstig oder ungünstig fallen«, entgegnete Heißwasser. »Wenn ich Sie recht verstanden habe, meine Herren, suchen Sie einen Glücklichen, einen vom Zufall Begünstigten, das heißt einen Menschen, dem die Vögel nur Gutes prophezeien und dem die Würfel ständig günstig fallen. Suchen Sie diesen seltenen Sterblichen unter den Menschen, die ihr Leben beschließen, und vorrangig unter denen, die bereits auf dem Totenbett liegen, kurz, unter denen, die die heiligen Hühner nicht mehr zu befragen und keine Würfel mehr zu werfen brauchen. Denn sie allein können sich eines getreuen Zufalls und einen beständigen Glücks rühmen. Hat Sophokles doch in seinem ›König Ödipus‹ gesagt:

Preiset glücklich keinen,
eh denn er an des Lebens Ziel gedrungen.«

Diese Ratschläge mißfielen Vierblatt, dem der Gedanke nicht zusagte, das Glück nach der Letzten Ölung zu suchen. Saint-Sylvain hielt es ebensowenig für ein Vergnügen, den Sterbenden ihr Hemd wegzunehmen; da er aber Lebensweisheit und Wißbegier besaß, fragte er den Bibliothekar, ob er nicht einen jener edlen Greise kenne, die ihre glorreichen falschen Würfel bereits zum letztenmal geworfen haben.
Heißwasser schüttelte den Kopf, erhob sich, trat ans Fenster und trommelte gegen die Scheiben. Es regnete; der Paradeplatz lag verlassen da. Im Hintergrund erhob sich ein prunkvoller Palast, dessen Attika von Kriegstrophäen gekrönt war und dessen Giebel eine Bellona mit einer Hydra am Helm und einem Schuppenpanzer zierte, die ein Römerschwert schwang.
»Gehen Sie in jenen Palast«, sagte er schließlich.
»Wie!« rief Saint-Sylvain überrascht. »Zum Marschall von Volmar?«
»Gewiß. Welcher Sterbliche unter dem Himmel war mehr vom Schicksal begünstigt als der Sieger von Elbrus und Baschkir? Volmar ist einer der größten Feldherren, die je gelebt haben, und unter allen blieb ihm das Glück am treusten.«
»Die ganze Welt kennt ihn«, bestätigte Vierblatt.
»Sie wird ihn nie vergessen«, fuhr der Bibliothekar fort.
»Marschall Stampfer, Herzog von Volmar, wurde zu einer Zeit geboren, wo der große Völkerbrand nicht mehr die ganze Erdoberfläche gleichzeitig in Flammen setzte; er wußte diese Undankbarkeit des Schicksals dadurch auszugleichen, daß er sich mit seinem Herzen und Genie auf alle Punkte des Erdballs stürzte, wo ein Krieg ausbrach. Schon mit zwölf Jahren diente er in der Türkei und machte den Feldzug in Kurdistan mit. Seither hat er seine siegreichen Waffen in alle Teile der bekannten Welt getragen; er hat viermal den Rhein mit einer so vermessenen Leichtigkeit überschritten, daß der schilfbekränzte, völkertrennende alte Strom dadurch gedemütigt und verspottet schien; noch geschickter als der Marschall von Sachsen hat er die Leye-Linie verteidigt: er hat die Pyrenäen

überschritten, den Übergang über den Tajo erzwungen, die kaukasischen Pässe geöffnet und ist den Dnjepr hinaufmarschiert; er hat alle Nationen Europas abwechselnd verteidigt und bekämpft sowie dreimal sein Vaterland gerettet.«

6
Der Marschall Herzog von Volmar

Heißwasser ließ die Feldzüge des Herzogs von Volmar herbeibringen. Drei Bibliotheksdiener beugten sich unter der Last. Die aufgeschlagenen Atlanten bedeckten in unabsehbarer Menge die Tische.

»Hier, meine Herren, ist der Feldzug in der Steiermark, der Feldzug in der Pfalz, der Feldzug in Karamanien, der im Kaukasus und der an der Weichsel. Die Stellungen und Bewegungen der Armeen sind in diesen Karten durch Rhomben mit hübschen Fähnchen genau bezeichnet, und die Schlachtordnungen sind geradezu mustergültig. Sie werden gewöhnlich nach der Schlacht festgelegt, und das Genie großer Feldherren besteht darin, die Launen des Zufalls zu ihrem eigenen Ruhm zum System zu erheben. Der Herzog von Volmar hat jedoch stets alles vorausgesehen.

Werfen Sie einen Blick auf die Karte im Maßstab 1:10 000 der berühmten Schlacht bei Baschkir, in der Volmar die Türken besiegte. Dabei bewies er das bewundernswerteste taktische Genie. Die Schlacht war seit fünf Uhr morgens im Gange; um vier Uhr nachmittags zogen sich Volmars Truppen erschöpft und ohne Munition in völliger Unordnung zurück; der tapfere Marschall stand allein am Kopf der über die Aluta geschlagenen Brücke, in jeder Hand eine Pistole, und schoß auf die Fliehenden. Als er schließlich an den eigenen Rückzug dachte, erfuhr er, daß der Feind sich in wilder Flucht in die Donau stürzte. Sogleich machte er kehrt, verfolgte und vernichtete ihn völlig. Dieser Sieg trug ihm fünfhunderttausend

Francs Rente ein und öffnete ihm die Pforten des Instituts von Frankreich.

Glauben Sie, meine Herren, einen glücklicheren Menschen finden zu können als den Sieger von Elbrus und Baschkir? Er hat mit beständigem Glück vierzehn Feldzüge unternommen, sechzig Schlachten gewonnen und sein dankbares Vaterland dreimal vor dem völligen Untergang gerettet. Mit Ruhm und Ehren bedeckt, verbringt er sein würdiges Alter über die dem Menschen vergönnte Zeit hinaus in Reichtum und Frieden.«

»Es ist wahr, er ist glücklich«, erklärte Vierblatt. »Wie denken Sie darüber, Saint-Sylvain?«

»Wir wollen ihn um eine Audienz bitten!« erwiderte der erste Staatssekretär.

Sie betraten den Palast und durchschritten das Vestibül, in dem sich die Statue des Marschalls zu Pferde erhob.

Auf dem Sockel standen die stolzen Worte: »Der Dankbarkeit des Vaterlandes und der Bewunderung der Welt hinterlasse ich meine beiden Töchter Elbrus und Baschkir.« Die Marmorstufen der Ehrentreppe stiegen in doppeltem Bogen zwischen waffen- und fahnengeschmückten Wänden empor; das weiträumige Podest führte zu einer Tür, deren Flügel mit Kriegstrophäen und brennenden Granaten geschmückt waren und über denen die drei goldenen Kronen prangten, die König, Parlament und Nation dem Herzog von Volmar, dem Retter des Vaterlandes, verliehen hatte.

Starr vor Ehrfurcht blieben Saint-Sylvain und Vierblatt vor der geschlossenen Tür stehen, die sie von dem Helden trennte; bei dem Gedanken an ihn verharrten sie in tiefer Erregung wie festgenagelt auf der Schwelle und wagten nicht, so großem Ruhm entgegenzutreten.

Saint-Sylvain erinnerte sich der zum Gedenken an die Schlacht von Elbrus geprägten Münze, die auf der Vorderseite den Marschall zeigte, wie er einer geflügelten Siegesgöttin eine Krone auf die Stirn drückt, und die ferner die prächtige

Inschrift trug: Victoria Caesarem et Napoleonem coronavit; major autem Volmarus coronat victoriam.[1]
Und er flüsterte: »Dieser Mann ist von unvorstellbarer Größe.«
Vierblatt preßte beide Hände gegen sein Herz, das zum Zerspringen schlug.
Noch hatten sie ihre Fassung nicht wiedererlangt, als sie schrille Schreie vernahmen, die aus dem Hintergrund der Gemächer zu kommen schienen und sich allmählich näherten. Es war eine kreischende Frauenstimme, dazwischen das Geräusch von Schlägen, dem schwache Seufzer folgten. Plötzlich flogen die Türflügel auf, und ein winziger Greis, von einer derben Magd mit Fußtritten gestoßen, fiel wie eine Gliederpuppe auf die Stufen, purzelte kopfüber die Treppe hinunter und fiel zerschunden, verrenkt und zerbrochen ins Vestibül, den feierlichen Lakaien vor die Füße, die ihn aufhoben. Es war der Herzog von Volmar. Die zerzauste, liederlich bekleidete Magd kreischte von oben herab: »Laßt ihn nur liegen! So was rührt man nur mit dem Besen an.«
Und eine Flasche schwenkend: »Er wollte mir meinen Schnaps wegnehmen. Mit welchem Recht? Pack dich, du alte Ruine! Ich hab' dich gewiß nicht gerufen, du altes Aas!«
Vierblatt und Saint-Sylvain verließen eiligst den Palast. Als sie wieder auf dem Paradeplatz standen, machte Saint-Sylvain die Bemerkung, der Held habe bei seinem letzten Würfelspiel kein Glück gehabt.
»Vierblatt«, fügte er hinzu, »ich sehe, daß ich mich getäuscht habe. Ich wollte mit exakter, planmäßiger Methode vorgehen; doch ich hatte unrecht. Die Wissenschaft leitet uns irre. Lassen Sie uns zum gesunden Menschenverstand zurückkehren! Nur mit dem gröbsten Empirismus kommt man weiter. Suchen wir das Glück, ohne es definieren zu wollen!«
Vierblatt erging sich ausführlich in Beschuldigungen und

1 Der Sieg hat Cäsar und Napoleon gekrönt; doch der größere Volmar krönt den Sieg.

Schmähungen gegen den Bibliothekar, den er schlechter Scherze beschuldigte. Am meisten brachte ihn auf, daß sein Glaube zerstört und die hohe Verehrung, die er für den erniedrigten Nationalhelden in seiner Seele gehegt hatte, besudelt war. Er litt darunter. Sein Schmerz war edel, und zweifellos tragen die edlen Schmerzen ihre Linderung und sozusagen ihren Lohn in sich; sie werden besser und leichter erduldet, getrosteren Mutes als die selbstsüchtigen, eigennützigen Schmerzen. Es wäre unbillig, zu wünschen, daß es anders wäre. So waren auch Vierblatts Seele bald wieder frei und sein Geist klar genug, um zu bemerken, daß der niederrieselnde Regen den Glanz seines Seidenhutes verdarb, und er seufzte: »Wieder ein Hut futsch!«

Er war Offizier gewesen und hatte einst seinem König als Dragonerleutnant gedient. Deswegen kam ihm ein Gedanke: er ging zur Generalstabsbuchhandlung am Paradeplatz Ecke Marschallstraße und kaufte eine Karte des Königreichs und einen Plan der Hauptstadt.

»Man darf nie ohne Karte ins Feld rücken!« erklärte er. »Doch der Teufel weiß, wie man sie lesen soll. Hier ist unsere Stadt mit ihrer Umgebung. Womit sollen wir anfangen? Mit dem Norden oder Süden, dem Osten oder Westen? Man hat festgestellt, daß sich alle Städte nach Westen ausdehnen. Vielleicht liegt darin ein Fingerzeig, den man nicht außer acht lassen sollte. Es ist möglich, daß die Bewohner der westlichen Viertel, vor dem rauhen Ostwind geschützt, sich einer besseren Gesundheit und ausgeglicheneren Gemütsart erfreuen und glücklicher sind. Oder sollen wir lieber mit den lieblichen Hügeln beginnen, die sich südlich der Stadt auf zehn Meilen am Flußufer erheben? Zu dieser Jahreszeit wohnen dort die reichsten Familien des Landes. Was man auch immer sagen mag, unter den Glücklichen muß man einen Glücklichen suchen.«

»Vierblatt«, entgegnete der erste Staatssekretär, »ich bin kein Feind der Gesellschaft und auch kein Gegner des Gemeinwohls. Ich spreche von den Reichen als ehrlicher Mann und guter

Bürger. Die Reichen verdienen es, geehrt und geliebt zu werden; sie erhalten den Staat, indem sie sich noch bereichern, sind wohltätig, ohne es selbst zu wissen, und ernähren eine Menge Menschen, durch deren Arbeit sie ihr Vermögen erhalten und vermehren. Was für eine schöne, ehrenwerte und vortreffliche Sache ist doch der private Reichtum! Wie muß er von dem weisen Gesetzgeber geschützt, gefördert und bevorrechtet werden, und wie unbillig ist es, wie hinterhältig und unlauter, den heiligsten Rechten und achtbarsten Interessen widersprechend sowie den Staatsfinanzen schädlich, den Reichen Lasten aufzuerlegen! Es ist eine soziale Pflicht, an ihre Güte zu glauben, wie es auch wohltuend ist, an ihr Glück zu glauben. Auf denn, Vierblatt!«

7
Vom Verhältnis zwischen Reichtum und Glück

Sie hatten sich entschlossen, zuerst den Besten, Reichsten aufzusuchen, Jacques Felgine-Cobur, der Goldbergwerke, Diamantenminen und Petroleummeere besaß. Lange gingen sie an seiner Parkmauer entlang, die weitläufige Wiesen und Wälder sowie Pachthöfe und ganze Dörfer umschloß; doch an jedem Tor der Besitzung, vor das sie gelangten, schickte man sie zu einem anderen. Des ständigen Hin- und Herlaufens und Umkehrens bereits müde, sahen sie schließlich einen Chausseearbeiter, der vor einem wappengeschmückten Gitter auf der Straße Steine klopfte, und fragten ihn, ob man durch diesen Eingang zu Herrn Jacques Felgine-Cobur gelangte, den sie zu sprechen wünschten.

Der Mann richtete mühsam sein mageres Rückgrat auf und wandte ihnen sein hohles Gesicht mit der Schutzbrille zu.

»Jacques Felgine-Cobur, das bin ich!« erklärte er.

Und da er sie überrascht sah: »Ich klopfe Steine, das ist meine einzige Abwechslung.«

Dann beugte er sich aufs neue nieder und schlug mit seinem Hammer auf einen Stein, der mit sprödem Klang zerbarst.

Während sie weitergingen, meinte Saint-Sylvain: »Er ist zu reich. Sein Vermögen erdrückt ihn. Er ist unglücklich.«

Vierblatt gedachte, sich unverzüglich zu dem Rivalen von Jacques Felgine-Cobur, dem Eisenkönig Joseph Machero, zu begeben, dessen neues Schloß sich mit zahlreichen Warten, zinnengekrönten Türmen und Wehrgängen in den Mauern furchterregend auf dem benachbarten Hügel erhob. Saint-Sylvain riet ihm ab.

»Sie kennen sein Bild, er sieht elend aus; man weiß aus den Zeitungen, daß er Pietist ist, wie ein Bettler lebt, kleinen Jungen das Evangelium predigt und in der Kirche Psalmen singt. Wir wollen lieber zum Fürsten von Lusance gehen. Das ist ein echter Aristokrat, der sein Vermögen zu genießen versteht. Er flieht die Plackereien der Staatsgeschäfte und verkehrt nicht bei Hofe. Er ist Gartenliebhaber und besitzt die schönste Gemäldegalerie des Königreiches.«

Sie ließen sich melden. Der Fürst von Lusance empfing sie in seinem Antikenkabinett, das die beste griechische Kopie enthielt, die man von der knidischen Aphrodite kennt, das anmutsvolle Werk eines wahrhaft praxitelischen Meißels. Die Göttin schien noch feucht vom Meeresschaum. Ein Münzschrank aus Rosenholz, der einst Frau von Pompadour gehört hatte, barg die schönsten Gold- und Silbermünzen Griechenlands und Siziliens. Der Fürst, ein feinsinniger Kenner, führte selbst das Verzeichnis seiner Münzen. Seine Lupe lag noch auf der Vitrine mit den Steinen, Jaspis, Onyx, Sardonyx, Chalzedon, in die Figuren edlen Stils von der Größe eines Fingernagels eingeschnitten waren, eine prachtvolle, reichhaltige Sammlung. Mit liebevoller Hand nahm er einen kleinen Bronzefaun vom Tisch, um seine Besucher die anmutigen Formen und die Patina bewundern zu lassen, und seine Ausdrucksweise war des Meisterwerks würdig, das er erklärte.

»Ich erwarte eine Sendung antiken Silbers, Schalen und

Becher, die schöner sein sollen als die von Hildesheim und Boscoreale! Ich kann es kaum erwarten, sie zu sehen. Für Herrn von Caylus gab es keinen größeren Genuß, als Kisten auszupacken. So geht es auch mir.«

Saint-Sylvain erwiderte lächelnd: »Dennoch behauptet man, verehrter Fürst, Sie seien Sachverständiger in allen Arten des Genusses.«

»Sie schmeicheln mir, Herr von Saint-Sylvain. Aber ich glaube, die Kunst des Genießens ist die höchste, und die andern haben nur insofern Wert, als sie zu ihr beitragen.«

Er führte seine Gäste in die Bildergalerie, in der die Silbertöne Veroneses, die Ambrafarbe Tizians, das Rot bei Rubens, das Rotbraun Rembrandts sowie das Grau und Rosa bei Velázquez versammelt waren und alle Paletten sich zu einer glorreichen Farbsymphonie vereinten. Eine Geige schlief vergessen auf einem Sessel vor dem Bildnis einer brünetten Dame mit glatt herabfallendem, gescheiteltem Haar und olivfarbener Haut; ihre großen kastanienbraunen Augen beherrschten das Antlitz – eine Unbekannte, deren Züge Ingres mit sicherer, liebevoller Hand wiedergegeben hatte.

»Ich will Ihnen meine Marotte gestehen«, erklärte der Fürst von Lusance. »Wenn ich allein bin, spiele ich zuweilen vor diesen Gemälden und habe dann die Illusion, die Harmonie der Farben und Linien in Töne zu übertragen. Vor diesem Bildnis versuche ich, die sichere, liebkosende Pinselführung wiederzugeben, doch entmutigt lasse ich meine Geige sinken.«

Ein Fenster ging auf den Park. Der Fürst und seine Gäste lehnten sich über die Brüstung.

»Welch schöne Aussicht!« riefen Vierblatt und Saint-Sylvain.

Über Terrassen mit Statuen, Orangenbäumen und Blumen führten flache, bequeme Treppen zu dem von Hagebuchen gesäumten Rasenplatz und den Brunnenbecken, deren Wasser in weißen Strahlen aus Tritonenhörnern und den von Nymphen gehaltenen Gefäßen sprudelte. Rechts und links breitete ein Meer von Grün seine sanften Wogen bis zum fernen Fluß, dessen Silberfaden man zwischen den Pappeln unter den von rosigem Dunst umhüllten Hügeln mit dem Blick verfolgen konnte.

Der Fürst, der bisher eine lächelnde Miene gezeigt hatte, starrte bekümmert auf einen Punkt dieser herrlichen, unermeßlichen Weite.

»Jener Schornstein!...« murmelte er mit veränderter Stimme, während er mit dem Finger auf einen Fabrikschlot wies, der mehr als eine halbe Meile vom Park entfernt qualmte.

»Jener Schornstein? Man sieht ihn kaum«, meinte Vierblatt.

»Ich sehe nur ihn«, entgegnete der Fürst. »Er verdirbt mir die ganze Aussicht, er verdirbt mir die ganze Natur, er verdirbt mir das Leben. Dieses Übel kann nicht behoben werden. Er gehört einer Gesellschaft, die ihre Fabrik um keinen Preis abtreten will. Ich habe mit allen Mitteln versucht, ihn zu verdecken; es gelang mir nicht. Das macht mich krank.«

Er verließ das Fenster und warf sich in einen Sessel.

»Wir hätten es voraussehen müssen«, meinte Vierblatt, während sie in den Wagen stiegen. »Das ist ein Empfindsamer, deshalb ist er unglücklich.«

Bevor sie ihre Ermittlungen fortsetzten, kehrten sie ein Weilchen in einem Wirtshausgarten auf der Höhe ein, von wo man das schöne Tal, den klaren Fluß mit seinen Windungen und länglichen Inseln überblickte. Trotz der beiden fehlgeschlagenen Versuche hofften sie, einen glücklichen Milliardär ausfindig zu machen. Es blieb ihnen noch ein Dutzend in der Gegend zu besuchen, unter anderm Herr Block, Herr Töpfer, der Baron Nichol, der größte Industrielle des Königreiches, und der Marquis von Granthosme, vielleicht der Reichste von allen und aus einer erlauchten Familie stammend, die ebenso mit Ruhm wie mit Gütern gesegnet war.

Am Nebentisch saß ein großer, magerer Mann zusammengefallen und schlaff wie ein Kopfkissen und trank eine Tasse Milch; er hatte farblose, hervorquellende große Augen; seine Nase hing über den Mund herab. Er schien in tiefen

Schmerz versunken und blickte kummervoll auf Vierblatts Füße.
Nachdem er sie zwanzig Minuten betrachtet hatte, erhob er sich mit finsterer Entschlossenheit und trat an den Oberstallmeister heran. Als Entschuldigung für seine Zudringlichkeit sagte er: »Mein Herr, gestatten Sie mir, Ihnen eine Frage zu stellen, die für mich von äußerster Wichtigkeit ist. Wieviel bezahlen Sie für Ihre Stiefel?«
»Obwohl Ihre Frage höchst seltsam ist, sehe ich keinen Grund, sie nicht zu beantworten«, erwiderte Vierblatt. »Ich habe für dieses Paar fünfundsechzig Francs bezahlt.«
Lange musterte der Unbekannte abwechselnd seinen Fuß und den seines Gesprächspartners und verglich äußerst sorgfältig beider Schuhwerk.
Dann fragte er bleich und mit erregter Stimme: »Sie sagen, Sie haben für diese Stiefel fünfundsechzig Francs bezahlt. Sind Sie dessen sicher?«
»Allerdings.«
»Mein Herr, überlegen Sie gut, was Sie sagen! . . .«
»Na hören Sie mal, mein Herr!« brummte Vierblatt, der allmählich ungeduldig wurde. »Sie sind mir ja ein spaßiger Schuhmacher!«
»Ich bin kein Schuhmacher«, erwiderte der Fremde mit bescheidenem Anstand, »ich bin der Marquis von Granthosme.«
Vierblatt verneigte sich.
»Ich habe es geahnt, mein Herr«, fuhr der Marquis fort. »Ach, ich bin wieder bestohlen worden! Sie bezahlten für Ihre Stiefel fünfundsechzig Francs, während ich für die meinen, die den Ihren völlig gleichen, neunzig Francs bezahlt habe. Es geht mir nicht um den Preis, der Preis ist für mich ohne Bedeutung; aber ich kann es nicht ertragen, bestohlen zu werden. Ich sehe und atme ringsum nichts als Unredlichkeit, Betrug, Diebstahl und Lüge, und mich schaudert vor meinem Reichtum, der alle Menschen in meiner näheren Umgebung, seien es Dienstboten,

Verwalter, Lieferanten, Nachbarn, Freunde und sogar Frau und Kinder, verdirbt und sie mir widerwärtig und verachtenswert macht. Meine Lage ist entsetzlich. Ich bin nie sicher, ob ich nicht einen Unredlichen vor mir habe, und sterbe fast vor Ekel und Scham, weil ich zum Menschengeschlecht gehöre.«

Dann beugte sich der Marquis wieder über seine Tasse Milch und seufzte: »Fünfundsechzig Francs! Fünfundsechzig Francs!...«

In diesem Augenblick vernahm man von der Straße her lautes Klagen und Wimmern, und die beiden Sendboten des Königs erblickten einen jammernden Greis, gefolgt von zwei großen galonierten Lakaien.

Der Anblick rührte sie. Doch der Wirt erklärte völlig gleichgültig: »Das hat nichts weiter zu bedeuten. Es ist der Baron Nichol, der so reich ist!... Er hat den Verstand verloren; nun glaubt er, er sei ruiniert, und jammert Tag und Nacht.«

»Der Baron Nichol!« rief Saint-Sylvain. »Wieder einer, den Sie um sein Hemd bitten wollten, Vierblatt!«

Diese letzte Begegnung veranlaßte sie, davon abzustehen, das heilkräftige Hemd weiter bei den Reichsten des Landes zu suchen. Da sie unzufrieden mit ihrem Tagewerk waren und einen schlechten Empfang im Schloß fürchteten, machten sie sich gegenseitig ihre Fehlschläge zum Vorwurf.

»Was für ein Einfall von Ihnen, Vierblatt, zu diesen Leuten aus anderen Gründen zu gehen, als um Untersuchungen über Mißgeburten anzustellen? Neigungen, Ansichten, Sinneswahrnehmungen, nichts ist bei ihnen gesund, nichts normal. Es sind Mißgeburten.«

»Wie, Saint-Sylvain, haben Sie nicht zu mir gesagt, Reichtum sei eine Tugend, es sei recht und billig, an die Güte der Reichen, und wohltuend, an ihr Glück zu glauben? Doch hüten Sie sich, es gibt solchen und solchen Reichtum! Wenn der Adel arm und das Bürgertum reich ist, so bedeutet das den Umsturz und das Ende von allem.«

»Es tut mir leid, Vierblatt, Ihnen sagen zu müssen: Sie haben keine Vorstellung von der Verfassung moderner Staaten. Sie verstehen die Zeit nicht, in der Sie leben. Aber das macht nichts. Was würden Sie davon halten, wenn wir es jetzt mit dem goldenen Mittelmaß versuchten? Ich glaube, wir täten klug daran, morgen den Empfängen der bürgerlichen wie auch der adligen Damen der Stadt beizuwohnen. Dabei könnten wir alle Arten von Menschen beobachten, und wenn Sie auf mich hören, besuchen wir zuerst die Bürgerfrauen in bescheidenen Verhältnissen.«

8

Die Salons der Hauptstadt

So machten sie es nun. Zuerst suchten sie Frau Suppe auf, die Gattin eines Nährmittelfabrikanten, der im Norden der Stadt eine Fabrik besaß. Sie fanden Herrn und Frau Suppe unglücklich, weil sie nicht bei Frau Sterling, der Gattin eines Hüttenwerksbesitzers und Parlamentsabgeordneten, empfangen wurden. Sie gingen zu Frau Sterling und fanden sie wie auch Herrn Sterling untröstlich, weil sie nicht bei Frau von Tauber, Gattin des Pairs und ehemaligen Justizministers, empfangen wurden. Nun gingen sie zu Frau von Tauber und fanden sie und ihren Mann wütend, weil sie nicht zu den Vertrauten der Königin gehörten.

Die Besucher, die sie in diesen verschiedenen Häusern trafen, waren ebenso unglücklich, untröstlich oder wütend. Krankheit, Herzenskummer, Geldsorgen nagten an ihnen. Die Besitzenden fürchteten zu verlieren und waren unglücklicher als diejenigen, die nichts besaßen. Die Unbeachteten wollten aus ihrem Dunkel hervortreten, die Berühmten sich in noch größerem Glanz sonnen. Die meisten waren mit Arbeit überhäuft, und diejenigen, die nichts zu tun hatten, litten unter Langerweile, die unerträglicher als die Arbeit war. Einige litten um anderer willen, fühlten die Leiden einer geliebten Frau, eines geliebten

Kindes mit. Viele siechten an einer Krankheit dahin, die sie nicht hatten, jedoch zu haben glaubten oder zu bekommen fürchteten.

Eine Choleraepidemie hatte in der Hauptstadt gewütet, und man erzählte von einem reichen Mann, der, aus Angst vor Ansteckung und weil er keinen sicheren Zufluchtsort kannte, Selbstmord beging.

»Das schlimmste dabei ist, daß alle diese Leute, nicht zufrieden mit den wirklichen Übeln, die dicht wie Hagelkörner auf sie niederfallen, sich in einen Sumpf eingebildeter Leiden stürzen«, meinte Vierblatt.

»Es gibt keine eingebildeten Leiden«, erwiderte Saint-Sylvain. »Alle Leiden sind wirklich, sobald man sie verspürt, und der Traum vom Schmerz ist ein wahrer Schmerz.«

»Gleichviel«, entgegnete Vierblatt, »wenn ich Steine, groß wie Enteneier, pisse, möchte ich schon, daß es ein Traum wäre.«

Saint-Sylvain machte nochmals die Bemerkung, daß die Menschen sehr häufig aus ganz gegensätzlichen und einander widerstreitenden Gründen betrübt sind.

Im Salon von Frau von Tauber plauderte er nacheinander mit zwei hochgeistigen, aufgeklärten, gebildeten Männern, die ihm durch die unbewußten Abschweifungen und Wendungen ihres Gedankenganges die tiefe Seelenpein verrieten, die sie litten. Die allgemeine Lage war für beide die Ursache ihres Kummers, doch aus gegensätzlichen Gründen. Herr Brom lebte in ständiger Furcht vor einem Umschwung. Bei der gegenwärtigen Stabilität, dem Wohlstand und Frieden, deren sich das Land erfreute, fürchtete er Unruhen und zitterte vor einer völligen Umwälzung. Seine Hände schlugen nur bebend die Zeitungen auf; jeden Morgen war er darauf gefaßt, die Nachricht von Tumulten und Aufständen darin zu finden. Unter diesem Eindruck verwandelte er die unbedeutendsten Vorfälle und alltäglichsten Geschehnisse in Vorboten der Revolution, in Anzeichen des Umsturzes. Stets glaubte er sich am Vorabend einer allgemeinen Katastrophe und lebte in ständiger panischer Angst.

Ein ganz entgegengesetztes, noch merkwürdigeres, seltsameres Übel richtete Herrn Zander zugrunde. Die Ruhe langweilte ihn, die öffentliche Ordnung machte ihn ungeduldig, der Friede war ihm verhaßt, die erhabene Einförmigkeit der menschlichen und göttlichen Gesetze ödete ihn an. Insgeheim wünschte er einen Wandel herbei und sehnte sich nach Katastrophen, während er vorgab, sie zu fürchten. Dieser gute, freundliche, umgängliche, menschliche Mann konnte sich nichts Unterhaltsameres vorstellen als den gewaltsamen Umsturz in seinem Land, auf dem Erdball, im Weltall; bis in den Sternenhimmel hielt er Ausschau nach Zusammenprall und Weltenbrand. Enttäuscht, niedergeschlagen, traurig und mürrisch, wenn der Ton der Zeitungen und der Anblick der Straßen ihn die unerschütterliche Ruhe der Nation erkennen ließen, litt er um so mehr darunter, als er infolge seiner Menschenkenntnis und Erfahrung in den Staatsgeschäften wußte, wie stark der konservative Geist der Tradition, der Nachahmung und des Gehorsams in den Völkern ist und wie gleichmäßig und langsam das soziale Leben fortschreitet.

Einen anderen, noch größeren, bedeutenderen Widerspruch beobachtete Saint-Sylvain beim Empfang der Frau von Tauber.

In einer Ecke des kleinen Salons unterhielt sich Herr de La Galissonnière, Präsident des Zivilgerichts, friedlich und leise mit Herrn Larive-du-Mont, Direktor des Zoologischen Gartens.

»Ich will Ihnen gestehen, mein Freund«, erklärte Herr de La Galissonnière, »der Gedanke an den Tod bringt mich um. Ständig denke ich daran, ständig sterbe ich daran. Der Tod erschreckt mich nicht um seiner selbst willen, denn er ist ohne Bedeutung, sondern um dessentwillen, was danach kommt: das künftige Leben. Ich glaube daran; ich habe die Zuversicht, die Gewißheit, daß ich unsterblich bin. Vernunft, Instinkt, Erkenntnis, Offenbarung, alles beweist mir die Existenz einer unvergänglichen Seele, alles bestätigt mir die Natur, den

Ursprung und das Endziel des Menschen, wie die Kirche es lehrt. Ich bin Christ; ich glaube an die ewigen Strafen; das furchtbare Bild dieser Strafen verfolgt mich ununterbrochen; die Hölle flößt mir Angst ein, und diese Angst, die stärker als jedes andere Gefühl ist, zerstört in mir die Hoffnung und alle für das ewige Heil erforderlichen Tugenden, sie treibt mich zur Verzweiflung und bringt mich in die Gefahr der ewigen Verdammnis, vor der ich zittere. Die Angst vor der Verdammnis verdammt mich, das Entsetzen vor der Hölle stürzt mich in sie hinein, und noch zu meinen Lebzeiten leide ich im voraus die ewigen Qualen. Keine Marter ist der vergleichbar, die ich erdulde und die von Jahr zu Jahr, von Tag zu Tag, von Stunde zu Stunde grausamer wird, denn jeder Tag, jede Minute bringt mich dem näher, was mich mit Schrecken erfüllt. Mein Leben ist ein Todeskampf voller Angst und Grauen.«

Bei diesen Äußerungen fuchtelte der Richter mit den Händen in der Luft herum, als wolle er die unauslöschlichen Flammen abwehren, von denen er sich umgeben fühlte.

»Ich beneide Sie, lieber Freund«, seufzte Herr Larive-du-Mont. »Sie sind glücklich im Vergleich zu mir; auch mich peinigt der Gedanke an den Tod; doch wie andersartig und wieviel grauenhafter als der Ihre ist dieser Gedanke! Meine Studien, meine Beobachtungen, die ständige Anwendung der vergleichenden Anatomie und tiefgründige Forschungen über die Beschaffenheit der Materie haben mich nur zu sehr davon überzeugt, daß die Worte Seele, Geist, Unsterblichkeit, Immaterialität nur physische Erscheinungen oder die Negation dieser Erscheinungen sind und daß für uns das Ende des Lebens auch das Ende des Bewußtseins ist, kurz, daß der Tod unsere völlige Vernichtung bewirkt. Was auf das Leben folgt, kann man nicht benennen, denn der Ausdruck Nichts, den wir dafür anwenden, bedeutet nur die Leugnung der gesamten Natur. Das Nichts ist ein unendliches Etwas, und dieses Etwas umgibt uns. Daher kommen wir und kehren auch dahin zurück; wir leben zwischen zwei Nichts wie eine Muschel im Meer. Das Nichts ist das

Unmögliche und das Gewisse; es ist unfaßbar und existiert doch. Das Unglück der Menschen, sehen Sie, ihr Unglück und ihr Vergehen ist es, diese Dinge entdeckt zu haben. Den anderen Lebewesen sind sie nicht bekannt; wir sollten sie in alle Ewigkeit nicht kennen. Sein und aufhören zu sein! Bei dieser entsetzlichen Vorstellung sträuben sich mir die Haare; ich werde sie nicht mehr los. Was nicht sein wird, vergällt und verleidet mir das, was ist, und das Nichts verschlingt mich im voraus. Grausame Absurdität! Ich fühle und sehe mich bereits im Nichts.«

»Ich bin noch mehr zu beklagen als Sie«, entgegnete Herr de La Galissonnière. »Jedesmal, wenn Sie dieses Wort aussprechen, dieses trügerische, köstliche Wort Nichts, liebkost es sanft meine Seele und umschmeichelt mich wie das Kopfkissen den Kranken mit dem Versprechen friedlichen Schlafes.«

Darauf Larive-du-Mont: »Meine Leiden sind unerträglicher als Ihre, denn die große Menge erträgt den Gedanken an eine ewige Höllenpein, und es bedarf ungewöhnlicher Seelenstärke, Atheist zu sein. Religiöse Erziehung und mystisches Denken haben Ihnen Angst und Haß auf das menschliche Leben eingeflößt. Sie sind nicht nur Christ und Katholik, Sie sind Jansenist und tragen in der Brust den Abgrund, der neben Pascal gähnte. Ich jedoch liebe das Leben, das Leben auf dieser Erde, das Leben, wie es ist, dieses Hundeleben. Ich liebe es brutal, gemein und rauh; ich liebe es unflätig, schmutzig, verdorben; ich liebe es stumpfsinnig, dumm und grausam; ich liebe es in seiner Unzüchtigkeit, Schändlichkeit und Gemeinheit, mit all seinem Schmutz, seiner Häßlichkeit und seinem Gestank, seiner Verderbtheit und Verpestung. Bei dem Gefühl, daß es mir entgleitet und entflieht, zittere ich wie ein Feigling und werde rasend vor Verzweiflung.

An Sonn- und Feiertagen laufe ich durch die dichtbevölkerten Stadtviertel und mische mich unter die Menge, die durch die Straßen wogt, ich trete zu den Gruppen der Männer, Frauen und Kinder, die einen Straßensänger umringen oder vor den

Jahrmarktsbuden stehen; ich reibe mich an den schmutzigen Röcken, den fettigen Jacken und sauge die starken, scharfen Ausdünstungen von Schweiß, Haaren und Atem ein. In diesem lebendigen Gewimmel fühle ich mich dem Tode etwas entrückt. In mir höre ich eine Stimme zu mir sprechen: ›Von der Angst, die ich dir einflöße, kann nur ich allein dich heilen; die Verzweiflung, in die meine Drohungen dich stürzen, kann nur ich besänftigen.‹

Aber ich will nicht! Ich will nicht!«

»Ach!« seufzte der Richter. »Wenn wir die Krankheiten, die unsere Seelen zerstören, nicht in diesem Leben heilen, wird der Tod uns nicht die ewige Ruhe bringen.«

»Und mich bringt es fast um den Verstand«, fuhr der Gelehrte fort, »daß ich, wenn wir einst beide tot sind, nicht einmal die Genugtuung haben werde, Ihnen zu sagen: ›Sehen Sie, La Galissonnière, ich habe mich nicht getäuscht: es gibt nichts.‹ Ich werde mir nicht schmeicheln können, recht gehabt zu haben. Und Sie, Sie werden nie eines Besseren belehrt! Welch hohen Preis muß man doch für das Denken zahlen! Sie sind unglücklich, mein Freund, weil Ihr Denken umfassender und scharfsinniger ist als das der Tiere und der meisten Menschen. Und ich bin noch unglücklicher als Sie, weil ich mehr Geist habe.«

Vierblatt, der einige Brocken des Gesprächs aufgefangen hatte, war davon nicht allzu überrascht.

»Das sind Geistesqualen«, meinte er. »Sie können grausam sein, aber sie sind nicht sehr verbreitet. Mich beunruhigen mehr die alltäglichen Leiden, die körperlichen Schmerzen und Mißbildungen, Liebeskummer und Geldmangel, die unsere Suche so erschweren.«

»Außerdem sind die Meinungen der beiden Herren zu ihrem Unglück maßlos übertrieben«, bemerkte Saint-Sylvain. »Wenn La Galissonnière einen erfahrenen Jesuitenpater zu Rate ziehen würde, wäre er bald beruhigt, und Larive-du-Mont sollte wissen, daß man Atheist mit heiterer Seele sein kann wie

Lukrez und mit wahrer Freude wie André Chénier. Er sollte sich Homers Vers wiederholen: ›Auch Patroklos starb, der so viel besser als du war‹, und sich bereitwilliger darein fügen, eines Tages seinen Meistern, den antiken Philosophen, den Humanisten der Renaissance, den zeitgenössischen Gelehrten und so vielen anderen, zu begegnen, die bedeutender waren als er. ›Auch Paris und Helena starben‹, sagt François Villon. ›Wir sind alle sterblich‹, meint Cicero. ›Denn wir sterben des Todes‹, sagt jenes Weib, dessen Klugheit die Bibel im zweiten Buch der Könige rühmt.«

9
Das Glück, geliebt zu werden

Sie begaben sich zum Speisen in den königlichen Park, eine prächtige Anlage, in der Hauptstadt König Christophs das, was der Bois de Boulogne in Paris, die Cambre in Brüssel, der Hyde Park in London, der Tiergarten in Berlin, der Prater in Wien, der Prado in Madrid, die Cascinen in Florenz und der Pincio in Rom ist. Sie saßen im Freien inmitten der glanzvollen Menge der Gäste und ließen ihre Blicke über die mit Federn und Blumen geschmückten großen Hüte schweifen, wahre wandelnde Lusthäuschen, schwebende Schutzdächer der Liebe, Taubenschläge, zu denen die Wünsche flogen.

»Ich glaube, hier werden wir finden, was wir suchen«, meinte Vierblatt. »Auch ich bin wie jeder andere geliebt worden. Das ist das Glück, Saint-Sylvain! Noch heute frage ich mich, ob es nicht das einzige Glück im Leben ist; und obgleich ich eine Blase mit mir herumtrage, die mit mehr Steinen belastet ist als ein gerade aus dem Steinbruch kommender Karren, gibt es Tage, an denen ich verliebt bin wie ein Zwanzigjähriger.«

»Ich bin ein Weiberhasser«, erwiderte Saint-Sylvain. »Ich kann es den Frauen nicht verzeihen, daß sie vom selben Geschlecht wie meine Gattin sind. Zwar weiß ich, daß keine von ihnen so dumm noch so bösartig, noch so häßlich wie sie ist, aber mich stört es schon, daß sie überhaupt etwas mit ihr gemeinsam haben.«

»Lassen Sie das, Saint-Sylvain! Ich sage Ihnen, was wir suchen, ist hier, und wir brauchen nur die Hand auszustrecken, um es zu fassen.«

Er wies auf einen sehr gut aussehenden Mann, der allein an einem kleinen Tisch saß. »Sie kennen doch Jakob von Gondel. Er gefällt den Frauen, er gefällt allen Frauen. Das ist Glück, oder ich verstehe nichts davon.«

Saint-Sylvain meinte, man müsse sich dessen vergewissern. Sie luden Jakob von Gondel ein, mit ihnen zusammen zu speisen, und plauderten während der Mahlzeit ungezwungen mit ihm. Unaufhörlich suchten sie auf weitläufigen Umwegen und mit plötzlichen geschickten Winkelzügen, geradeheraus und versteckt, mit Anspielungen und in aller Offenheit herauszubekommen, ob er glücklich sei, ohne jedoch ihrem Tischgenossen, dessen elegante Redewendungen und liebenswürdiges Gesicht weder Freude noch Trauer ausdrückten, etwas zu entlocken. Jakob von Gondel plauderte gern, zeigte sich offen und natürlich; er ließ sich sogar zu vertraulichen Mitteilungen herbei, die aber sein Geheimnis wahrten und es noch undurchdringlicher machten. Zweifellos wurde er geliebt. War er darüber glücklich oder unglücklich? Als das Obst gebracht wurde, gaben die beiden Inquisitoren des Königs es auf, dies zu erfahren. Kampfesmüde sprachen sie nur noch, um nichts zu sagen, und sprachen über sich selbst: Saint-Sylvain von seiner Frau und Vierblatt von seinem für ihn so wichtigen Stein, einem Punkt, in dem er Montaigne glich. Man erzählte Geschichten, während man Likör trank: die Geschichte von Frau Bérille, die, als Bäckerjunge verkleidet, mit einem Korb auf dem Kopf aus einem Séparée entkam; die Geschichte von General Fromm und der Baronin Bildermann; die Geschichte von Minister Vezir und Frau Ceres, die wie Antonius und Kleopatra in ihren Küssen ein Reich verschwendeten, und verschiedene andere,

alte wie neue. Jakob von Gondel erzählte ein orientalisches Märchen.
»Ein junger Kaufmann aus Bagdad«, begann er, »lag eines Morgens in seinem Bett und fühlte sich so liebebedürftig, daß er laut den Wunsch aussprach, von allen Frauen geliebt zu werden. Da erschien ihm ein Dschinn, der dies gehört hatte, und erklärte: ›Dein Wunsch ist erfüllt. Von heute an wirst du von allen Frauen geliebt.‹ Fröhlich sprang der junge Kaufmann aus dem Bett und ging sogleich auf die Straße, da er sich unerschöpfliche und mannigfaltige Freuden versprach. Kaum war er ein paar Schritte gegangen, als ein widerwärtiges altes Weib, das im Keller Wein filtrierte, bei seinem Anblick von glühender Liebe erfüllt wurde und ihm durch das Kellerfenster Kußhände zuwarf. Voller Abscheu wandte er den Kopf ab, doch die Alte zog ihn am Bein in den Keller hinunter, wo sie ihn zwanzig Jahre lang eingesperrt hielt.«
Kaum hatte Jakob von Gondel seine Erzählung beendet, als ein Haushofmeister ihm die Nachricht überbrachte, daß er erwartet werde. Er erhob sich und ging mit trübem Blick und gesenktem Haupt zum Gittertor des Parks, wo ihn ein hartes Gesicht in der Tiefe einer Kutsche erwartete.
»Er hat soeben seine eigene Geschichte erzählt«, meinte Saint-Sylvain. »Der junge Kaufmann aus Bagdad, das ist er selbst.«
Vierblatt schlug sich an die Stirn. »Man hatte mir gesagt, er würde von einem Drachen bewacht, doch ich hatte es vergessen.«
Sie kehrten spät ins Schloß zurück ohne ein anderes Hemd als ihr eigenes und fanden König Christoph und Frau von Huhn beim Anhören einer Sonate von Mozart heiße Tränen vergießend.
Durch den Umgang mit dem König war Frau von Huhn schwermütig geworden und hegte düstere Gedanken und törichte Ängste. Sie glaubte sich verfolgt, ein Opfer abscheulicher Machenschaften; sie lebte in ständiger Furcht, vergiftet zu werden, und zwang ihre Kammerfrauen, alle Gerichte zu

kosten, die man ihr vorsetzte. Sie empfand den Schrecken des Todes und den Reiz des Selbstmordes. Der Zustand des Königs verschlimmerte sich durch denjenigen dieser Dame, mit der er traurige Tage verbrachte.

»Die Maler sind gefährliche Betrugskünstler«, erklärte Christoph v. »Sie verleihen den weinenden Frauen eine rührende Schönheit und zeigen uns Andromache, Artemis, Magdalena und Heloïse im Schmuck ihrer Tränen. Ich besitze ein Porträt von Adrienne Lecouvreur in der Rolle der Cornelia, wie sie die Asche des Pompeius mit ihren Tränen netzt: sie ist anbetungswürdig. Doch sobald Frau von Huhn zu weinen beginnt, verzerrt sich ihr Gesicht, und ihre Nase rötet sich; sie ist dann zum Fürchten häßlich.«

Der unglückliche Fürst, der nur noch in Erwartung des heilkräftigen Hemdes lebte, tadelte Vierblatt und Saint-Sylvain wegen ihrer Nachlässigkeit, ihrer Unfähigkeit und ihres Ungeschicks, wobei er vermutlich damit rechnete, daß wenigstens einer dieser drei Vorwürfe berechtigt sei.

»Sie lassen mich sterben, wie es meine Ärzte Kiefer und Salm tun. Doch bei jenen ist es ihr Beruf. Von Ihnen habe ich etwas anderes erwartet; ich zählte auf Ihre Intelligenz und Ergebenheit. Ich sehe ein, daß ich mich getäuscht habe. Unverrichteterdinge zurückzukommen! Schämen Sie sich nicht? War denn Ihr Auftrag so schwer zu erfüllen? Ist es so schwierig, das Hemd eines Glücklichen zu finden? Wenn Sie nicht einmal dazu fähig sind, wozu sind Sie es dann? Man hilft sich am besten selbst. Das gilt für Privatpersonen und noch mehr für Könige. Ich will sogleich selbst das Hemd suchen, das Sie nicht entdecken konnten.«

Er entledigte sich seiner Nachtmütze und des Schlafrocks und verlangte seine Kleider.

Vierblatt und Saint-Sylvain versuchten ihn zurückzuhalten.

»Sire, in Ihrem Zustand, wie unvorsichtig!«

»Sire, es hat bereits Mitternacht geschlagen!«

»Glauben Sie denn, die glücklichen Leute gehen mit den

Hühnern zu Bett?« fragte der König. »Gibt es in meiner Hauptstadt keine Vergnügungsstätten mehr? Gibt es keine Nachtlokale mehr? Mein Polizeipräfekt hat alle Spielhöllen schließen lassen, sind sie nicht trotzdem geöffnet? Doch ich brauche gar nicht erst in Nachtklubs zu gehen. Was ich suche, finde ich auf der Straße, auf den Bänken.«

Kaum war er angekleidet, da schritt Christoph v. über Frau von Huhn hinweg, die sich auf der Erde in Krämpfen wälzte, stürzte die Treppe hinunter und rannte durch den Garten. Vierblatt und Saint-Sylvain folgten ihm betroffen schweigend in einiger Entfernung.

10

Wenn das Glück darin liegt, nicht mehr zu fühlen

Als er auf die von alten Ulmen beschattete Chaussee gelangte, die den königlichen Park begrenzte, bemerkte er einen jungen Mann von wundersamer Schönheit, der an einem Baum lehnte und mit heiterer Miene die Sterne betrachtete, die am klaren Himmel ihre geheimnisvolle funkelnde Bahn zogen. Der sanfte Wind spielte in seinen Locken; in seinem Blick glänzte der Widerschein der Himmelslichter.

»Ich hab' es gefunden!« dachte der König.

Er näherte sich dem heiteren schönen Jüngling, der bei seinem Anblick leicht zusammenzuckte.

»Es tut mir leid, mein Herr, daß ich Sie in Ihrer Träumerei störe«, sagte der Fürst. »Aber von der Frage, die ich Ihnen stellen möchte, hängt mein Leben ab. Verweigern Sie die Antwort nicht einem Manne, der Ihnen vielleicht gefällig sein kann und sich nicht als undankbar erweisen wird. Sind Sie glücklich, mein Herr?«

»Ich bin es.«

»Fehlt Ihnen nichts zu Ihrem Glück?«

»Nichts. Freilich ist es nicht immer so gewesen. Wie alle

Menschen habe ich das Leid des Lebens erfahren, und vielleicht schmerzlicher als die meisten von ihnen. Das entsprang nicht meiner gesellschaftlichen Stellung noch zufälligen Umständen, sondern der allen Menschen und allem, was da atmet, gemeinsamen Wesensgrundlage; ich fühlte ein starkes Unbehagen, es ist gänzlich verschwunden. Nun bin ich von völliger Ruhe und stiller Fröhlichkeit erfüllt, alles in mir ist Zufriedenheit, Heiterkeit, tiefes Glücksgefühl; ich bin ganz und gar von inniger Freude durchdrungen. Sie sehen mich im schönsten Augenblick meines Lebens, mein Herr, und da das Schicksal mich mit Ihnen zusammengeführt hat, nehme ich Sie zum Zeugen meines Glücks. Endlich bin ich frei, erlöst von Angst und Schrecken, die die Menschen befallen, vom Ehrgeiz, der sie verzehrt, und von trügerischen, törichten Hoffnungen. Ich stehe über dem Schicksal; ich entschlüpfe den beiden unüberwindlichen Feinden der Menschheit, dem Raum und der Zeit. Ich kann dem Schicksal trotzen. Ich bin im Besitz eines schrankenlosen Glückes und verschmelze mit der Gottheit. Und dieser glückliche Zustand ist mein Werk, ihm verdanke ich einen Entschluß, den ich gefaßt habe, der so weise, so gut, so schön, so tugendhaft und wirksam ist, daß man durch seine Ausführung zum Gott wird.

Ich schwimme in Freude, in einem wonnevollen Rausch. Ganz bewußt und im vollen Umfang seiner erhabenen Bedeutung spreche ich das Wort aus, in dem alle Trunkenheit, alle Begeisterung und alles Entzücken liegt: Ich kenne mich nicht mehr!«

Er zog seine Uhr hervor.

»Es ist Zeit. Leben Sie wohl!«

»Noch ein Wort, mein Herr. Sie können mich retten. Ich . . .«

»Man wird gerettet, wenn man meinem Beispiel folgt. Sie müssen mich jetzt verlassen. Leben Sie wohl!«

Dann stürmte der Unbekannte mit heroischem Schritt und jugendlichem Schwung in das Gebüsch am Straßenrand. Christoph wollte nicht begreifen und folgte ihm. In dem Augenblick,

als er in das Gebüsch eindrang, hörte er einen Schuß, stürzte vor, bog die Zweige auseinander und sah den glücklichen Jüngling mit durchschossener Schläfe im Grase liegen, den Revolver noch in der rechten Hand.
Bei diesem Anblick fiel der König in Ohnmacht. Vierblatt und Saint-Sylvain eilten herbei, brachten ihn wieder zu sich und trugen ihn ins Schloß. Christoph zog Erkundigungen nach dem jungen Mann ein, der vor seinen Augen ein so widersinniges Glück gefunden hatte. Er erfuhr, daß er der Erbe einer vornehmen und reichen Familie war, ebenso mit Verstand begabt wie schön und vom Schicksal unablässig begünstigt.

II
Sigismund Herzog

Als Vierblatt und Saint-Sylvain sich am nächsten Morgen wieder auf die Suche nach dem verordneten Hemd begaben und zu Fuß die Konstitutionsstraße hinuntergingen, begegneten sie der Gräfin von Cécile, die aus einer Musikalienhandlung trat, und begleiteten sie zu ihrem Wagen.
»Herr von Vierblatt, man hat Sie gestern nicht in Professor Ochsenbeins Klinik gesehen, auch Sie nicht, Herr von Saint-Sylvain. Es war ein Fehler von Ihnen, nicht zu kommen, denn es war sehr interessant. Professor Ochsenbein hatte zu seiner Fünfuhroperation, einer reizenden Eierstockentfernung, die ganze elegante Welt eingeladen, zwar eine Menge, aber eine erlesene. Man erfreute sich an Blumen, großen Toiletten und Musik; es wurde Eis serviert. Der Professor zeigte wunderbare Eleganz und Anmut. Er ließ Aufnahmen für den Kinematographen machen.«
Vierblatt war von dieser Schilderung nicht allzu überrascht. Er wußte, daß Professor Ochsenbein umgeben von Luxus und Vergnügungen operierte; er würde ihn um sein Hemd gebeten

haben, wenn er nicht einige Tage zuvor den berühmten Chirurgen untröstlich gesehen hätte, weil er die beiden größten Berühmtheiten des Tages nicht operiert hatte, den deutschen Kaiser, der sich eine Zyste von Professor Hilmacher entfernen ließ, und die Zwergin der Folies-Bergère, die etwa hundert Nägel verschluckt hatte und nicht wollte, daß man ihr den Magen öffnete, sondern lieber Rizinusöl nahm.

Saint-Sylvain blieb vor dem Schaufenster der Musikalienhandlung stehen, betrachtete die Büste von Sigismund Herzog und rief aus: »Das ist der Mann, den wir suchen! Das ist der Glückliche!«

Die recht ähnliche Büste zeigte regelmäßige, edle Züge, eines jener ebenmäßigen, vollwangigen Gesichter, die wie ein Globus aussehen. Obgleich er ganz kahl und schon alt war, wirkte der große Komponist ebenso liebenswürdig wie beeindruckend. Sein Schädel wölbte sich wie eine Kirchenkuppel, doch seine etwas große Nase ragte mit ganz unheiliger, sinnlicher Derbheit darunter hervor; sein gestutzter Bart ließ die fleischigen Lippen, den Venus und Bacchus huldigenden Mund frei. Es war wirklich das Ebenbild dieses genialen Mannes, der die frömmsten Oratorien sowie die leidenschaftlichste, sinnlichste Bühnenmusik komponierte.

»Wie kommt es, daß wir nicht an Sigismund Herzog gedacht haben«, fragte Saint-Sylvain, »der in vollen Zügen seinen ungeheuren Ruhm genießt, geschickt alle Vorteile daraus zieht und gerade närrisch genug ist, sich den Zwang und Verdruß einer hohen Stellung zu ersparen, der das geistvollste und sinnlichste aller Genies, glücklich wie ein Gott, sorglos wie ein Tier ist und in seinen zahllosen Liebschaften den brutalsten Zynismus mit dem erlesensten Zartgefühl vereint?«

»Er hat eine vielseitige Charakteranlage«, meinte Vierblatt. »Sein Hemd kann Seiner Majestät nur nützlich sein. Gehen wir und holen es!«

Sie wurden in eine große Halle geführt, die von Klängen erfüllt war wie ein Konzertcafé. Eine um drei Stufen erhöhte Orgel

nahm einen Teil der Wand mit den zahllosen Pfeifen ihres Gehäuses ein. In einer Dogenmütze und einer Brokatdalmatika improvisierte Sigismund Herzog Melodien, und unter seinen Fingern entstanden Töne, die die Seele betörten und das Herz schmelzen ließen. Auf den drei purpurrot ausgeschlagenen Stufen hingestreckt, wand sich zu seinen Füßen eine Schar Frauen, würdevolle und liebliche, große, dünne und schlangenhafte sowie runde, dralle und üppige, alle gleich schön vor Verlangen und Liebe, alle in einem Rausch des Entzückens. Der Raum war erfüllt von einer erregten Menge junger Amerikanerinnen, jüdischer Bankiers, Diplomaten, Tänzerinnen, Sängerinnen, katholischer, anglikanischer und buddhistischer Priester, Negerfürsten, Klavierstimmer, Reporter, Lyriker, Impresarios, Photographen, Männer in Frauenkleidern und Frauen in Männerkleidern, die sich drängte, vermischte und zu einer einzigen anbetenden Masse verschmolz; und darüber eine aufgeregte Schar junger Verehrer, die auf die Säulen geklettert waren, auf den Kandelabern ritten und an den Kronleuchtern hingen. Diese ungeheure Menschenmasse schwamm in trunkener Begeisterung; es war eine sogenannte intime Matinee.
Die Orgel schwieg. Eine Wolke von Frauen umschwebte den Meister, der für Augenblicke halb aus ihr auftauchte wie ein glänzender Stern, um sogleich wieder darin zu verschwinden. Er war freundlich, einschmeichelnd, schlüpfrig und aalglatt sowie liebenswürdig, nicht dünkelhafter als nötig, großartig wie die Welt und zart wie die Liebe; wenn er lächelte, zeigte er zwischen seinem grauen Bart Kinderzähne und sagte jedem harmlose, artige Dinge, die zwar bezauberten, aber nicht im Gedächtnis hafteten, so belanglos waren sie; doch ihr Reiz blieb unvermindert, verschönt durch das Geheimnis. Auch gegen die Männer zeigte er sich leutselig und freundlich, und als er Saint-Sylvain erblickte, umarmte er ihn dreimal und versicherte, er sei ihm herzlich zugetan. Der Staatssekretär verlor keine Zeit und bat ihn im Auftrag des Königs um eine kurze vertrauliche Unterredung. Nachdem er ihm in wenigen Worten erklärt

hatte, mit welch wichtiger Mission er betraut war, sagte er: »Meister, geben Sie mir Ihr He ...«
Er brach ab, da er bemerkte, wie die Züge Sigismund Herzogs sich plötzlich verzerrten.
Auf der Straße hatte eine Drehorgel die »Narzissenpolka« zu leiern begonnen. Gleich bei den ersten Takten erbleichte der große Mann. Die »Narzissenpolka«, der Schlager der Saison, war von einem armen Kneipengeiger namens Schmöker, einer dunklen, armseligen Existenz. Doch der von vierzig Jahren des Ruhmes und der Liebe gekrönte Meister konnte es nicht ertragen, daß sich ein Quentchen Ruhm zu Schmöker verirrt hatte; das empfand er als unerträglichen Schimpf. Selbst Gott ist eifersüchtig und betrübt sich über den Undank der Menschen. Sigismund Herzog konnte die »Narzissenpolka« nicht hören, ohne krank zu werden. Er ließ Saint-Sylvain, die Menge seiner Anbeter, die prächtige Schar der vor Verzückung fast ohnmächtigen Frauen unvermittelt im Stich und lief in sein Ankleidezimmer, um eine Waschschüssel voll Galle zu erbrechen.
»Er ist zu beklagen«, seufzte Saint-Sylvain.
Dann verließ er, Vierblatt an den Rockschößen mit sich ziehend, die Schwelle des unglücklichen Musikers.

12
Wenn das Laster eine Tugend ist

Vierzehn Monate lang, von morgens bis abends und von abends bis morgens, durchstöberten sie die Stadt und ihre Umgebung, beobachteten, untersuchten und erkundigten sich vergeblich. Der König, dessen Kräfte täglich abnahmen, konnte sich nun einen Begriff von der Schwierigkeit solcher Nachforschungen machen und erteilte seinem Innenminister den Auftrag, eine außerordentliche Kommission einzusetzen, die, mit allen Vollmachten ausgestattet, unter dem Vorsitz der

Herren Vierblatt, Heißwasser, Saint-Sylvain und Kaltengrund eine geheime Erhebung über die glücklichen Personen im Königreich anstellen sollte. Der Aufforderung des Ministers entsprechend, stellte der Polizeipräfekt seine fähigsten Beamten in den Dienst der Kommissionsmitglieder, und bald wurden in der Hauptstadt die Glücklichen mit dem gleichen Eifer und dem gleichen Fleiß gesucht wie in andern Ländern die Übeltäter und Anarchisten. Galt ein Bürger für glücklich, so wurde er unverzüglich angezeigt, belauert, beobachtet. Zwei Polizeibeamte patrouillierten in ihren eisenbeschlagenen großen Stiefeln zu jeder Tageszeit unter den Fenstern von Leuten, die des Glückes verdächtig waren. Mietete ein Lebemann eine Loge in der Oper, sogleich wurde er überwacht. Ein Rennstallbesitzer, dessen Pferd in einem Rennen gesiegt hatte, wurde nicht aus den Augen gelassen. In allen Absteigequartieren wurde ein Beamter der Präfektur untergebracht, der sich die Eintretenden merkte. Da der Polizeipräfekt beobachtet hatte, daß Tugend glücklich macht, wurden auch die wohltätigen Personen, die Gründer barmherziger Stiftungen, die großzügigen Spender, die verlassenen und treuen Gattinnen, die durch aufopfernde Taten berühmten Bürger, die Helden und Märtyrer zur Anzeige gebracht und sorgfältigsten Überprüfungen unterzogen.
Die Überwachung lastete auf der ganzen Stadt, ohne daß man die Ursache kannte. Vierblatt und Saint-Sylvain hatten niemandem anvertraut, daß sie ein glückbringendes Hemd suchten, aus Angst, wie wir bereits erwähnten, ehrgeizige oder habgierige Leute könnten vollkommenes Glück vortäuschen und dem König ein ganz von Leid, Kummer und Sorgen durchtränktes Wäschestück als das eines Glücklichen überlassen. Die ungewöhnlichen Maßnahmen der Polizei brachten Unruhe in die oberen Klassen, und in der Stadt war eine gewisse Gärung zu bemerken. Mehrere hochgeachtete Damen fühlten sich bloßgestellt, und es erhob sich ein Sturm der Entrüstung.

Die Kommission trat jeden Morgen in der Königlichen Bibliothek zusammen unter dem Vorsitz von Herrn von Vierblatt, unterstützt von den außerordentlichen Staatsräten Loch und Gutbier. Bei jeder Sitzung prüften sie im Durchschnitt fünfzehnhundert Aktenstücke. Nach einer Sitzungsperiode von vier Monaten hatten sie noch keinerlei Anzeichen für einen Glücklichen entdeckt.
Als der Vorsitzende Vierblatt sich darüber beklagte, rief Herr Gutbier aus: »Ach, die Laster bringen Leiden, und jedermann hat Laster!«
»Ich habe keine«, seufzte Herr Heißwasser, »und bin darüber verzweifelt. Ein Leben ohne Laster bedeutet nur Gleichgültigkeit, Niedergeschlagenheit und Langeweile. Das Laster ist die einzige Abwechslung in dieser Welt; das Laster macht das Leben bunt, es ist das Salz der Seele, der geistige Funke. Was sage ich, das Laster ist die einzige Originalität, die einzige schöpferische Kraft des Menschen; es ist der Versuch einer Organisierung der Natur gegen die Natur, der Inthronisation des Menschlichen über das Tierische, einer menschlichen Schöpfung über die anonyme Schöpfung, einer bewußten Welt über die allgemeine unbewußte; das Laster ist das einzige Eigentum des Menschen, sein wahres Erbteil, seine wahre Tugend im eigentlichen Sinne des Wortes, denn Tugend – virtus – ist die Tüchtigkeit des Mannes – vir –.
Ich habe versucht, mir Laster zuzulegen, doch ist es mir nicht gelungen, denn dazu gehört Genie, dazu gehört eine natürliche Veranlagung. Ein vorgetäuschtes Laster ist kein Laster.«
»Nun, was verstehen Sie denn unter Laster?« fragte Vierblatt.
»Ich verstehe darunter einen gewohnheitsmäßigen Hang zu dem, was die meisten als widernatürlich und schlecht betrachten, das heißt, die individuelle Moral, die individuelle geistige Kraft, die individuelle Tugend, die Schönheit, die Macht, das Genie.«
»Das läßt sich hören!« rief Rat Loch. »Es kommt nur darauf an, sich zu verständigen.«

Doch Saint-Sylvain focht die Meinung des Bibliothekars nachdrücklich an.
»Reden Sie nicht von Lastern, da Sie keine haben«, erklärte er. »Sie wissen nicht, was das ist. Ich habe welche, ich habe sogar mehrere, und ich versichere Ihnen, sie verschaffen mir weniger Freude als Verdruß. Nichts ist so unangenehm wie ein Laster. Man quält sich, erhitzt und verausgabt sich, um es zu befriedigen, und sobald es befriedigt ist, empfindet man ungeheuren Ekel.«
»So würden Sie nicht sprechen, mein Herr, wenn Sie schöne Laster hätten, edle, stolze, gebieterische, erhabene, wahrhaft tugendhafte Laster«, erwiderte Heißwasser. »Doch Sie haben nur furchtsame, dünkelhafte und lächerliche kleine Laster. Sie, mein Herr, sind kein großer Verächter der Götter.«
Saint-Sylvain fühlte sich zunächst durch diese Worte verletzt, aber der Bibliothekar wies darauf hin, daß nichts Beleidigendes darin liege. Saint-Sylvain sah das ohne weiteres ein und erklärte ruhig und bestimmt: »Ach, Tugend wie Laster, Laster wie Tugend sind Anstrengung, Zwang, Kampf, Kummer, Mühe und Erschöpfung. Deshalb sind wir alle unglücklich.«
Doch der Vorsitzende Vierblatt klagte, ihm platze bald der Schädel.
»Meine Herren«, bat er, »halten wir keine klugen Reden! Dafür sind wir nicht geschaffen.«
Damit hob er die Sitzung auf.
Mit dieser Glückskommission war es wie mit allen parlamentarischen und außerparlamentarischen Kommissionen zu allen Zeiten und in allen Ländern: sie führte zu nichts; und nachdem sie fünf Jahre getagt hatte, löste sie sich auf, ohne zu irgendeinem handgreiflichen Ergebnis gekommen zu sein.
Dem König ging es nicht besser. Dem Meergreis vergleichbar, nahm die Neurasthenie allerlei Schreckgestalten an, um ihn gänzlich zu entmutigen. Er klagte, daß er fühle, wie alle seine Organe umherzuwandern begonnen hätten, sich unaufhörlich in seinem Körper bewegten und an ungewöhnliche Stellen

begäben, die Nieren in die Kehle, das Herz in die Wade, die Eingeweide in die Nase, die Leber in den Hals und das Hirn in den Unterleib.

»Sie können sich nicht vorstellen, wie unangenehm diese Gefühle sind und wie sehr sich die Gedanken dabei verwirren!« fügte er hinzu.

»Ich kann das um so besser verstehen, Sire, als es in meiner Jugend oft geschah, daß der Unterleib mir in den Kopf stieg«, antwortete Vierblatt, »und das lenkte meine Gedanken in die Richtung, die man sich vorstellen kann. Meine mathematischen Studien haben sehr darunter gelitten.«

Je schlechter Christoph sich fühlte, desto heftiger verlangte er nach dem verordneten Hemd.

13
Der Pfarrer Miton

»Ich kehre zu der Annahme zurück, daß wir, da wir nichts fanden, nicht auf die richtige Art gesucht haben«, sagte Saint-Sylvain zu Vierblatt. »Ich glaube unbedingt an die Tugend, und ich glaube an das Glück. Sie sind untrennbar miteinander verbunden. Sie sind selten; sie verbergen sich. Vielleicht könnten wir sie unter den bescheidenen Dächern mitten auf dem Lande finden. Wenn Sie meinen Rat annehmen wollen, suchen wir sie vorzugsweise im rauhen Bergland unseres Savoyens und Tirols.«

Vierzehn Tage später waren sie durch sechzig Bergdörfer gereist, ohne einem Glücklichen zu begegnen. Alles Elend, das in den Städten herrscht, fanden sie in den Weilern wieder, jedoch schlimmer infolge der Roheit und Unwissenheit der Menschen. Hunger und Liebe, die beiden Geißeln der Natur, quälten dort die Unglücklichen noch heftiger und häufiger. Sie trafen geizige Grundbesitzer, eifersüchtige Gatten, verlogene

Frauen, giftmischerische Mägde, mörderische Knechte, blutschänderische Väter, Kinder, die dem an der Herdecke schlummernden Großvater den Backtrog über den Kopf stülpten. Die Bauern fanden ihr Vergnügen nur im Trunk; sogar ihre Freude war roh, ihre Spiele waren grausam. Ihre Feste endeten gewöhnlich in blutigen Schlägereien.

Je länger Vierblatt und Saint-Sylvain sie beobachteten, desto klarer wurde ihnen, daß die Sitten dieser Menschen weder besser noch reiner sein konnten, daß der geizige Boden sie geizig machte, ein hartes Leben sie gegen fremdes Leid wie gegen das eigene verhärtete, und wenn sie eifersüchtig, habgierig, falsch, verlogen und ständig bestrebt waren, einander zu übervorteilen, so war dies die natürliche Wirkung ihrer Armut und ihres Elends.

»Wie konnte ich auch nur einen Augenblick vermuten, das Glück weile unter einem Strohdach?« fragte sich Saint-Sylvain. »Das kann nur die Folge der klassischen Bildung sein. In seinem Lehrgedicht über den Landbau, der ›Georgica‹, sagt Vergil, die Landleute wären glücklich, wenn sie sich ihres Glückes bewußt wären. Er gibt also zu, daß sie keine Ahnung davon haben. Allerdings schrieb er das Werk auf Wunsch des Augustus, des hervorragenden Reichsverwalters, der für Rom einen Mangel an Brotgetreide befürchtete und das Land wieder zu bevölkern suchte. Vergil wußte wie alle Welt, wie mühselig das Leben des Bauern ist. Hesiod hat uns erschreckende Schilderungen davon gegeben.«

»Eins ist gewiß«, meinte Vierblatt, »überall auf dem Lande haben Burschen und Mädchen nur ein einziges Verlangen: sich in die Stadt zu verdingen. An der Küste träumen die Mädchen davon, in die Sardinenfabriken zu gehen. Im Kohlenrevier sinnen die jungen Bauernburschen bloß darauf, ins Bergwerk hinabzusteigen.«

Inmitten der sorgenvollen Stirnen und verdrießlichen Mienen der Gebirgsbewohner zeigte ein Mann ein unbefangenes Lächeln. Er konnte weder das Feld bestellen noch Tiere lenken;

er konnte nichts von dem, was die andern konnten, redete ungereimtes Zeug und sang den ganzen Tag eine kleine Weise, die er nie beendete. Alles entzückte ihn. Er fühlte sich überall wie im siebenten Himmel. Sein Kleid war aus Flicken in allen Farben seltsam zusammengestückelt. Die Kinder liefen ihm nach und verspotteten ihn; doch da er für einen Glücksbringer galt, tat man ihm nichts zuleide und gab ihm das wenige, dessen er bedurfte. Es war Hurtepoix, der Einfältige. Er aß vor den Türen mit den jungen Hunden und schlief in den Scheunen.

Da Saint-Sylvain erkannt hatte, daß er glücklich war, und vermutete, die Leute in der Gegend könnten ihn nicht ohne tiefere Ursache für einen Glücksbringer halten, suchte er ihn nach reiflicher Überlegung, um ihm sein Hemd zu nehmen. Er fand ihn in der Vorhalle der Kirche ganz in Tränen aufgelöst auf dem Boden liegend. Hurtepoix hatte soeben vom Tode Jesu Christi gehört, der für das Heil der Menschen gekreuzigt wurde.

Schließlich kamen die beiden königlichen Beamten in ein Dorf, dessen Schulze Schenkwirt war. Sie luden ihn ein, mit ihnen zu trinken, und erkundigten sich, ob er nicht zufällig einen Glücklichen kenne.

»Meine Herren«, erwiderte er, »gehen Sie in das Dorf, dessen weiße Häuser Sie jenseits des Tales am Berghang sehen, und sprechen Sie beim Pfarrer Miton vor; er wird Sie bestens aufnehmen, und Sie werden in ihm einen glücklichen Menschen finden, der sein Glück verdient. Es ist zwei Stunden Wegs dorthin.«

Der Ortsschulze erbot sich, Ihnen Pferde zu leihen. Nach dem Mittagessen brachen sie auf.

Ein junger Mann, der auf einem besseren Pferd denselben Weg ritt, holte sie an der ersten Biegung ein. Er hatte offene Gesichtszüge und sah gesund und fröhlich aus. Sie knüpften ein Gespräch mit ihm an.

Als er erfuhr, daß sie zu Pfarrer Milton wollten, bat er: »Grüßen Sie ihn von mir. Ich muß etwas höher hinauf, nach Finkenau, wo ich mitten im schönsten Weideland wohne. Ich habe Eile, nach Hause zu kommen.«

Dann erzählte er ihnen, daß er die liebenswürdigste, beste aller Frauen geheiratet habe, die ihm zwei Kinder, einen Knaben und ein Mädchen, schön wie der Tag, geschenkt habe.

»Ich komme aus der Bezirkshauptstadt«, fügte er fröhlich hinzu, »und bringe hübsche Kleiderstoffe, Schnittmuster und Modebilder mit, auf denen man das fertige Kleid sieht. Alice, so heißt meine Frau, ahnt nichts von dem Geschenk, das ich ihr machen will. Ich werde ihr die verschnürten Pakete geben und mit Vergnügen zusehen, wie ihre reizenden Finger sich voller Ungeduld bemühen, den Bindfaden zu lösen. Sie wird sehr zufrieden sein; ihre entzückten Augen werden mich freudig anstrahlen, und sie wird mich küssen. Wir sind glücklich, meine Alice und ich. Seit vier Jahren sind wir verheiratet und lieben uns von Tag zu Tag mehr. Wir besitzen die fettesten Weiden der Gegend. Auch unser Gesinde ist glücklich; es ist tüchtig beim Mähen und Tanzen. Sie müssen einmal sonntags zu uns kommen, meine Herren; dann können Sie unseren leichten Weißwein trinken und die anmutigsten Mädchen und kräftigsten Burschen des Landes sehen, wie sie ihre Tänzerin emporheben und gleich einer Feder herumwirbeln. Unser Haus liegt eine halbe Stunde von hier entfernt. Man biegt rechts ab, zwischen den beiden Felsen, die Sie fünfzig Schritte vor uns sehen und die man ›Gemsfüße‹ nennt; dann geht man über eine Holzbrücke, die über einen Wildbach führt, und durch das Fichtenwäldchen, das uns vor dem Nordwind schützt. In weniger als einer halben Stunde sehe ich meine kleine Familie wieder, und wir werden alle vier sehr froh sein.«

»Wir müssen ihn um sein Hemd bitten«, flüsterte Vierblatt Saint-Sylvain zu. »Wie ich vermute, ist es ebensoviel wert wie das des Pfarrers Miton.«

»Das nehme ich auch an«, erwiderte Saint-Sylvain.

In dem Augenblick, als sie diese Worte wechselten, tauchte ein

Reiter zwischen den »Gemsfüßen« auf und machte mit düsterer Miene stumm vor den Reisenden halt.

Der junge Landwirt erkannte einen seiner Pächter und fragte: »Was gibt's, Ulrich?«

Ulrich antwortete nicht.

»Ein Unglück? Sprich!«

»Herr, Eure Frau konnte es kaum erwarten, Euch wiederzusehen, und wollte Euch entgegengehen. Die Holzbrücke ist eingestürzt, und sie ist mit den beiden Kindern im Wildbach ertrunken.«

Sie verließen den jungen Bergbewohner, der vor Schmerz fast wahnsinnig war, und setzten ihren Weg zu Herrn Miton fort. Im Pfarrhaus wurden sie in einen Raum geführt, der dem Geistlichen als Sprechzimmer und Bibliothek diente; auf Fichtenholzbrettern standen etwa tausend Bände, und an den weißgekalkten Wänden hingen alte Stiche nach Landschaften von Claude Lorrain und Poussin. Alles legte Zeugnis ab von einer Bildung und Geisteshaltung, wie man sie bei einem Dorfpfarrhaus gewöhnlich nicht antrifft. Pfarrer Miton war ein Mann in mittleren Jahren; er sah klug und gutmütig aus.

Seinen beiden Besuchern, die vorgaben, sich in der Gegend niederlassen zu wollen, rühmte er das Klima, die Fruchtbarkeit und Schönheit des Tals. Er bewirtete sie mit Weißbrot, Obst, Käse und Milch. Dann führte er sie in seinen Gemüsegarten, der angenehm kühl und sehr sauber gehalten war; auf der Sonnenseite der Mauer breiteten Spaliere ihre Zweige mit geometrischer Genauigkeit aus; die Obstbäume standen wie Spindeln in gleicher Entfernung voneinander sorgfältig ausgerichtet und gut gepflegt.

»Langweilen Sie sich nie, Herr Pfarrer?« fragte Vierblatt.

»In meiner Bibliothek und meinem Garten vergeht mir die Zeit schnell«, erwiderte der Priester. »So ruhig und friedlich mein Leben auch verläuft, ist es deshalb doch nicht minder tätig und von Arbeit erfüllt. Ich lese die Messe, besuche die Kranken und Notleidenden und nehme meinen Pfarrkindern die Beichte ab.

Die armen Kreaturen haben nicht viel zu beichten; kann ich mich darüber beklagen? Doch sie erzählen alles ganz ausführlich. Ich brauche auch einige Zeit, um meine Predigten und den Katechismusunterricht vorzubereiten; vor allem letzterer macht mir Mühe, obwohl ich ihn seit über zwanzig Jahren gebe. Es ist so schwer, zu Kindern zu sprechen, sie glauben alles, was man ihnen erzählt. Ich habe auch meine Erholungsstunden. Ich mache Spaziergänge; es sind immer dieselben, und doch sind sie unendlich abwechslungsreich. Eine Landschaft ändert ihr Gesicht mit den Jahreszeiten, den Tagen, den Stunden, den Minuten; sie ist immer anders, immer wieder neu. Die langen Abende der schlechten Jahreszeit verbringe ich höchst angenehm mit alten Freunden, dem Apotheker, dem Steuereinnehmer und dem Friedensrichter. Wir musizieren. Meine Magd Morine versteht es ausgezeichnet, Kastanien zu rösten; wir tun uns daran gütlich. Was könnte besser munden als Kastanien mit einem Glas Weißwein?«

»Herr Pfarrer, wir stehen im Dienste des Königs«, erklärte Vierblatt dem guten Geistlichen, »und bitten Sie, uns eine Erklärung abzugeben, die für das Land und die ganze Welt von höchster Wichtigkeit ist. Es handelt sich um die Gesundheit, vielleicht sogar das Leben des Monarchen. Deshalb bitten wir Sie, unsere Frage zu entschuldigen, so befremdend und indiskret sie Ihnen auch erscheinen mag, und sie rückhaltlos und offen zu beantworten: Herr Pfarrer, sind Sie glücklich?«

Pfarrer Miton nahm Vierblatts Hand, drückte sie und sagte kaum vernehmlich: »Mein Leben ist eine Qual, ich lebe in ständiger Lüge. Ich habe keinen Glauben.«

Und zwei Tränen rannen aus seinen Augen.

14
Letztes Kapitel – Ein Glücklicher

Nachdem Vierblatt und Saint-Sylvain während eines ganzen Jahres vergeblich durch das Königreich gereist waren, begaben sie sich nach Schloß Fontblanche, wohin der König sich hatte bringen lassen, um die Waldeskühle zu genießen. Sie fanden ihn in einem so entkräfteten Zustand, daß sich der Hof darüber beunruhigte.

Die Gäste wohnten nicht in Schloß Fontblanche, das eigentlich nur ein Jagdpavillon war. Der erste Staatssekretär und der Oberstallmeister hatten Wohnung im Dorf bezogen und begaben sich täglich durch den Wald zum Herrscher. Auf ihrem Wege begegneten sie oft einem kleinen Mann, der in einer großen hohlen Platane des Waldes hauste. Er hieß Muske und war nicht schön mit seinen vorspringenden Backenknochen und der stumpfen, breiten Nase mit den runden Nasenlöchern. Aber wenn er lachte, was er häufig zu tun pflegte, entblößten seine roten Lippen viereckige Zähne, was dem wilden Gesicht einen gewissen Reiz verlieh. Wie er sich der großen hohlen Platane bemächtigt hatte, wußte niemand; doch er hatte sich darin eine mit allem Notwendigen versehene saubere Kammer eingerichtet. Man muß zugeben, er brauchte wenig. Er lebte von Wald und Teich und lebte sehr gut. Man verzieh ihm seine absonderliche Lebensweise, denn er war dienstwillig und gefällig. Wenn die Damen aus dem Schloß im Wald spazierenfuhren, bot er ihnen in selbstgeflochtenen Weidenkörbchen Honigwaben, Walderdbeeren oder die bittersüßen Früchte des Vogelkirschbaums an. Stets war er bereit, steckengebliebene Karren schieben zu helfen und das Heu einzubringen, wenn ein Gewitter aufzog. Ohne zu ermüden, leistete er mehr als andere. Seine Kraft und Geschicklichkeit waren außergewöhnlich. Mit den Händen zerbrach er die Kinnbacken eines Wolfs, fing einen Hasen im Lauf und kletterte wie eine Katze auf die Bäume.

Zum Vergnügen der Kinder fertigte er Rohrflöten, kleine Windmühlen und Heronsbälle.
Vierblatt und Saint-Sylvain hörten im Dorf oft sagen: »Glücklich wie Muske.« Diese Redensart beeindruckte sie, und als sie eines Tages an der großen hohlen Platane vorbeigingen, sahen sie Muske mit einem jungen Mops spielen, und offenbar so zufrieden wie der Hund. Da fiel ihnen ein, ihn zu fragen, ob er glücklich sei.
Muske wußte nichts zu antworten, denn er hatte über das Glück nie nachgedacht. Sie erklärten ihm kurz und schlicht, was es sei. Nachdem er einen Augenblick überlegt hatte, antwortete er, daß er das Glück besitze.
Bei dieser Erwiderung rief Saint-Sylvain ungestüm: »Muske, wir verschaffen dir alles, was du nur wünschen magst, Gold, ein Schloß, neue Holzpantinen, alles, was du willst. Gib uns dein Hemd!«
Muskes gutmütiges Gesicht drückte weder Bedauern noch Enttäuschung aus, die zu empfinden er wohl unfähig war, sondern große Verblüffung. Durch ein Zeichen machte er deutlich, daß er nicht geben könne, was man von ihm verlangte. Er besaß kein Hemd.

Romane, Erzählungen, Prosa

Apuleius. Der goldene Esel
Mit Illustrationen von Max Klinger zu »Amor und Psyche«. Aus dem Lateinischen von August Rode. Mit einem Nachwort von Wilhelm Haupt. it 146.

Honoré de Balzac. Die Frau von dreißig Jahren
Deutsch von W. Blochwitz. it 460
– Beamte, Schulden, Elegantes Leben
Eine Auswahl aus den journalistischen Arbeiten. Mit einem Nachwort herausgegeben von Wolfgang Drost und Karl Riha. Mit zeitgenössischen Karikaturen. it 346
– Das Mädchen mit den Goldaugen
Aus dem Französischen von Ernst Hardt. Vorwort Hugo von Hofmannsthal. Illustrationen Marcus Behmer. it 60

Joseph Bédier. Der Roman von Tristan und Isolde
Deutsch von Rudolf G. Binding. Mit Holzschnitten von 1484. it 387

Harriet Beecher-Stowe. Onkel Toms Hütte
In der Bearbeitung einer alten Übersetzung herausgegeben und mit einem Nachwort versehen von Wieland Herzfelde. Mit 27 Holzschnitten von George Cruikshank aus der englischen Ausgabe von 1852. it 272

Ambrose Bierce. Aus dem Wörterbuch des Teufels
Auswahl, Übersetzung und Nachwort von Dieter E. Zimmer. it 440
– Mein Lieblingsmord
Erzählungen. Aus dem Amerikanischen von G. Günther. it 39

Die Blümlein des heiligen Franziskus von Assisi
Aus dem Italienischen nach der Ausgabe der Tipografia Metastasio, Assisi 1901, von Rduolf G. Binding. Mit Initialen von Carl Weidemeyer. it 48

Giovanni di Boccaccio. Das Dekameron
Hundert Novellen. Ungekürzte Ausgabe. Aus dem Italienischen von Albert Wesselski und mit einer Einleitung versehen von André Jolles. Mit venezianischen Holzschnitten. Zwei Bände. it 7/8

Hermann Bote. Ein kurzweiliges Buch von Till Eulenspiegel aus dem Lande Braunschweig. Wie er sein Leben vollbracht hat. Sechsundneunzig seiner Geschichten.
Herausgegeben, in die Sprache unserer Zeit übertragen und mit Anmerkungen versehen von Siegfried H. Sichtermann. Mit zeitgenössischen Illustrationen. it 336

Romane, Erzählungen, Prosa

Emily Brontë. Die Sturmhöhe
Aus dem Englischen von Grete Rambach. it 141

Gottfried August Bürger. Wunderbare Reisen zu Wasser und zu Lande. Feldzüge und lustige Abenteuer des Freiherrn von Münchhausen. Mit Holzschnitten von Gustave Doré. it 207

Hans Carossa. Eine Kindheit und Verwandlungen einer Jugend
it 295/296

Lewis Carroll. Geschichten mit Knoten
Herausgegeben und übersetzt von W.E. Richartz. Mit Illustrationen von Arthur B. Frost. it 302

Miguel de Cervantes Saavedra. Der scharfsinnige Ritter Don Quixote von der Mancha
Mit einem Essay von Iwan Turgenjew und einem Nachwort von André Jolles. Mit Illustrationen von Gustave Doré. 3 Bände. it 109

Adelbert von Chamisso. Peter Schlemihls wundersame Geschichte
Nachwort von Thomas Mann. Illustriert von Emil Preetorius. it 27

James Fenimore Cooper. Die Lederstrumpferzählungen
In der Bearbeitung der Übersetzung von E. Kolb durch Rudolf Drescher. Mit Illustrationen von D.E. Darley. Vollständige Ausgabe. it 179 Der Wildtöter · it 180 Der letzte Mohikaner · it 181 Der Pfadfinder · it 182 Die Ansiedler · it 183 Die Prärie

Alphonse Daudet. Briefe aus meiner Mühle
Aus dem Französischen von Alice Seiffert. Mit Illustrationen. it 446
– Tartarin von Tarascon. Die wunderbaren Abenteuer des Tartarin von Tarascon.
Mit Zeichnungen von Emil Preetorius. it 84

Honoré Daumier. Robert-Macaire – Der unsterbliche Betrüger
Drei Physiologien. Aus dem Französischen von Mario Spiro. Herausgegeben und mit einem Nachwort versehen von Karl Riha. it 249

Romane, Erzählungen, Prosa

Daniel Defoe. Robinson Crusoe
Mit Illustrationen von Ludwig Richter. it 41

Charles Dickens. Lebensgeschichte und gesammelte Erfahrungen David Copperfields des Jüngeren. Zwei Bände.
Mit Illustrationen von Phiz. Nach der ersten Buchausgabe des Romans London 1850. it 468
– Oliver Twist
Aus dem Englischen von Reinhard Kilbel. Mit einem Nachwort von Rudolf Marx und 24 Illustrationen von George Cruikshank. Vollständige Ausgabe. it 242
– Weihnachtserzählungen
Mit Illustrationen. it 358

Denis Diderot. Die Nonne
Mit einem Nachwort von Robert Mauzi. Der Text dieser Ausgabe beruht auf der ersten deutschen Übersetzung von 1797. it 31

Annette von Droste-Hülshoff. Die Judenbuche. Ein Sittengemälde aus dem gebirgigen Westfalen. Mit Illustrationen von Max Unold. it 399

Alexandre Dumas. Der Graf von Monte Christo
Bearbeitung einer alten Übersetzung von Meinhard Hasenbein. Mit Illustrationen von Pavel Brom und Dagmar Bromova. Zwei Bände. it 266

Joseph Freiherr von Eichendorff. Aus dem Leben eines Taugenichts
Mit Illustrationen von Adolf Schrödter und einem Nachwort von Ansgar Hillach. it 202

Eisherz und Edeljaspis
Aus dem Chinesischen von Franz Kuhn. Mit Holzschnitten einer alten chinesischen Ausgabe. Mit einem Nachwort und Anmerkungen von Franz Kuhn. it 123

Paul Ernst. Der Mann mit dem tötenden Blick und andere frühe Erzählungen.
Herausgegeben von Wolfgang Promies. it 434

Romane, Erzählungen, Prosa

Gustave Flaubert. Bouvard und Pécuchet
Mit einem Vorwort von Victor Brombert und einem Nachwort von Uwe Japp. Mit Illustrationen von András Karakas. it 373
– Die Versuchung des heiligen Antonius
Aus dem Französischen übersetzt von Barbara und Robert Picht. Mit einem Nachwort von Michel Foucault. it 432
– Lehrjahre des Gefühls
Geschichte eines Jungen Mannes, übertragen von Paul Wiegler. Mit einem Essay »zum Verständnis des Werkes« und einer Bibliographie von Erich Köhler. it 276
– Madame Bovary
Revidierte Übersetzung aus dem Französischen von Arthur Schurig it 167
– Salammbô
Herausgegeben und mit einem Nachwort versehen von Monika Bosse und André Stoll. Mit Abbildungen. it 342
– Ein schlichtes Herz. it 110

Theodor Fontane. Effi Briest
Mit Lithographien von Max Liebermann. it 138
– Der Stechlin
Mit einem Nachwort von Walter Müller-Seidel. it 152
– Unwiederbringlich
Roman. it 286

Friedrich Gerstäcker. Die Flußpiraten des Mississippi
Roman. Mit einem Nachwort von Harald Eggebrecht. it 435

Johann Wolfgang Goethe. Wilhelm Meisters Lehrjahre
Herausgegeben von Erich Schmidt. Mit sechs Kupferstichen von F. L. Catel. Sieben Musikbeispiele und Anmerkungen. it 475
– Novellen
Herausgegeben und mit einem Nachwort versehen von Katharina Mommsen. Mit Federzeichnungen von Max Liebermann. it 425
– Reineke Fuchs
Mit Stahlstichen von Wilhelm von Kaulbach. it 125
– Die Wahlverwandtschaften
Mit einem Essay von Walter Benjamin. it 1
– Die Leiden des jungen Werther
Mit einem Essay von Georg Lukács »Die Leiden des jungen Werther«. Nachwort von Jörn Göres »Zweihundert Jahre Werther«. Mit Illustrationen von David Chodowiecki und anderen. it 25

Romane, Erzählungen, Prosa

Gogol. Der Mantel und andere Erzählungen
Aus dem Russischen übersetzt von Ruth Fritze-Hanschmann. Mit einem Nachwort von Eugen und Frank Häusler. Mit Illustrationen von András Karakas. it 241

Iwan Gontscharow. Oblomow it 472

Grimmelshausen. Trutz-Simplex oder Ausführliche und wunderseltzame Lebensbeschreibung der Erzbetrügerin und Landstörtzerin Courasche
Mit einem Nachwort von Wolfgang Koeppen. Mit Abbildungen aus dem 17. Jahrhundert. it 211

Nathaniel Hawthorne. Der scharlachrote Buchstabe
Mit Illustrationen von Renate Sendler-Peters. it 436

Johann Peter Hebel. Kalendergeschichten
Ausgewählt und mit einem Nachwort von Ernst Bloch
Mit neunzehn Holzschnitten von Ludwig Richter. it 17

Heinrich Heine. Aus den Memoiren des Herren von Schnabelewopski
Mit Illustrationen von Julius Pascin. it 189

– Shakespeares Mädchen und Frauen
Mit Illustrationen der Ausgabe von 1838. Herausgegeben von Volkmar Hansen. it 331

Hermann Hesse. Hermann Lauscher
Mit frühen, teils unveröffentlichten Zeichnungen und einem Nachwort von Gunter Böhmer. it 206
–/Walter Schmögner. Die Stadt
Ein Märchen von Hermann Hesse, ins Bild gebracht von Walter Schmögner. it 236
– Knulp
Mit dem unveröffentlichten Fragment »Knulps Ende« und Steinzeichnungen von Karl Walser. it 394

Hölderlin. Hyperion oder Der Eremit in Griechenland
Herausgegeben und mit einem Nachwort versehen von Jochen Schmidt. it 365

Insel taschenbücher
Alphabetisches Verzeichnis